생산적 금융

생산적 금융

3% 성장과 양극화 완화를 위한 금융 혁신 전략

김용기 지음

메디치

추천사

사람과 산업, 지역의 활력을 일으키는 '생산적 금융'

김용범 대통령실 정책실장

생산적 금융을 주제로 한 이 책의 출간을 진심으로 축하드립니다. 저는 2017년 가을, 금융위원회 부위원장으로 재직하며 '생산적 금융을 위한 금융권 자본규제 개편 TF'를 출범시킨 바 있습니다. 가계와 부동산으로 쏠린 자금 흐름을 바로잡고, 산업과 혁신으로 자금이 순환되도록 유인체계를 재설계하고자 했습니다. 그러나 2020년 코로나19 팬데믹으로 정책의 우선순위가 위기 대응과 유동성 공급으로 전환되면서 그 구상은 충분히 실현되지 못했습니다.

저성장, 높은 집값, 그리고 과도한 가계부채라는 구조적 제약이 더욱 심화된 지금, 2025년의 시점에서 당시의 문제의식은 오히려 한층 절실하게 다가옵니다. 이재명 정부가 '생산적 금융으로의 전환'을 핵심 경제 전략으로 내세우는 이유이기도 합니다.

이 책은 생산적 금융의 이론적 토대를 체계적으로 정리하고, 금융이 자산시장에 머무르지 않고 산업혁신·고용·지역발전을 뒷받침하는 건전한 순환 구조로 전환하는 방향을 제시하고 있습니다.

금융은 결국 결핍을 채워주고, 아이디어를 살리고, 기회를 넓혀주는 통로입니다. 돈은 단지 자본이 아니라, 누군가의 가능성과 내일을 잇는 다리일 때 비로소 사회를 움직이는 힘이 됩니다. 그 흐름이 사람과 산업, 지역의 활력을 일으킬 때 금융은 '생산적'이라는 이름을 얻게 됩니다.

한국 경제가 저성장과 불평등의 덫에서 벗어나 새로운 도약의 길로 나아가는 데 이 책이 든든한 길잡이가 되기를 기대합니다.

한국 경제의 지속 가능성과
사회적 통합을 모색하는 종합 전략서

민병두 전 국회 정무위원장

한국 금융이 혁신적 투자와 생산 능력을 확충하는 본래의 기능에서 일탈한 이유는 무엇일까? 누가 그렇게 만들었나? 생산과 노동에서 나오는 월급이 아니라 집값이 삶을 결정하는 세상은 어떻게 만들어졌나?

이 책은 금융이 산업을 대체하는 주연이 된 과정을 치밀하게 추적하며, 통렬한 비판과 함께 대안을 제시합니다. 산업적 순환이 아닌 금융적 순환이 지배하는 현실, 주택담보대출 중심의 부채경제와 청년·무자산 계층의 금융소외, 그리고 불평등 심화라는 구조적 문제를 직시하게 합니다.

저자는 생산적 금융으로의 전환, 포용적 금융체계 구축, 민주적 거버넌스 회복이라는 개혁의 길을 제안하며, 금융이 다시 실물경제의 혈관으로, 사회적 신뢰의 기반으로 기능할 수 있음을 설득력 있게 보여줍니다.

이 책은 단순한 금융 비판서가 아니라, 한국 경제의 지속 가능성과 사회적 통합을 모색하는 종합 전략서입니다. 한국 금융의 재구성과 대전환을 향한 힘 있는 나침반이 될 것입니다. 금융 관계자뿐 아니라 정책 입안자, 연구자, 그리고 더 나은 경제 미래를 고민하는 시민 모두가 반드시 읽어야 할 필독서입니다.

이재명 정부의 정책과 궤를 같이하는 '생산적 금융'

이억원 금융위원회 위원장

정부는 금융이 우리 경제의 지속 가능한 성장에 주도적인 역할을 하도록 '생산적 금융으로의 전환'을 추진하고 있다. 정책금융, 금융회사, 자본시장의 역량을 부동산이 아닌 생산적인 영역에 집중해서 선도경제로의 도약을 강력하게 뒷받침하는 게 핵심이다.

이 책은 부동산 쏠림에 대한 문제의식과 생산적 금융의 필요성이라는 측면에서 정부 정책과 궤를 같이한다. 깊은 고찰이 담긴 이 책은 한국 경제의 미래를 고민하는 분들께 좋은 정보와 새로운 고민을 제공할 것이다.

한국 금융의 근본적이고 실제적인
구조 전환 방안을 담은 역작

조윤제 연세대 특임교수, 전 대통령 경제보좌관

저자인 김용기 교수는 이 역작에서 한국 금융은 지금 산업적 순환이 약화되고 가계대출, 부동산 투자 등 자산 중심의 금융순환이 지배하고 있다고 분석한다.

민간의 생산적 활동을 지원해야 하는 국가 경제의 핵심 인프라인 한국 금융 부문이 현재 제 역할을 하지 못하는 근본적 이유로 금융 규제와 공적 금융제도의 설계, 그리고 정부와 정치권이 자산가격 방어에 매달릴 수밖에 없는 정치경제적 이해관계가 함께 작동해 만들어진 구조적 실패를 지적하고 있다.

그는 무엇보다 한국 경제의 시급한 과제가 금융의 생산적 전환임을 주장하고 금융의 흐름을 부동산 등 비생산적 자산이 아닌, 실물경제와 혁신산업으로 유도하는 구조 전환 방안들을 이 보기 드문 역저에서 제시하고 있다.

책을 펴내며

이 책은 2010년대 한국 사회에서 나타난 전환적 현상들에 대한 성찰에서 출발하였다. 이 시기 한국 사회는 인구 구조의 급속한 변화와 고령화, 고용 없는 성장의 심화, 생산성 둔화와 구조적 저성장, 청년 실업의 증가와 사회적 불만의 확산, 금융화의 가속과 자산시장 의존 심화, 부동산 시장의 불안정과 부의 불평등 확대, 가계부채의 누적, 그리고 플랫폼노동과 비정규직의 확산이라는 일련의 변화를 겪었다. 이러한 현상들은 개별적으로 나타난 것이 아니라 서로 맞물리고 강화되는 구조적 문제로, 한국 사회의 경제적·사회적·정치적 구조를 근본적으로 변화시켜왔다.

이 책은 이러한 복합적 현상 중에서도 특히 금융화(financialization)와 자산시장 의존 심화에 주목한다. 한국의 금융시스템은 오랜 기간 실물경제의 성장과 산업 발전을 지원해왔지만, 2010년대 이후 금융의 흐름은 점점 산업적 순환(industrial circulation)보다 금융적 순환(financial circulation)에 집중되었다. 그 결과, 금융은 산업의 생산성과 고용을 뒷받침하기보다 자산가격 상승과 부채 확대를 매개로 한 경기 부양의 수단으로 기능하게 되었고, 이는 실물경제의 활력을 약화시키며 사회 전반의 양극화를 심화시켰다.

　이 책은 바로 그 지점에서 문제를 제기한다. 금융시스템이 다시 산업적 순환을 복원하는 건강한 금융으로 전환될 때, 한국 경제는 새로운 도약의 길을 찾을 수 있다. 이 책은 금융화의 병리적 구조를 진단하고, 금융이 다시금 생산적이고 포용적인 역할을 하기 위한 현실적 해법을 제시하고자 한다. 이 책에서 다루는 중심 주제는 금융화와 자산시장 의존이지만, 여기서 제시하는 처방이 고용, 불평등, 청년 세대 기회 부족 및 부동산 시장 불안정 등 다른 문제들을 함께 치유할 수 있는 실마리가 되길 바란다.

이 책은 크게 이론적 기초, 실제 사례 분석, 그리고 정책 제안의 세 부분으로 구성되어 있다.

　먼저, 1부(1~5장)에서는 금융의 생산적 역할과 산업과 금융의 순환 구조에 대한 기본 개념을 다루며, 한국 금융시스템의 구조적 문제와 역사적 배경을 분석한다. 2부(6~10장)에서는 민간금융의 재편, 정책금융의 역할, 지역금융의 활성화 등 실질적 전환 전략을 제시하여 한국 경제의 지속 가능한 성장과 양극화 완화를 위한 구체적 방안을 모색한다. 3부(11장)에서 세계적으로 나타난 금융화 현상 10가지를 살펴본 후, 마지막 결론에서는 앞선 논의를 토대로 정책적 실천 방향과 금융 개혁의 비전을 제시한다.

이 책의 집필 과정에 많은 분들의 도움과 격려가 있었다. 우선, 여러 쟁점에 대한 연구와 토론을 함께했던 '생산과포용금융연구회'의 김광남 박사, 김상경 대표, 김유찬 원장, 구기동 교수, 노금선 대표, 송종운 박사, 양소영 부의장, 양채열 교수, 이상복 교수, 이종태 국장, 임수강 박사, 정세은 교수, 정승일 박사, 존 리 대표, 최갑률 감사께 깊은 감사를 드린다.

또한 본서의 기반이 된 논문을 검토하며 귀중한 의견을 주신 강경훈 교수(동국대학교), 김건호 박사(경기연구원), 이강국 교수(일본 리쓰메이칸대학), 하준경 교수(한양대학교, 현 대통령실 경제성장수석)께 감사드린다. 이 책의 초고를 읽고 선뜻 출판을 허락해주신 ㈜메디치미디어 김현종 대표, 출판의 전 과정을 꼼꼼히 진행한 최세정 편집장께 감사드린다.

추석 연휴 기간 중 교정본을 읽고 생산적 금융에 대한 이 책이 반갑고 의미 있다며 기꺼이 추천사를 써주신 김용범 대통령실 정책실장, 민병두 전 국회 정무위원장, 이억원 금융위원회 위원장, 조윤제 전 대통령 경제보좌관께 깊은 존경과 감사를 드린다.

무엇보다도, 오랜 집필 여정 동안 한결같은 사랑과 지지를 보내준 가족에게 이 책을 바친다. 아내 홍정화, 아들 김대룡, 딸 김가윤의 응원과 헌신이 없었다면 이 책은 완성될 수 없었을 것이다. 이영춘 어머니, 김승기 형님은 무한한 사랑과 지원을 아끼지 않았다. 이 글을 빌려 진심으로 감사의 마음을 전한다.

금융이 다시 실물경제와 산업혁신을 뒷받침하는 건강한 순환 구조로 자리 잡는 일은 결코 쉽지 않다. 그러나 그 가능성은 분명히 존재한다. 이 책이 그 가능성을 여는 작은 열쇠가 되길 바라며, 3% 성장과 양극화 완화라는 두 과제가 결코 성취할 수 없는 목표가 아님을 보여주고자 한다. 금융이 사회를 더 나은 방향으로 변화시킬 수 있다는 믿음, 그 신념이 이 책의 출발점이자 종착점이다.

2025년 가을
저자 김용기

차례

추천사   4
책을 펴내며   8

서론: 저성장의 원인은 금융인가?

한국 경제의 저성장과 투자 부진   19
금융의 자산 편향   23
불평등과 청년 금융소외   27
금융의 재정립 과제   30

1부   왜 한국의 금융은 길을 잃었는가

1장   한국 금융의 팽창과 구조적 특징

1. 실물경제를 앞지른 금융자산   36
2. 금융자산의 급증을 낳은 다섯 가지 구조적 요인   44
3. 한국 금융시스템의 핵심 문제   54
4. 산업금융·정책금융·자본시장 혁신을 통한 전환 프레임워크   66

2장　산업순환 vs 금융순환

1. 자본주의를 보는 순환의 시각　64
2. 산업적 순환과 금융적 순환의 차이　68
3. 산업·금융 분리에 대한 경제사상사적 논의　74
4. 역사적 흐름: 금융순환의 부상과 산업순환의 약화　78
5. 금융순환이 산업순환을 압도한 이유　81
6. 금융적 순환을 억제할 것인가, 재구성할 것인가?　89
7. 순환의 방향을 재설정할 시간　99

3장　주택담보대출 중심 부채경제의 구조

1. 주택담보대출의 금융상품적 특징과 현황　102
2. 주택담보대출이 한국 금융의 중심이 된 이유　107
3. 2008년 이후 가계부채/GDP 급등의 배경　109
4. 자산가격을 키우는 주택담보대출의 메커니즘　113
5. 경제 전반에 미치는 주택담보대출 확대의 영향　119
6. 가계부채 질적 변화와 주택담보대출의 핵심 역할　122
7. 국제 비교 속 한국 주택담보대출의 특징　126
8. 주택담보대출과 파생상품의 비교: 위험성과 파급 범위　129
9. 위기 신호와 '느린 붕괴' 가능성　132
10. 주택담보대출 규제(LTV·DSR 등)의 효과와 한계　135
11. 주택담보대출 중심 금융시스템의 향후 과제　137

4장 청년·무자산 계층을 위한 포용금융

1. 왜 청년·무자산 계층인가 — 140
2. 국제적 흐름과 청년 포용금융의 시사점 — 144
3. 청년 탈금융화와 금융소외 현상 — 147
4. 금융소외의 구조적 원인 분석 — 149
5. 국제 비교 속 청년 금융소외 — 152
6. 청년 금융소외의 사회적 결과 — 155
7. 청년 포용금융의 필요성 — 157

5장 지역금융의 역할과 재구성

1. 지역금융의 의의와 중요성 — 160
2. 지역금융의 이론적 근거 — 165
3. 일본 지역금융이 건재한 이유 — 170
4. 한국 지역금융의 구조적 문제 — 176
5. 해외 우수사례(일본·독일·미국) — 180
6. 지역금융 강화를 위한 정부의 역할 — 184

2부 생산적 금융을 위한 재구성 전략

6장 금융은 무엇을 순환시켜야 하는가?

1. 돈을 돌고 있지만, 어디로 도는가? — 190

2. 이론적 토대: 케인스와 슘페터의 통찰		191
3. 한국 금융의 현실: 산업 대신 자산을 순환하다		194
4. 금융적 순환의 사회적 비용과 국제 비교		197
5. 생산지향적 금융순환의 기준		204

7장 산업과 금융의 분리: 원인과 귀결

1. 1990년대 이후의 전환점	207
2. 세계화와 금융자유화: 한국의 구조적 취약성과 결과	209
3. 산업과 금융의 분리라는 구조적 귀결	215

8장 산업·금융순환의 재구성 가능성

1. 한국의 역사적 경험에서 얻는 교훈	216
2. 해외 사례에서의 교훈	220
3. 한국이 얻어야 할 정책적 시사점	224
4. 지향해야 할 생산적 금융체제의 방향	228

9장 민간금융의 산업지향 전환 가능성

1. 민간금융의 구조적 제약 요인	233
2. 전환을 가능케 하는 조건	241
3. 해외 사례에서의 시사점	245
4. 민간금융 전환을 위한 4가지 핵심 과제	249
5. 구조적 한계와 비판적 성찰	253

10장 정책금융기관의 역할

1. 왜 정책금융기관이 필요한가? 258
2. 정책금융기관의 유형과 기능 270
3. 한국 정책금융기관의 현재 모습과 역할 277
4. 해외 주요국 정책금융기관 비교 288
5. 정책금융기관과 민간금융의 관계: 세 가지 모델과 현황 292

3부 신자유주의 금융화 시대, 그 빛과 그림자

11장 신자유주의 금융 현상의 핵심 진단

1. 신자유주의 금융시대의 10대 현상 300
2. 금융화의 일반화 307
3. 주주가치 극대화 313
4. 부채주도 성장(Debt-led Growth) 321
5. 금융시장의 팽창과 파생상품 328
6. 부동산 거품과 자산 효과 334
7. 자본이동의 자유화와 금융세계화 341
8. 통화정책의 금융화: 중앙은행의 금융시장 우선시 346
9. 단기성과 압박과 헤지펀드 및 사모펀드의 부상 353
10. 금융위기의 상시화(Perpetual Crises) 357
11. 실물경제의 금융 의존 심화 363

결론: 3% 성장과 포용경제를 위한 금융 개혁의 길

11개 장의 종합적 시사점	371
한국 금융시스템의 역사적 궤적과 구조적 문제	376
대외 의존성과 글로벌 금융 환경 변화의 영향	379
산업·지역금융의 약화와 경제순환의 단절	383
가계부채 구조의 취약성과 금융 안정 리스크	386
금융정책과 산업정책의 결합: 지속 가능 성장의 조건	389
신자유주의 금융 현상 극복과 금융의 공공성 회복	293
3% 성장과 포용경제를 위한 종합 금융정책 제언	397
양극화 완화를 위한 금융 개혁 전략	405

참고문헌 410

서론

저성장의 원인은 금융인가?

한국 경제의 저성장과 투자 부진

지난 20여 년간 한국 경제는 성장률 둔화라는 구조적 난관에 직면해왔다. 이재명 정부는 2025년 8월 22일 '새정부 경제성장전략'을 통해 2025년의 한국 연간 성장률을 0.9%로 전망했는데, 이는 과거 한국 경제가 보여주던 추세와 비교하면 극적으로 낮은 수치다. 1980~1990년대까지만 하더라도 한국은 '고도성장' 국가로 불리며, 연평균 7% 이상의 성장률을 기록하였다. 그러나 2000년대 들어서면서 4%대 성장이 일상화되었고, 2010년대에는 3%를 넘기기조차 어려워졌다. 2020년대에 들어서는 2% 성장도 당연시되는 분위기가 형성되었다. 2022년 성장률은 2.7%였으나, 2023년에는 1.4%로 반토막이 났으며, 2024년에도 2.0% 수준에 머물렀다. 특히

2024년 1분기에는 −0.2%라는 역성장을 기록하기도 했다.

이러한 추세는 단순히 일시적인 경기순환(cyclical downturn)의 문제가 아니다. 근본적으로는 한국 경제의 성장 잠재력 자체가 약화되고 있음을 드러내는 구조적 징후라 할 수 있다. 경제학자 로런스 서머스(Lawrence Summers)가 말한 '장기 침체(secular stagnation)' 개념이 이제는 한국에도 본격적으로 적용될 수밖에 없는 상황이 된 것이다.

저성장을 보여주는 가장 분명한 지표 가운데 하나는 설비투자의 부진이다. 설비투자란 기업이 기계, 건물, 차량, ICT 인프라 등 고정자산을 구입하거나 확충하는 행위를 말한다. 이러한 투자가 늘어나야 기업의 생산 능력이 확장되고, 생산이 늘어나야 고용과 소득, 소비가 증가한다. 즉, 설비투자는 경제성장의 전형적인 선행지표(leading indicator)라 할 수 있다.

외환위기 이전 한국의 설비투자 증가율은 경제성장률보다 3%p 이상 높은 증가세를 보이면서 경제전반의 성장을 견인해왔다. 하지만 지난 10여 년간 설비투자 증가율은 둔화되어 경제성장률보다 낮거나 심지어 전년 대비 마이너스를 기록하는 일이 벌어졌다. 2018년과 2019년에 연속 마이너스 성장률을 보여줬고, 2021~2022년 반짝 회복세가 있었으나, 글로벌 공급망 위기와 고금리 국면이 겹치며 다시 감소세로 전환되었다. 2024년 1.6%를 기록한 설비투자 증가율은 2025년에는 낮은 금리에도 불구하고 1% 초반대에 머무를 것으로 전망되고 있다.

이러한 투자 부진은 단순히 기업의 보수적 태도만으로 설명되지 않는다. 한국 기업은 여전히 높은 수준의 내부 유보금과 현금성 자산을 보유하고 있다. 2023년 말 기준으로 매출액 상위 0.1% 기업의 사내 유보금은 1,525조 원에 이르렀다. 그럼에도 불구하고 투자가 늘지 않는 것은 자본이 향하는 방향에 구조적 문제가 있다는 뜻이다. 즉, 자금이 실물경제의 생산적 투자로 흐르지 못하고, 다른 경로로 흘러가고 있다는 것이다.

또한 중요한 사실은 투자의 질적 구조 변화다. 국내총고정자본형성(GFCF, Gross Fixed Capital Formation, 경제 주체가 일정 기간 동안 고정자산을 새로 구입하거나 기존에 소유한 고정자산의 가치가 증가한 총액)을 구성하는 세 가지 축은 건설투자, 설비투자, 지식재산투자다. 앞서 언급한 설비투자 증가율의 하락 이외에, 한국은 건설, 특히 주거용 건설 부문의 비중이 지나치게 크다. 2024년 기준으로 한국의 건설투자 비중은 GDP 대비 14.2%였는데, 이는 OECD 평균(11.5%)보다 훨씬 높은 수준이다. 반면 지식재산투자에서는 연구개발(R&D)의 비중이 높긴 하지만 대부분이 소수 대기업 중심으로 이뤄지고 있고, 비R&D 비중은 OECD 주요국에 비해 낮다.

즉, 한국 경제는 '건설 중심' 구조에 갇혀 있는 반면, 지식 기반 경제로의 전환은 충분히 광범위하게 이루어지지 않고 있는 것이다. 이는 한국이 산업 고도화의 길목에서 제자리걸음을 하고 있다는 점을 보여준다. 신성장 동력으로서의 디지털 전환, 녹색 전환, 바이오 헬스케어, 인공지능 산업 등은 여전히 민간의 대규모 투자를 충분히 끌어내지 못하고 있다.

이렇게 투자의 질적 구조가 높지 않은 이유에는 금융의 작동 방식이 큰 영향을 미친다. 한국 금융기관의 기업 대상 설비투자 대출은 줄어든 반면, 부동산 담보를 기반으로 한 가계대출은 빠르게 증가했다. 이로 인해 자본은 생산적 투자보다는 부동산이나 주식 같은 자산시장을 통한 단기 수익 추구로 쏠리게 되었다. 결국 한국의 금융시스템은 점점 더 실물경제와의 연결 고리를 상실해가고 있다.

저성장 단계에서 투자가 계속 부진하면, 투자자들이 잘못된 판단을 내리거나 감정에 따라 투자 결정을 내려 결국 손실을 보는 '투자 함정'에 빠질 수 있다. 생산성을 높이는 설비·R&D 투자가 일부 산업과 기업에만 집중되고, 다른 산업과 대부분의 기업이 부진해지면, 장기 성장 잠재력은 더욱 위축된다. OECD의 장기 전망에 따르면 한국의 잠재성장률은 1997~2007년 평균 4.9%에서 2024년 약 1.7%로 급락하는 것으로 평가되고 있다. 이 하락은 단순한 인구 고령화뿐 아니라, 생산적 투자와 혁신의 부족이라는 구조적 요인도 주요 원인으로 지목된다.

이상의 사실을 종합해 보면, 한국 경제의 저성장은 단순히 수치상의 하락이 아니라 경제의 순환 메커니즘이 제대로 작동하지 않는다는 신호다. 생산과 고용, 소득과 소비, 재투자로 이어지는 건강한 산업적 순환이 작동하지 못하면서, 경제는 점차 '저성장-저투자-저고용'의 악순환에 갇히고 있다.

금융의 자산 편향

경제학 교과서는 금융을 단순한 돈의 이동 통로가 아니라, 생산적 활동을 가능하게 하는 핵심 인프라로 규정한다. 즉 금융은 현재의 소득과 지출 사이의 불일치를 조정하고, 생산과 혁신을 위해 자본을 공급함으로써 경제 전체의 효율성과 생산성을 높이는 역할을 해야 한다. 이상적인 상황에서는 은행과 자본시장이 기업의 새로운 설비투자와 연구개발, 사회적 인프라 건설, 신산업 창출을 지원하면서 산업적 순환을 강화한다.

그러나 현실의 한국 금융은 점점 더 이러한 본래 기능에서 멀어지고 있다. 금융의 흐름이 공장, 기술, 사람을 키우는 방향이 아니라, 부동산과 금융자산의 가격 상승을 촉진하는 방향으로 쏠려 있다. 이 과정에서 금융은 '생산적 금융(productive finance)'이 아니라 '투기적 금융(speculative finance)'으로 변모해왔다.

이러한 현상을 학계에서는 '자산경제(asset economy)'라는 개념으로 설명한다. 영국의 사회학자 리사 애드킨스(Lisa Adkins) 등이 정리한 이 개념은, "현대 자본주의에서 성장이 생산이나 노동이 아니라 자산 보유에서 비롯된다"는 점을 강조한다. 즉 부동산, 주식, 채권, 펀드 같은 자산의 가치 상승이 경제성장을 견인하고, 동시에 불평등의 주요 요인이 된다는 것이다. 한국은 이 자산경제가 가장 극적으로 드러나는 국가 가운데 하나다. 이는 단순한 자산시장의 움직임을 넘어 세대 간 격차와 사회적 불평등의 심화로 직결되고 있다.

　금융의 흐름을 이해하려면, 두 가지 순환 메커니즘을 구분할 필요가 있다. 하나는 산업적 순환(industrial circulation)이고, 다른 하나는 금융적 순환(financial circulation)이다. 산업적 순환은 '기업 → 생산 → 고용 → 소득 → 소비 → 재투자'로 이어지는 경로를 따른다. 이 과정에서 금융은 기업에 자금을 제공해 생산을 늘리고, 이는 다시 일자리와 임금을 창출한다. 임금은 소비로 이어지고, 소비는 다시 기업의 재투자를 유도한다. 이 선순환 고리 속에서 금융은 실질적인 부가가치를 창출하는 매개 역할을 한다.

　반면 금융적 순환은 전혀 다른 구조를 가진다. '부동산을 담보로 대출 → 자산 구매 → 자산가격 상승 → 더 큰 대출 → 추가 자산 구매'라는 반복적 고리가 형성된다. 여기서는 생산이나 고용이 아니라 자산가격 자체가 순환의 동력이 된다. 단기적으로 금융적 순환은 소비 진작과 자산 효과(wealth effect)를 통해 경기를 부양할 수 있다. 하지만 장기적으로 금융은 실물 부문과 단절되고, 결국 '버블 → 붕괴 → 위기'라는 불안정한 사이클을 낳게 된다.

　한국에서 금융적 순환이 산업적 순환을 압도하게 되는 중요한 전환점은 2014년 박근혜 정부 시기의 '빚내서 집 사라' 정책이었다. 당시 정부는 경기 부양을 위해 주택담보인정비율(LTV)과 총부채상환비율(DTI) 규제를 완화하고, 주택거래를 활성화하는 정책을 적극적으로 추진했다. 이 정책은 단기적으로는 주택시장과 건설경기를 살리는 효과를 냈지만, 동시에 가계부채 급증과 금융의 부동산 쏠림이라는 구조적 문제를 심화시켰다. 같은 시기 기업 대상 설비투자 대출은 정체되거나 감소했고, 특히 중소기업과 혁신기업에 대한 신용 공급은 위축되었다. 은행들은 위험을 회피하고 '안전한 담보'인 부동산에만 자금을 집중적으로 배분했다.

부동산 금융으로의 편향은 단지 시장 논리 때문만이 아니었다. 정부 주도의 공공 금융시스템도 일정 부분 이를 뒷받침했다. 한국주택금융공사(HF), 한국토지주택공사(LH) 등은 주거 안정을 명분으로 보금자리론, 전세대출, 모기지 보증을 공급했다. 이는 분명 단기적으로는 서민의 주거 안정과 금융 접근성 향상에 기여했다. 그러나 중장기적으로는 부동산 가격 상승을 정당화하고, 금융기관의 위험 분산 비용을 공공이 떠안는 '어처구니없는' 구조를 강화했다. 이러한 정부 정책뿐 아니라, 금융시스템 자체의 구조적 요인들이 맞물리면서 자산 편향은 더욱 굳어졌다. 구체적으로 네 가지 요인을 꼽을 수 있다.

첫째, 은행 수익성 구조가 부동산 대출에 의존하게 된 점이다. 주택담보대출은 비교적 낮은 부도율과 안정적인 수익을 보장하며, 기업 대상 설비투자 대출보다 훨씬 매력적이다. 정부는 이를 사실상 묵인하거나 간접적으로 장려해왔다.

둘째, 정책금융의 한계다. 산업은행, 기업은행, 중소기업은행 등 정책금융기관이 존재하지만, 이들의 자본력과 범위는 제한적이다. 게다가 일반 시중은행과 동일한 건전성 규제를 적용받기 때문에, 위험을 감수해야 하는 장기 투자나 혁신 투자에는 불리하다.

셋째, 가계와 기업의 수요 구조 변화다. 가계는 금융을 소비나 생산 활동 보완이 아니라, 자산 축적 수단으로 인식한다. 주택담보대출을 통한 자산 투자, 주식·펀드 투자가 보편화되었다. 기업 역시 과거의 생산 중심 축적 모델에서 벗어나, 자사주 매입, 배당 확대, 부동산·금융자산 투자 등 자산 중심 전략을 중시하고 있다.

넷째, 정치·경제적 장벽이다. 한국에서 자산가격은 매우 경직적이다. 부동산 가격이 크게 하락하면 그 부담은 은행이 아니라 공공 부문(정부와 한국은행)이 떠안는다. 정부는 자산가격 하락을 막으려는 유인을 갖는다. 시스템 안정을 위해 은행을 보호해야 하고, 가계부실에 따른 정치적 불만을 감당하기 어렵기 때문이다. 정부가 자산가격을 보호하니 금융은 실물로 돌아갈 이유를 갖지 못한다.

그 결과 금융은 더 이상 실물경제의 혈관으로서 생산과 고용을 지원하지 못하고, 오히려 저성장과 불평등을 심화시키는 구조가 되어버렸다. 금융의 산업적 순환은 약화되고, 자산 중심의 금융순환은 강화된다. 이는 은행이나 시장 참여자들이 단순히 잘못된 선택을 했기 때문이 아니다. 금융 규제와 공적 금융제도의 설계, 그리고 정부와 정치권이 자산가격 방어에 매달릴 수밖에 없는 정치경제적 이해관계가 함께 작동해 만들어진 구조적 실패다. 다시 말해, 한국의 금융 문제는 시장의 문제가 아니라 제도와 정치가 얽힌 체제 전체의 실패라는 점에 더 큰 심각성이 있다.

불평등과 청년 금융소외

경제성장률이 둔화될수록 사회는 필연적으로 분배 문제에 더 민감해진다. 고성장기에는 파이의 크기 자체가 빠르게 커지기 때문에, 상대적 박탈감이 일정 부분 상쇄된다. 그러나 저성장 국면에서는 파이가 크게 늘지 않거나 오히려 줄어들고, 그 안에서 누가 더 많은 몫을 차지하는지가 사회적 갈등의 핵심이 된다. 한국에서 금융이 자산 중심으로 작동하는 구조는 이러한 갈등을 심화시키는 핵심 요인으로 자리 잡았다.

한국의 금융시스템은 본질적으로 고소득·고자산 계층에 유리하게 설계되어 있다. 이는 곧 소득보다 자산에서 더 심각한 불평등을 만들어낸다. 통계청의 〈가계금융복지조사〉(2024)에 따르면, 소득 5분위 간 격차—상위 20% 가구(5분위)와 하위 20% 가구(1분위)의 소득 차이—보다 자산 5분위 간 격차가 훨씬 크다. 특히 상위 10%가 전체 자산의 절반 가까이를 보유하고 있으며, 이 비중은 일본이나 독일보다도 높은 수준이다.

이 가운데에서도 부동산 자산의 집중도는 특히 두드러진다. OECD 자료에 따르면, 한국은 가계 순자산에서 주거용 부동산 등이 차지하는 비중이 OECD 평균(약 45%)보다 훨씬 높은 75.5%(2023년 말 기준, 한국은행)이다. 이는 곧 한국 사회에서 자산 축적의 핵심 경로가 '근로소득 → 저축 → 투자'가 아니라, '부동산 가격 상승 → 차입 확대 → 자산 재축적'이라는 비생산적 경로로 대체되었음을 보여준다.

　이러한 자산 편중은 단순한 경제적 격차에 그치지 않고, 정치적 영향력·문화적 자본·세대 간 이동성의 격차로 이어진다. 자산이 많은 사람은 더 빠르고 넓은 정보 접근성을 가지며, 금융상품에 투자할 기회가 많고, 자녀에게 자산을 이전할 능력도 크다. 반대로 자산이 없는 사람은 교육·문화·사회적 네트워크에서까지 기회 박탈을 경험하게 된다. 자산은 단순한 물질적 여유가 아니라 사회적 영향력과 특권을 축적하는 수단이 되고, 없는 사람은 기회의 사다리에서 점점 더 멀어지는 것이다.

　이 불평등 구조에서 특히 청년 세대가 가장 큰 타격을 받는다. 오늘날 2030세대는 자산 축적 경쟁에서 불리한 출발선에 놓여 있다. 고용은 비정규직·단기 계약직이 많아 불안정하고, 소득은 정체된 반면, 주거비 부담은 과거 어느 세대보다도 높다. 한국은행 자료에 따르면, 2030 청년 가구의 평균 주거비 비중은 가처분소득의 35%를 넘어섰다. 이는 OECD 평균(약 22%)보다 훨씬 높은 수치다.

　문제는 청년들이 단순히 자산 축적에서 뒤처지는 데 그치지 않고, 금융시스템의 중심에서 배제되고 있다는 점이다. 은행 대출의 가장 큰 비중을 차지하는 것은 주택담보대출인데, 담보로 제공할 자산이 없는 청년 세대는 애초에 접근할 수 없다. 신용대출 역시 소득 수준과 고용 안정성이 낮아 불리한 조건을 감수해야 한다. 결국 청년은 금융을 통해 미래 기회를 얻는 대신, 금융의 문턱에서 좌절하게 되는 것이다.

　이 같은 구조적 배제는 정치·사회적 파장으로도 이어진다. OECD는 최근 보고서에서 한국을 포함한 여러 국가에서 청년층이 정부나 금융제도에 대한 신뢰가 낮다고 지적했다. 청년의 약 45%는 정부나 금융권을 신뢰하지 못한다고 응답했는데, 이는 주로 불안정한 고용·낮은 소득·높은 주거비 때문으로 분석되었다. 신뢰가 낮아질수록 청년은 제도적 경로보다는 비제도적·대안적 경로로 눈을 돌린다. 가상자산 투자, 해외 주식·ETF(상장지수펀드) 투자, 혹은 '빚투(빚내서 투자)' 같은 현상이 바로 그 결과다.

　또한 청년 세대의 정치적 태도 역시 이러한 금융소외와 무관하지 않다. 일부 청년은 정부의 부동산 규제를 '내 집 마련 기회를 빼앗는 것'으로 받아들인다. 이 때문에 청년층이 전통적 진보 세력보다 보수, 심지어 극우 성향 정치세력으로 이동하는 경향이 관찰된다. 정치학자 잉글하트(Inglehart)와 노리스(Norris)는 저서 《문화적 반발(Cultural Backlash)》(2019)에서 경제적 소외 집단이 극우 포퓰리즘에 쉽게 끌린다고 분석했는데, 한국 청년 세대의 일부 반응은 이 분석으로 설명된다. 금융소외와 자산 박탈이 단순한 경제 문제가 아니라, 사회적 안정과 정치적 균열에도 직결된다는 점에서 문제의 심각성은 크다.

　청년의 금융 배제는 결국 사회적 이동성(social mobility)의 하락으로 이어진다. 2024년말 한국직업능력연구원 발표 분석에 따르면 한국의 상향적 사회이동성 지수는 지난 2006년 13.4%에서

2022년 10.5%로 낮아졌는데, 이는 상위 계층으로 이동하는 가능성이 떨어진 것을 의미한다. 부모 세대의 자산 보유 여부가 자녀 세대의 사회·경제적 지위에 큰 영향을 미치는 구조가 형성되면서, 청년들은 '노력해도 계층 상승이 불가능하다'는 냉소에 빠진다. 이는 사회 통합력을 약화시키고, 장기적으로는 경제성장 잠재력마저 갉아먹는다.

정리하면, 한국의 저성장과 금융의 자산 편향 구조는 단순히 경제적 불평등을 넘어 세대 간 단절과 사회적 갈등을 증폭시키는 장치로 작동하고 있다. 자산 불평등은 소득 불평등보다 훨씬 더 강력한 사회적 파급력을 가지며, 특히 청년 세대의 금융소외는 한국 사회의 미래를 위협하는 중대한 리스크다.

금융의 재정립 과제

앞서 살펴본 바와 같이, 한국 경제의 저성장·투자 부진·자산 불평등은 단순히 시장의 실패나 외부적 충격으로만 설명되지 않는다. 그 이면에는 한국 금융시스템의 구조적 왜곡, 즉 금융이 산업적 기능을 상실하고 자산 중심으로 고착화된 현실이 자리 잡고 있다. 그렇다면 우리는 어떤 방향으로 금융을 다시 세워야 할까? 이 질문에 대한 답은 크게 세 가지 과제로 정리될 수 있다.

무엇보다 시급한 과제는 금융의 생산적 전환이다. 금융의 흐름을 부동산·주식 등 비생산적 자산이 아닌, 실물경제와 혁신산업으로 유도하는 구조 전환이다. 지금까지 금융이 '부동산 담보 → 대출 → 자산가격 상승 → 추가 대출'이라는 금융적 순환에 갇혀 있었다면, 앞으로는 '투자 → 생산 → 고용 → 소득 → 소비 → 재투자'라는 산업적 순환으로 돌아가야 한다.

이를 위해서는 정부와 금융당국이 금융기관이 실물 부문에 자금을 배분하도록 강력히 유도해야 한다. 예컨대 세제 혜택, 정책보증, 투자 인센티브 제도를 통해 은행과 증권사가 제조업, 첨단기술, 사회적 인프라 분야에 적극적으로 참여하도록 해야 한다. 특히 ▲설비투자, ▲지식재산(IP) 투자, ▲인공지능을 포함한 디지털 전환(Digital Transformation), ▲녹색 전환(Green Transition) 등은 한국의 장기 성장 잠재력을 좌우하는 분야다. 여기에 대한 금융지원은 단순한 경기 부양이 아니라 경제 체질 전환을 위한 투자로서 의미를 갖는다.

동시에 부동산 금융에 대해서는 총량 관리가 필요하다. 금융권 전체 자산에서 부동산 대출이 차지하는 비중에 상한선을 두거나, 주택담보대출의 총량 규제를 제도화할 수 있다. 이는 금융이 과도하게 부동산으로 쏠리는 것을 방지하고, 실물로의 자금 흐름을 촉진하는 최소한의 안전장치가 될 것이다.

또한 금융감독 체계 역시 단순히 개별 상품이나 대출 규제에 머물지 않고, 금융의 거시적 순환 구조를 모니터링해야 한다. 산업별 자금 흐름 데이터를 구축·공개하고, 대출 목적별 통계를 정기적으로 공시하는 것이 그 출발점이다. 금융이 실물경제와 어떻게 연결되고 있는지를 사회 전체가 확인할 수 있을 때, 그 사회는 비로소 금융이 제 역할을 하도록 감시할 수 있는 역량을 가질 수 있다.

둘째, 포용적 금융체계를 구축해야 한다. 금융의 재정립은 단순히 생산적 방향으로만 바꾸는 것을 넘어, 접근 가능성과 공정성을 보장하는 금융체계를 만드는 것이어야 한다. 자산이 없더라도, 담보가 부족하더라도, 금융을 통해 기회를 얻을 수 있어야 한다.

특히 청년·무주택자·중소 창업자는 현재 금융시스템의 주변부에 머물고 있다. 이들을 위한 저금리·무담보 대출 프로그램, 사회적 보증 제도, 기본금융 제도가 필요하다. 예컨대 청년층을 대상으로 한 월세·전세자금 대출을 초저금리·무보증으로 제공한다면, 이는 단순한 금융 지원이 아니라 세대 간 불평등을 완화하는 사회적 투자로 기능할 수 있다.

또한 지역 금융의 역할을 강화해야 한다. 한국의 지역 금융기관은 아직 지역경제를 뒷받침할 만큼 충분한 대출과 신용 공급을 하지 못하고 있다. 독일의 슈파카세(Sparkasse, 상호금융기관), 일본의 지방은행과 신용금고(信用金庫)는 지역 기반 금융기관이 지역 중소기업과 지역민의 금융 접근을 책임지는 대표적 사례다. 한국도 지역 자치단체와 협력하여, 지역산업 육성과 연계된 금융정책을 설계해야 한다. 지방은행을 포함한 지역금융기관을 강화할 뿐 아니라 '지역 금융기금'을 설립해 공공 자금이 지역 안에서 순환하도록 설계할 필요가 있다.

포용적 금융체계는 단순히 '약자를 위한 지원'이 아니다. 장기적으로는 경제 전체의 안정성과 지속 성장을 위한 투자이기도 하다. 금융 접근성이 낮은 집단이 제도권 금융으로 편입될수록, 사회는 불평등으로 인한 비용을 줄이고 더 큰 경제적 잠재력을 활용할 수 있다.

세 번째 과제는 금융의 민주화와 공공성 회복이다. 지금까지 한국 금융은 민간금융기관의 수익성을 중심으로 운영되었고, 사회적 책임이나 공정성은 부차적인 요소로 밀려났다. 그러나 금융이 자산 불평등을 심화시키고, 사회적 이동성을 차단하며, 청년 세대를 소외시키는 구조적 원인으로 작동한다면, 더 이상 '시장 자율'만을 강조할 수 없다.

정책금융기관인 산업은행, 기업은행, 주택금융공사 등은 단순히 시장 실패를 보완하는 보조적 역할에 머물 것이 아니라, 금융시장 전체의 방향을 조정하는 나침반 역할을 해야 한다. 각 기관의 미션을 재설계하고, 성과 평가 기준도 '수익성'에서 '사회적 기여도·산업적 효과'로 바꿀 필요가 있다. 예를 들어, 신산업 지원 규모, 지역 중소기업대출 비중, 청년·무주택자 금융 접근성 개선 정도 등을 평가 항목에 포함해야 한다.

또한 금융정책의 거버넌스 구조를 민주적으로 개선해야 한다. 현재는 금융당국·금융기관·정치 엘리트가 금융정책을 좌우하지만, 앞으로는 학계·시민사회·노동계·지역 공동체가 참여하는 다층적 거버넌스 체계를 설계할 필요가 있다. 이는 금융정책이 단순히 '위로부터의 정책'이 아니라 '아래로부터의 합의' 위에서 작동하게 만드는 데 도움이 될 것이다.

한국 경제가 직면한 저성장과 불평등은 피할 수 없는 구조적 현실처럼 보일 수 있다. 그러나 금융의 흐름을 바꾸는 것은 불가능한 과제가 아니다. 금융적 순환을 산업적 순환으로, 금융이 사회와 미래를 지향하는 것으로 돌려세운다면, 한국 경제는 여전히 새로운 도약의 기회를 마련할 수 있다.

이제 필요한 것은 분명하다. 금융의 생산적 전환, 포용적 금융, 민주적 금융. 이 세 가지가 함께 작동할 때, 금융은 다시금 실물경제의 혈관으로, 사회적 신뢰의 기반으로 자리 잡을 수 있을 것이다.

1부

왜 한국의 금융은 길을 잃었는가

1장

한국 금융의 팽창과 구조적 특징

1. 실물경제를 앞지른 금융자산

한국 경제는 지난 수십 년간 빠르게 성장해왔다. 그런데 최근에 주목해야 하는 것은 경제가 성장하는 속도보다 금융자산이 훨씬 빠르게 불어나고 있다는 점이다. 간단히 말해, 금융시장이 우리나라 경제 전반에서 차지하는 비중이 커지는 것뿐 아니라, 금융자산의 규모가 실물경제, 즉 우리가 실제로 만드는 상품과 서비스의 가치를 크게 앞지르고 있다. 이러한 현상은 무조건 좋은 일만은 아니다. 금융시장이 커진다는 것은 경제에 활력을 불어넣을 수 있지만, 실물경제와의 연결이 약해진 상태에서 금융이 너무 빠르게 팽창하면 경제 구조에 큰 문제를 일으킬 수 있기 때문이다.

이 문제는 단순한 느낌이나 걱정이 아니라 국제통화기금(IMF),

국제결제은행(BIS), 그리고 한국은행 같은 주요 기관들의 연구를 통해서도 확인되고 있다. 이들은 금융자산이 너무 커지면 오히려 경제의 생산성과 성장에 악영향을 줄 수 있다고 경고한다. 그래서 지금 우리는 금융자산이 실물경제에 비해 얼마나 빠르게 커지고 있는지를 정확히 들여다보고, 이 현상이 우리 경제에 어떤 의미가 있는지 살펴볼 필요가 있다.

통계를 보면 2010년부터 2024년 사이에 한국의 명목 GDP는 1,379조 원에서 2,557조 원으로 약 1.9배 성장했다. 그런데 같은 기간 비금융 부문(가계·비금융법인·정부)이 보유한 금융자산은 5,052조 원에서 1경 2,330조 원으로 2.4배 증가했다. 간단히 말해, 비금융 부문이 보유한 금융자산은 GDP보다 훨씬 빠르게 늘어났다. 2024년 기준으로 비금융 부문 보유 금융자산은 GDP의 약 5배에 달한다. 이 뜻은 금융자산이 경제에서 차지하는 비중과 영향력이 크게 커졌다는 점을 보여준다. 다시 말해 금융자산과 그 자산을 운용하는 금융기관이 경제 전체를 좌우하는 주도적 위치에 올라섰다는 의미다.

비금융 부문(가계·비금융법인·정부)의 금융자산이 이렇게 급격히 증가한 이유는 여러 가지가 있지만, 중요한 것은 많은 금융자산이 실질적인 생산이나 고용 확대와는 거리가 먼 부채 증가와 투기적 투자에 기반하고 있다는 사실이다. 부동산 가격 상승과 금융시장에서의 투기는 금융자산 규모를 키우지만, 실제 산업 발전이나 일자리 창출로 이어지지 않는 경우가 많다. 예를 들어 기업들이 공장이나 연구개발보다 주식이나 부동산 같은 자산에 투자

〈표1-1〉 GDP 증가와 비금융 부문 금융자산의 증가(조 원, %)

연도	명목 GDP	비금융 부문 금융자산*	금융자산/GDP 비율
2010	1379	5052	366.4
2015	1741	6913	397.1
2020	2058	9683	470.5
2024	2557	12330	482.3

자료: 한국은행 경제통계시스템(ECOS) 국민계정

하기를 선호하거나, 개인들이 금융투자를 통해 자산을 쌓더라도 이것이 실물경제에 직접적인 도움이 되지 않는 경우가 많다. 사람들은 자신이 주식에 투자하는 행위가 기업의 자금 조달에 직접 도움이 되고, 생산적인 경제 활동이라고 생각하는 경우가 많다. 물론 IPO(기업공개)처럼 기업이 처음 자본을 모집하는 상황에서는 그런 측면이 분명히 존재한다. 하지만 대부분의 주식 거래는 이미 발행된 주식의 소유권이 단순히 다른 사람에게 넘어가는 것이며, 이는 실질적인 생산이나 고용 창출과는 거리가 먼 행위다. 따라서 개인들이 금융투자를 통해 자산을 쌓더라도 이런 투자가 실물경제에 직접적인 도움을 주는 경우는 많지 않다.

금융자산을 통한 경제 활동이 실물경제의 생산적 활동보다 더

---

* 한국은행 자금순환 보도자료는 '비금융 부문(가계·비금융법인·정부)'의 금융자산 합계를 공식 지표로 제시한다. '모든 부문을 단순합산'한 총액(2경대, 2024년 말 현재 기준)은 금융 중개로 인한 중복을 포함하기 때문에 과대 계상된다. 때문에 정책을 분석하는 목적에 따라 여기서는 비금융 부문 합계를 쓴다.

빠르게 늘어나고 있다는 사실은 금융시스템이 실물경제를 넘어 자산 중심으로 변화하고 있음을 분명히 보여준다. 이는 단순히 금융 규모가 커진 것을 넘어, 금융과 실물경제 사이의 연결 고리가 약해지거나 어긋나면서 경제 구조 자체가 근본적으로 달라지고 있음을 뜻한다. 이런 변화는 생산 활동 없이 금융자산만 커지는 '생산 없는 성장'이라는 문제를 낳으며, 결국 경제의 지속 가능성을 위협하고 심각한 위기를 불러올 수 있다. 1990년대 초반 일본의 버블 붕괴와 2008년 글로벌 금융위기는 이러한 현상이 초래할 수 있는 심각한 결과를 보여주는 대표적인 사례다.

정부의 정책과 금융 규제도 금융자산의 급증을 부추긴 측면이 있다. 정부가 추진한 저금리정책, 양적 완화, 세제 혜택 등은 금융자산가치를 끌어올려 자산시장을 활발하게 만드는 데 기여했지만, 생산 투자나 고용 확대 같은 실물경제의 근본적인 성장에는 큰 영향을 미치지 못했다. 이런 정책들은 실물 부문보다 금융 부문에 더 유리한 환경을 만들어주면서, 경제 활동의 중심이 점점 금융시장으로 이동하는 구조적 변화를 촉진하는 역할을 했다.

지난 수십 년 동안 세계 경제는 '금융화'라는 구조적 흐름 속에 놓여 있다. 경제 활동의 중심은 점점 금융시장, 자산 투자, 부채 관리 같은 금융 요소로 기울어지고, 생산과 고용 등 실물경제의 핵심 활동은 상대적으로 뒤로 밀렸다. 금융시장이 자산을 불리고 수익을 추구하는 과정은 실물경제에서 가치를 직접 만들어내는 것과는 별개로 이루어진다. 이 과정에서 경제 구조는 생산적인 부문보다 금융 활동에 점차 의존하게 되었다.

그 결과, 자본 흐름과 투자 결정을 촉진하는 금융시스템의 역할이 크게 증가하면서 경제성장의 주요 동력이 금융으로 이동했다. 이러한 변화로 실물경제가 금융 변동성에 더 취약해지면서 장기적인 성장의 안정성을 해칠 위험이 커지고 있다.

금융자산과 GDP는 서로 다른 개념이기 때문에 단순히 크기를 비교할 때는 주의가 필요하다. 금융자산은 특정 시점에 쌓여 있는 자산의 총액, 즉 누적(stock) 개념인 반면, GDP는 일정 기간 동안 경제에서 생산된 부가가치의 흐름(flow)을 나타내기 때문이다. 하지만 장기간에 걸쳐 금융자산이 GDP에 비해 꾸준히 더 빠르게 증가하여 금융자산 대비 GDP 비율이 계속 높아지는 현상은 경제에 경고 신호로 해석할 수 있다.

2024년 말 기준으로 가계, 기업, 정부, 금융기관 등 모든 경제주체가 보유한 금융자산은 총 2경 6,467조 원에 이르며, GDP 대비 금융자산의 비율은 약 1,155%에 달한다. 이는 앞서 언급한 비금융 부문이 보유한 금융자산(1경 2,330조 원)보다 훨씬 큰 규모다. 그 이유는 비금융 부문이 보유한 자산을 중개기관인 금융기관이 예금, 보험, 펀드, 채권, 주식 등의 금융상품 형태로 이중 보유하게 되기 때문이다. 이러한 통계는 한국은행이 작성하는 자금순환표에서 확인할 수 있다.

한국 금융시스템의 규모는 1975년 말 약 27.5조 원에 불과했으나, 2024년 말에는 2경 6,467조 원으로 50년 만에 약 1,000배가

〈표 1-2〉 금융자산의 증가와 GDP 대비 비중

연도	1975	1985	1995	2005	2015	2019
금융자산(조 원)	27.5	312.2	18522	6199	14590	18629
금융연관비율	2.62	3.58	4.32	6.74	8.38	9.13
연도	2020	2021	2022	2023	2024	
금융자산(조 원)	20809	23108	23760	24861	26467	
금융연관비율	10.11	10.40	10.23	10.35	11.55	

량 불어났다. 특히 코로나19 팬데믹 시기였던 2020년과 2021년에는 각각 2,180조 원과 2,300조 원씩 금융자산이 크게 증가하는 현상을 보였다. 금융자산의 증가 속도가 GDP 성장 속도보다 훨씬 빠른 점을 고려할 때, 이 현상은 단순히 실물경제 활동에서 창출된 이익 때문이라기보다는 금융자산 자체가 커진 데 기인하는 것으로 보는 것이 더 타당하다. 즉, 금융자산이 급격히 늘어난 이유는 실물경제에서 발생한 생산이나 수익에 의존하기보다는 부동산, 주식, 채권 같은 자산가격의 상승, 투기적 투자, 그리고 저금리정책이나 양적 완화 같은 정부 정책 영향 때문인 경우가 많다. 예를 들어 부동산이나 주식 가격이 올라가면 실제 제품이나 서비스 생산이 증가하지 않아도 자산가치는 높아지고, 이로 인해 금융자산 총액이 크게 늘어날 수 있다.

하지만 부동산 가격이 상승한다고 해서 이것이 곧바로 금융자산 증가로 직결되지는 않는다. 부동산 가치 상승은 부동산을 가진 가계나 기업의 자산가치를 높이지만, 금융자산이 되려면 부동산이

유동화되거나 담보대출, 증권화 등의 금융 거래 과정을 거쳐야 한다. 실제로 누군가 부동산을 팔고 그 수익으로 주식이나 채권 같은 금융자산에 투자하면 그때 금융자산이 늘어난다. 단순히 부동산 가격이 오른 것만으로는 금융자산이 증가했다고 볼 수 없다.

종합하면, 금융자산의 증가는 경제 주체들이 실제 경제 활동에서 번 이익을 토대로 자산을 늘린 것이라기보다, 금융시장 내 자산가격 상승과 자산 축적이 더 큰 영향을 미쳤다는 의미다. 따라서 금융자산 증가는 실물경제 활동에 기반을 두기보다는 금융시장 자체의 확대와 가격 인플레이션 현상으로 설명하는 것이 더욱 정확하다.

또한, 부동산 가격 상승 등 실제 자산가치의 증가는 우리가 앞서 본 금융자산 증가율보다 훨씬 더 가파르게 나타났을 가능성이 크다. 2015년 이후 크게 오른 부동산 가치는 아직 금융자산 증가로 완전히 반영되지 않았기 때문이다. 부동산 가격 상승은 실질 자산의 가치 변화일 뿐이며 금융자산이 증가했다고 볼 수는 없다. 부동산 가격이 올라가면서 보유자의 부는 늘어날 수 있지만, 이 부가 금융자산 증가로 이어지려면 금융 거래나 금융상품과 연결되어야 한다.

국제적으로 금융자산이 지나치게 빠르게 증가하는 것에 대한 위험성이 꾸준히 제기되어 왔다. 특히 2012년 국제결제은행(BIS)이 발표한 보고서(BIS Working Paper, Cecchetti & Kharroubi "Reassessing the impact of finance on growth")에서는 금융 부문의 과도한 팽창이 실물 부문의 생산성을 떨어뜨릴 수 있다고 경고했다. 그 이유는 자원들이 생산성이 낮은 부동산 같은 자산 중심 분야로 쏠리고, 숙련된 인력들이 금융업에 집중되면서 혁신산업의 연구개발(R&D)과 생산성이 약해지기 때문이다. 결과적으로 총요소생산성(TFP)이 둔화되고 실질 경제성장률이 떨어지는 현상이 나타난다는 것이다.

이 보고서는 1980년부터 2009년까지 50개국의 장기간 자료를 분석한 결과를 담고 있다. 분석 결과에 따르면, 금융 부문 자산이 GDP의 약 80~100%를 넘어서면 경제성장에 부정적인 영향이 나타난다. 다시 말해 금융 부문은 일정 수준까지는 실물경제에 긍정적인 역할을 하지만, 그 한도를 넘어서면 경제에 해를 끼치기 시작한다는 의미다. 특히 고도화된 지식기반 산업에 필요한 자원들이 금융 부문으로 빨려 들어가면서 전체 경제의 생산성이 떨어지는 '포식자 효과'를 초래한다. 금융이 일정 수준까지는 실물경제에 도움이 되지만, 그 이상으로 확대되면 오히려 자원을 흡수하고 경제 전체의 생산성을 저하시킨다는 의미다.

이러한 분석은 한국 경제 상황에도 그대로 적용할 수 있다. 한국에서는 주택담보대출과 프로젝트파이낸싱(PF) 등 부동산 관련 금융 규모가 매우 크고, 특히 청년층을 포함한 노동력이 점점 금융투자 중심으로 이동하는 경향이 뚜렷하다. 이런 현상은 금융 부문이 과도하게 팽창하는 것과 무관하지 않다고 해석할 수 있다. 실제로 한국의 금융기관이 가계와 기업 등 비금융 부문에 빌려준

대출 규모는 이미 2010년에 GDP 대비 360%를 넘어섰고, 2024년 말에는 500%에 가까워졌다.

지금까지 살펴본 내용을 종합해 보면, 금융자산이 GDP보다 훨씬 빠르게 커지고 있는 현상은 우리 사회에 대한 중요한 '경고' 신호일 수 있다. 단순히 금융 부문이 성장했다는 의미를 넘어 경제 구조가 생산 중심에서 자산 중심으로 전환되었다는 것을 알려주기 때문이다. 이런 변화는 실물경제의 기반을 약화시키고, 앞으로 경제 전반의 안정성을 위협할 수 있기 때문에 매우 신중하게 접근할 필요가 있다.

금융의 규모 확대 자체보다 더 중요한 것은 금융이 어디로 흐르고 있느냐는 점이다. 금융이 생산과 혁신에 투자된다면 경제에 도움이 되지만, 자산 거래와 투기에만 집중된다면 사회적 불균형과 거품을 키우는 위험이 커진다. 한국에서 금융자산이 빠르게 늘어나는 이유를 다섯 가지 구체적인 측면에서 살펴본다.

2. 금융자산의 급증을 낳은 다섯 가지 구조적 요인

첫 번째 이유: 저성장·저금리 환경이 자산 선호를 촉진

한국 경제는 2010년대 중반 이후 저성장 국면에 접어들었다. 연간 2~3%에 머무는 낮은 경제성장률은 실물경제의 수익성을 크게 떨어뜨렸다. 여기에 저금리 기조가 장기화되면서 자산의 현재 가치는 상대적으로 빠르게 상승했다.

저금리가 오래 지속될수록 자산가격이 오르는 데에는 네 가지 주요 원리가 작용한다. 첫째, 할인율(Discount Rate)의 하락으로 자산의 현재 가치가 상승한다. 둘째, 대체 투자수단의 매력이 줄어들면서 투자자들이 자산시장으로 몰리게 된다. 셋째, 차입 비용이 낮아져 자산에 대한 투자가 확대된다. 넷째, 유동성 확대로 인해 자산가격이 부양된다. 결과적으로 저금리 구조가 이어지면 실물경제보다 금융자산의 가격이 더 빠르게 오르는 현상이 나타난다.

특히 '할인율'이 하락하면 자산의 현재 가치는 크게 증가한다. 자산의 가치는 미래에 기대되는 현금 흐름을 현재 시점으로 할인해 평가하는데, 이때의 할인율은 시장 금리와 밀접히 연관된다. 금리가 낮아지면 할인율도 내려가 동일한 미래 현금 흐름이 더 큰 현재 가치로 평가된다. 예를 들어, 100만 원의 미래 수익은 금리가 5%일 때보다 1%일 때 훨씬 높은 현재 가치를 가진다. 따라서 저금리 환경에서는 자연스럽게 자산가격이 오른다.

국채의 경우를 보면, 고정 이자를 지급하는 국채의 가치는 할인율이 낮을수록 증가한다. 10년 뒤에 1,000만 원을 지급하는 국채가 있다면, 할인율이 5%일 때 현재 가치는 약 613만 원이지만, 할인율이 1%로 떨어지면 그 가치는 905만 원으로 뛴다. 이런 이유로 금리가 낮아지면 국채 가격은 상승한다.

부동산 투자도 마찬가지다. 매년 발생하는 임대 수익과 기대가격 상승분을 할인해 평가한다. 금리가 낮아지면 대출 받기가 쉬워지고, 임대 수익의 현재 가치도 올라가 부동산 가격 상승을 유도한다. 예를 들어, 연간 임대수익이 1,000만 원인 건물은 할인율이 5%일 때 2억 원으로 평가되지만, 할인율이 2%로 내려가면 가치는 5억 원까지 상승한다. 이렇게 금리 하락은 부동산 가격을 크게 끌어올리는 핵심 요인이다.

둘째, 저금리 환경에서는 예금이나 채권 같은 안전자산의 수익률이 낮아진다. 이에 투자자들은 상대적으로 높은 수익을 기대할 수 있는 주식, 부동산, 펀드 등 위험자산으로 자금을 옮기게 되고, 이로 인해 자산가격이 상승한다.

셋째, 차입 비용이 줄어들면서 기업과 가계 모두 더 저렴한 비용으로 대출을 받아 투자에 나설 수 있다. 기업은 자금을 빌려 설비투자나 사업 확장을 꾀하고, 가계는 대출로 부동산이나 금융자산을 구매하는 등 자산시장에 돈이 몰리게 된다.

넷째, 저금리가 장기화되면 중앙은행의 완화적 통화정책과 결합해 유동성이 확대되고, 이는 금융자산가격을 더욱 부양하는 효과를 낳는다. 이 과정에서 실물경제 상황과 무관하게 자산가격이 과대 평가되는 경우가 늘어난다.

특히 실질금리가 0% 이하로 떨어지는 시기에는 금융자산 선호 현상이 사회 전반에 확산된다. 2020년부터 2022년 사이 기준금리가 0.5% 정도로 유지되면서, 물가상승률을 고려한 실질금리는 마이너스가 되었다. 이 기간 동안 부동산, 주식, 가상화폐,

ETF(상장지수펀드) 등 다양한 자산 투자가 활발해졌다. 예금이나 채권 등 안전자산의 수익률이 낮은 상황에서 자산 투자가 가장 매력적인 투자수단이 된 것이다.

이러한 변화는 자산경제(asset economy), 세속적 침체(secular stagnation), 유동성 함정(liquidity trap) 같은 여러 경제학적 개념으로 설명할 수 있다.

'자산경제'는 리사 애드킨스 등(Lisa Adkins, Melinda Cooper, Martijn Konings)이 제기한 개념으로, 자산 보유 여부가 계층적 지위와 삶의 기회를 결정하는 사회 구조를 의미한다. 소득만으로는 자산을 모으기 어려운 청년과 중산층이 저금리 환경에서 주식, 부동산, 가상화폐 등에 몰입하는 현상을 설명한다. 즉, 노동보다 자산이 더 중요한 사회 구조를 뜻한다. 하지만 자산경제는 결과론적인 진단이고, 이를 가능하게 한 거시경제적 원인으로는 세속적 침체와 유동성 함정이 있다.

'세속적 침체'는 하버드대학의 로렌스 서머스(Lawrence Summers) 전 미 재무장관이 제안한 이론으로, 선진국들이 인구 고령화, 기술 진보 둔화, 투자 수요 부족 등으로 인해 장기간 실질금리와 경제성장률이 낮게 유지되는 상태를 의미한다. 이런 상황에서는 제조업 등 실물 부문의 수익성이 떨어지고 투자 유인이 줄어든다. 기업들은 투자 대신 현금을 쌓고 자사주 매입이나 금융자산 투자에 집중하면서 실물경제 활력이 더욱 저하된다.

유동성 함정은 경제학자 존 메이너드 케인스가 설명한 개념으로, 금리가 거의 0%에 근접했음에도 불구하고 소비와 투자가 늘지 않는 현상을 뜻한다. 경제에 대한 기대가 낮고, 가계는 부채를 줄이려 하며, 기업은 투자 수익성을 불확실하게 여겨 실물투자를 꺼리기 때문이다. 이런 상황에서 시중에 풀린 돈은 실물경제 대신 자산시장으로 흘러가게 된다.

이 세 가지 개념을 연결하면, 세속적 침체로 실물투자가 감소하고 유동성 함정으로 자금이 실물에서 자산시장으로 이동한다. 그 결과 자산 투자가 확산되며 자산경제 구조가 더욱 심화되는 것이다.

요약하면, 저성장과 저금리 환경이 만들어낸 '자산 선호' 현상이 금융자산의 빠른 팽창을 촉진한 첫 번째 원인이다.

두 번째 이유: 부동산 중심의 신용 구조

한국 금융자산 증가를 이야기할 때 빼놓을 수 없는 부분이 바로 부동산 중심의 신용 구조다. 지난 9년간 자산과 자금공급의 부동산 의존이 확대되었는데, 여기에는 가계의 주택담보대출, 전세자금대출, 기업의 프로젝트 파이낸싱(PF) 대출 등이 포함된다. 2015년 1939.4조 원이던 부동산 금융 익스포저 규모는 2024년 말 현재 4,137.2조 원으로 2.1배 증가했다. 특히 가계부채의 경우, 한국은 한때 GDP 대비 105%에 이르러(2021년과 2022년) OECD 국가 중에서도 가장 높은 수준에 속한다. 그중에서도 주택담보대출 비중은 꾸준히 증가하여 2025년 1분기 기준으로 전체 가계부채의 63%에 이르고 있다.

주택 가격이 오르면 담보가치가 높아지면서 더 많은 대출이 가능해진다. 이렇게 늘어난 대출금은 다시 부동산시장으로 흘러들어 자산가격을 더욱 끌어올리는 구조가 만들어진다. 이 모든 대출은 금융기관의 자산으로 기록되어 금융자산 규모가 자연스럽게 커진다.

하지만 이러한 과정은 실물경제에 직접적인 도움이 되지 않고, 단지 자산가치를 키우는 데만 집중된다. 즉, '부동산 가격 상승 → 대출 확대 → 금융자산 증가 → 부동산 가격 재상승'이라는 자기 강화적 순환 구조가 작동하는 셈이다. 이 구조는 생산적인 투자 없이 금융기관 자산만 확대시키는 문제를 낳고, 동시에 자산버블 위험을 키우는 심각한 구조적 문제로 이어진다.

세 번째 이유: 은행 중심 금융시스템의 자산 확대 메커니즘

한국은 자본시장보다 은행 중심의 간접 금융시스템이 강하게 작동하는 나라다. 시중은행, 국책은행, 지방은행 등 은행권이 전체 금융기관 금융자산의 약 60~70%를 보유하고 있다. 기업이 외부에서 자금을 조달할 때도 은행 대출이 압도적인 비중을 차지한다. 이런 구조에서는 대출이 늘어나는 것이 곧바로 금융자산의 증가로 이어진다. 예를 들어, 개인이 은행에서 5억 원 규모의 주택담보대출을 받으면, 은행의 대차대조표에는 '대출'이라는 이름 아래 5억 원의 새로운 자산이 기록된다. 그러나 이 대출 자체는 GDP 계산에 직접적으로 반영되지 않는다. 그 이유는 대출이 단순히 자산과 부채의 교환이기 때문이다. 즉, 대출을 받은 개인은 5억 원을 통해 자산을 확보한 것이지만, 이는 생산 활동을 통한 새로운 가치 창출이 아니라 기존 자산의 재배분에 불과하다. GDP는 경제에서 생산된 재화와 서비스의 가치를 측정하는 지표로, 대출은 실제로 새로운 재화나 서비스를 생산한 것이 아니기 때문에 GDP 계산에 포함되지 않는 것이다.

한편, 비은행금융기관(NBFI)도 빠르게 성장하고 있다. 저축은행, 카드사, 보험사, 증권사, 캐피탈사 등은 상대적으로 더 높은 위험을 감수하면서 프로젝트 파이낸스(PF) 등 부동산 투자에 집중해왔다. 2023년 기준, 비은행금융기관의 총자산은 약 1,254조 원으로, 전체 금융기관 자산 3,493조 원의 약 35.9%에 달한다. 이처럼 한국 금융시스템은 간접 금융 중심 구조가 강하며, 대출 확대가 금융자산 증가로 이어지는 구조적 특성을 갖고 있다.

네 번째 이유: 정책금융기관의 자산 확대

금융자산의 빠른 팽창을 촉진한 또 다른 주체는 정책금융기관이다. 한국산업은행(KDB), 기업은행(IBK), 수출입은행, 한국주택금융공사 등은 정부의 정책 목적에 따라 자금을 공급하는 공공기관이다. 이 기관들은 경기 침체기나 산업위기 상황에서 대규모 자금을 투입해 실물경제를 지원하는 역할을 수행한다. 동시에 이들의 활동은 금융자산 규모를 크게 늘리는 데도 기여하고 있다.

예를 들어, KDB의 자산은 2010년 약 150조 원에서 2024년 말 약 339조 원으로 증가했고, 수출입은행도 같은 기간 54조 원에서 131조 원으로 자산을 늘렸다. LH(한국토지주택공사)의 경우 2010년 84조 원에서 2024년 말에는 약 247조 원에 이른다.

이러한 자산 증가는 상당 부분 실물투자와 연결되지만, 동시에 비효율적인 정책 자원 배분, 민간 자금 왜곡, 그리고 재정 리스크의 정부 외주화 문제를 동반하기도 한다. 특히 부동산 개발이나 고위험 기업 지원 같은 사업이 정책금융 명목으로 진행될 때는 민간금융기관보다 훨씬 큰 규모로 금융자산이 불어나는 경향이 있다. 이 현상은 때때로 '민영화된 케인스주의(privatized Keynesianism)'라고 불린다. 이는 정부가 직접적인 재정적 조치를 취하는 대신, 정책 금융기관이나 민간은행을 통해 자금을 공급하는 방식을 사용한 것으로, 케인스주의 경제 이론을 현대적 금융시스템에 맞게 변형한 것이다. 즉, 정부가 더 이상 직접적으로 재정을 투입하여 경제를 자극하는 대신, 은행과 같은 민간 금융기관을 통해 자금을 공급하여 경제를 활성화하려는 방식이다. 이 방식은 정부의 재정적 부담을 줄이면서도, 민간 부문을 통한 자금 조달을 통해 경제성장을 촉진하려는 의도가 담겨 있다.

따라서 정책금융기관의 자산 확대는 두 얼굴을 가지고 있다고 볼 수 있다. 하나는 실물경제를 지원하는 긍정적인 기능이고, 다른 하나는 비효율적인 자산 팽창과 그에 따른 위험 요소다.

다섯 번째 이유: 자본시장 확대와 민간저축의 금융자산화

코로나19 이후 한국 가계는 소비를 줄이고 초과 저축(과거 평균적인 저축 수준보다 더 많이 쌓인 저축)을 많이 쌓았다. 이 자금은 단순히 예금에 머무르지 않고 주식, 펀드, ETF, 보험상품 등 다양한 금융상품으로 빠르게 유입되었다. 2020년부터 2021년 사이 가계 순금융자산 증가율은 15%를 넘었는데, 이는 같은 기간 명목 GDP 증가율인 4~5%를 크게 앞지르는 수치다. 특히 ETF 시장은 2015년 약 20조 원에서 2025년 6월 4일 기준 201조 원으로 10배 이상 성장했다.

특히 MZ세대(20~30대)의 투자 참여가 금융자산 확장에 핵심적인 역할을 했다. 2024년 3월 기준 전체 개인투자자 중 MZ세대 비중은 30.4%에 달했고, 40대 이상 중장년층은 44.5%였다. MZ세대는 직접투자, 해외주식, 가상화폐 등으로 빠르게 금융시장에 뛰어들었다. 동시에 고령화가 진행되면서 연금, 퇴직연금(IRP), 생명보험 같은 장기성 금융자산도 급속히 늘어났다.

예를 들어 퇴직연금 적립금은 2010년 50조 원에서 2024년 말 431.7조 원으로 급증했고, 생명보험사의 총자산도 2010년 500조 원에서 2023년 880.9조 원으로 증가했다.

이렇게 팬데믹, 고령화, 세제 혜택, 그리고 모바일 투자 환경이 맞물리면서 금융자산이 실물경제보다 훨씬 빠른 속도로 늘어나는 '금융자산의 자산화' 현상을 가속화했다.

'금융자산의 자산화' 현상은 사람들이 일해서 벌어들이는 소득보다는 주식, 부동산, 펀드 등 금융자산을 통해 쌓는 부가 훨씬 빠른 속도로 증가하는 상황을 말한다. 즉, 제품을 만들고 서비스를 제공하는 실물경제보다 금융시장에서 거래되는 자산가치가 더 빠르게 커지는 것이다. 이로 인해 노동소득보다 금융자산 중심의 부 축적이 일상적인 현상이 되었고, 경제 구조가 점점 '자산 중심'으로 변화하고 있음을 보여준다. 영어로는 '금융자산의 자산화' 현상을 보통 "assetization of financial assets" 혹은 간단히 "assetization"이라고 표현한다. 이 용어는 어떤 대상이나 가치를 투자 가능한 자산으로 전환하는 과정을 뜻하며, 금융자산이 실물경제 활동보다 더 빠르게 증가하는 현상을 설명할 때 사용된다.

정리하면, 한국 금융자산이 실물경제보다 더 빠르게 성장한 것은 다음 다섯 가지 구조적 메커니즘이 복합적으로 작용한 결과라고 볼 수 있다(〈표 1-3〉 참고).

〈표 1-3〉 금융자산의 급속한 확대를 가져온 5가지의 구조

	구분	결과
1	저금리·저성장	자산 선호 심화
2	부동산 중심 신용 구조	자산가격 주도 대출 확대
3	은행 중심 시스템	대출이 곧 자산 확대
4	정책금융기관 자산 확대	민간보다 더 빠른 팽창
5	자본시장 확대 + 초과저축	금융자산의 실물과 단절된 증가

3. 한국 금융시스템의 핵심 문제

한국 금융시스템의 문제는 단순히 금융자산이 얼마나 늘었는지가 아니라, 그 자금이 어디로 흘러갔는가에 더 큰 관심을 가져야 한다는 점이다. 금융자산이 증가한 사실 자체가 반드시 나쁜 것은 아니다. 금융의 발달은 자금 축적과 운용 능력이 강화됐다는 긍정적인 의미를 지닌다. 그러나 한국의 경우, 늘어난 금융자산 대부분이 실물경제의 생산성 향상이나 고용 창출과 연결되지 않고 자산가격 상승과 금융기관 장부상의 자산 확대에 집중되어 있어 문제를 일으키고 있다.

전통적으로 금융은 경제 내에서 자금을 흐르게 만드는 역할을 해왔다. 즉, 기업의 생산 활동이나 가계의 소비를 지원하며 경제가 원활히 순환하도록 도움을 줬다. 하지만 지금의 금융은 점차 자금을 흐르게 하는 기능보다는 자산을 보유하고 가격이 오르기를 기다리는 '저장'의 역할에 무게를 두고 있다. 부동산, 주식, 보험, 연금, 채권 등 다양한 형태의 '정체된 금융자산'이 계속 축적되고 있으며, 이 과정에서 금융은 실물경제의 순환을 촉진하기보다 자산을 가진 계층을 고착시키는 도구로 작동하고 있다.

이 같은 금융 비대화는 장기적으로 여러 심각한 문제를 불러온다. 우선 경제의 생산성이 떨어진다. 자금이 혁신이나 생산에 투자되지 않고 부동산 담보나 자산 운용에만 집중되면 경제 전체의 총요소생산성(TFP)이 하락한다. 또한 숙련 인력이 금융업에 몰리면서 제조업과 신산업은 인력 부족을 겪고 노동시장 구조가 왜곡된다. 가계 내 자산 양극화도 심화된다. 자산을 가진 계층과 그렇지 않은 계층 간 격차가 벌어지며 금융 불평등이 확대된다. 마지막으로 자산가격 거품과 금융 불안정성 위험이 커진다. 실물경제 기반 없이 자산가격만 오르면 조정 시 급격한 가격 하락과 금융위기가 발생할 수 있기 때문이다. 이렇게 금융이 실물경제와 연결되지 못하면 경제 전체의 지속 가능성은 크게 훼손된다.

한국 금융시스템은 양적인 규모에서 세계적 수준에 도달했지만 질적인 면에서는 뚜렷한 한계를 보이고 있다. 이런 한계는 한국만의 문제가 아니라 세계 여러 나라에서 공통적으로 관찰되지만, 한국에서는 은행 중심 금융과 부동산 중심 신용 구조가 강하게 작용해 더욱 두드러진다. 예를 들어, 미국이나 영국에서도 금융 거래가 실물경제성장보다 훨씬 빠르게 팽창하는 '금융화' 현상이 나타나지만, 한국은 비교적 좁은 산업 기반 구조와 맞물려 실물경제와 금융 간 괴리가 더욱 뚜렷하게 드러난다.

가령, 미국은 정보통신, 금융, 바이오, 에너지, 우주항공, 헬스케어 등 다양한 산업과 글로벌 첨단 기술 플랫폼 기업들(예. 애플, 구글, 테슬라, 모더나)이 경제를 이끌면서 산업의 다양성과 고도화가 매우 높다. 영국도 제조업이 줄었지만 글로벌 금융 중심지로서 서비스, 컨설팅, 창조산업 중심의 경제 구조를 갖고 있다. 반면 한국은 반도체, 자동차, 화학, 조선 등 몇몇 수출 제조업에 크게 의존하고 내수 서비스업과 고부가가치 창조산업의 비중은 상대적으로 낮다. 이런 특정 산업 의존성은 금융팽창과 실물 부문 사이 괴리가 크게 나타나는 원인이 된다.

특히 특정 제조업에 의존하는 구조에서는 실물경제가 금융자금의 증가를 받아들일 '그릇'이 좁다. 금융이 팽창하면 이론적으로는 기업 투자와 생산 설비 확대, 신산업 육성에 자금이 흐르며 성장 동력이 되지만, 한국처럼 산업 기반이 한정되어 있으면 생산적 투자처가 부족하다. 결국 남은 자금은 부동산이나 주식 같은 자산시장에서 가격만 부풀리며 실질 생산이나 고용 확대로 이어지지 않아 괴리가 심화된다. 자금은 넘치는 데 쓸 곳이 없으니 자산시장만 과열되고 실물경제는 정체되는 것이다.

미국이나 독일, 일본 등은 다양한 산업과 기술 기반 덕분에 금융자금이 R&D, 벤처, 스타트업, 제조업 고도화 등 다양한 실물 분야로 흘러갈 길이 많다. 반면 한국은 대기업과 수출 제조업 중심 구조라 금융 팽창이 실물경제와 골고루 연결되지 못한다. 그 결과 금융 부문 성장과 실물 부문 성장이 분리되는 현상이 더욱 뚜렷하다.

특정 산업 중심 경제에서는 실물 부문이 자산가격의 변동에 쉽게 영향을 받을 수 있다. 특히 한국 경제는 반도체와 자동차, 건설과 같은 일부 핵심 산업에 산업 생산, 고용, 투자가 집중되어 있기 때문에, 자산시장의 충격이 산업에 미치는 파급 효과가 크고, 그 결과 실물경제는 자산시장에 훨씬 더 민감하게 반응하는 구조를 보인다.

가령, 건설업은 자산시장의 변동에 가장 직접적이고 빠르게 영향을 받는다. 특히 부동산 가격이 오르면 건설 투자가 증가하고, 이는 고용과 생산에 즉각적인 영향을 미친다. 자산가격이 하락하면 부동산 관련 대출이 줄어들고, 이에 따라 건설 투자가 감소하며 고용 위축과 같은 부정적인 효과를 초래할 수 있다. 이처럼 건설업은 자산시장의 변화가 곧바로 경제에 미치는 영향이 큰 산업이다.

자동차 산업은 자산시장 충격에 따라 간접적이지만 큰 영향을 받는다. 자동차는 고급 소비재이므로, 자산가격의 상승이 가계 자산 증가로 이어지고, 이것이 자동차 구매 수요를 증가시키는 형태로 이어진다. 반대로, 자산가격이 하락하면 가계 자산이 줄어들고, 이에 따라 자동차 구매 수요가 감소하게 된다. 또한, 자동차 대출 금리가 올라가면 대출 부담이 커져 자동차 수요가 위축될 수 있다. 따라서 자동차 산업은 자산가격의 변동이 소비와 투자에 간접적이지만 상당한 영향을 미치는 구조다.

반도체 산업은 자산시장의 변화가 간접적이고 구조적인 방식으로 영향을 미친다. 반도체 산업은 기술 집약적이고, 대규모 설비투자가 필요하기 때문에, 자산시장 충격은 주로 자금 조달 환경에 영향을 미친다. 좀 더 상세하게 설명해보면, 반도체 기업은 대규모 설비투자를 위한 자금을 자본시장에 의존하기 때문에 주식시장 침체나 금리 상승이 투자 축소로 이어질 수 있고, 원화 환율의 급격한 변동은 원자재 수입 비용을 높여 생산비용을 끌어올린다. 또한 자산가격의 하락은 가계 소비를 위축시켜 스마트폰, 가

〈표 1-4〉 자산시장이 각 산업에 미치는 영향 비교

산업	자산시장과의 관계	자산시장 충격의 전파 속도
건설업	직접적: 부동산 가격과 자금 조달 밀접	빠름: 자산가격 변동이 곧바로 건설 투자에 영향을 미침
자동차 산업	간접적: 소비자 자산 변화, 대출 금리 변동	중간: 자산가격 상승과 하락이 가계 소비에 영향을 미침
반도체 산업	간접적: 자금 조달과 기술 투자 의존	느림: 자산가격 변동이 자금 조달 환경을 변화시킴

전 등 반도체 수요를 줄이고, 이는 곧 반도체 산업의 생산과 고용 둔화로 이어진다. 따라서 반도체 산업도 자산시장의 변동성이 자금 조달과 기술 투자, 가계 소비에 미치는 영향을 받는 산업이다.

이처럼 건설업은 자산시장 충격에 빠르게 반응하며, 자동차 산업은 소비자 신뢰와 구매력에 간접적인 영향을 받는다. 반도체 산업은 자금 조달과 기술 투자에 영향을 받는다. 자산시장의 변동이 실물경제와 연결되는 방식에는 산업마다 차이가 있다.

미국과 유럽은 금융 팽창이 심해지면 금융 규제 강화, 재정 확장, 사회 안전망 강화 등으로 충격을 완화하거나 방향을 전환하는 체계가 있지만, 한국은 산업 기반이 좁고 금융 정책과 산업 정책이 분리되어 있으며, 부동산 편중 정책이 지속되면서 금융과 실물경제의 괴리를 해소할 능력이 부족하다.

금융정책과 산업정책의 분리와 비효율성도 문제다. 한국에서는 금융정책이 주로 금융시장 건전성 유지, 물가 안정, 금융 소비자 보호에 집중된다. 금리정책, 자기자본비율규제, 부동산대출 총량 규제 등은 한국은행, 금융위원회, 금융감독원이 담당한다. 반면 산업정책은 제조업 혁신, 기업 육성, 기술 투자, 산업 경쟁력 강화에 주안점을 두고 산업통상자원부가 추진한다. 이 두 정책이 잘 연결되지 않다 보니 산업은 고위험 R&D를 요구하지만 금융은 안전성을 이유로 리스크를 기피하는 모순이 발생한다.

한국 금융시스템에서는 자산 중심 금융 팽창을 실물 중심 산업과 연결할 장치가 부족하다. 제도, 정책 인센티브, 금융 유도 수단 등이 미흡해 금융은 커져도 생산은 정체되는 구조가 고착될 위험이 크다.

은행 중심의 대출 구조는 독일, 일본과 같이 은행 의존도가 높은 나라들에서도 공통적이지만, 한국은 직접 금융, 즉 자본시장 활용이 미성숙해 은행 대출에 크게 의존하는 경우다. 이로 인해 신용 흐름이 부동산 담보에 과도하게 치우쳐 있다. 이는 일본도 경험했으나 한국은 특히 부동산 가격 상승과 맞물려 금융 전체가 부동산 의존 구조로 고착화되는 특징을 보인다.

자본시장 미성숙은 전 세계 여러 나라가 겪는 공통된 문제이나, 한국은 주식·채권 시장 역할이 제한적이고 정책금융이 이를 대신하는 구조가 뚜렷하다. 이로 인해 정책금융의 효율성과 실물경제 연결성에 대한 의문이 지속적으로 제기된다. 선진국에서도 정책금융 역할과 효율성을 논의하지만, 한국은 정책금융 비중이 크고 민간금융과 연계가 약해 특수한 상황이다.

결국 한국 금융시스템의 구조적 한계는 크게 두 가지다. 하나

〈표 1-5〉 한국 금융의 보편적 현상 vs 한국적 특수성

구분	보편적으로 나타나는 현상	한국에서 특수하게 나타나는 현상
금융 흐름	자산거래 중심의 금융화(미국, 영국 등)	실물투자 대비 자산 거래 집중이 더욱 심화
성장 메커니즘	은행 중심 대출 구조(독일, 일본 등)	직접 금융(자본시장) 미성숙으로 은행 대출 의존 심화
신용 구조	담보 중심 신용 구조(일본 등)	부동산 담보에 과도하게 편중, 금융시스템 전반을 지배
자본 시장	상대적 한계(신흥국에서 흔함)	자본시장 성숙도가 낮아 정책금융이 이를 대체
정책금융	효율성 논란은 다른 나라에도 존재	정책금융 비중 과도, 민간금융과의 연계 부족이 뚜렷

는 금융화, 은행 의존, 자산 편중 같은 세계적 보편 현상이고, 다른 하나는 부동산 담보 편중, 자본시장 미성숙, 정책금융 비효율 등 한국에 특화된 심각한 구조적 문제다(〈표 1-5〉 참조).

이러한 문제를 극복하고 금융시스템을 질적으로 전환하기 위해선 생산 중심 금융 흐름을 촉진하는 정책이 필요하다. 산업금융 활성화, 기술과 녹색 투자 유도, 주택담보대출 구조 개편과 실수요 중심 규제 강화, 장기 펀드와 ESG 채권 발행 촉진, 혁신기업 직접 금융 확대, 정책금융의 공공성 유지와 실물경제 연계 강화, 성과 평가 도입, 그리고 자산 불평등 완화를 위한 청년·무자산 계층 금융 접근성 개선과 기본자산 제도 검토 등이 요구된다.

마지막으로 금융이 얼마나 늘었는지가 아니라, 금융이 무엇을 위해 늘었는지를 봐야 한다. 금융은 실물경제와 연결되어 생산과

고용을 창출하며, 사회적 불평등을 줄이는 방향으로 작동해야 한다. 한국 금융시스템이 '자산 중심 경제'를 넘어 '생산 중심 경제'로 복원되려면 이제 금융의 질을 평가하고 개선하는 데 집중해야 할 때다.

4. 산업금융·정책금융·자본시장 혁신을 통한 전환 프레임워크

한국 금융시스템은 오랫동안 빠르게 커져 왔지만, 그 성장은 오히려 여러 가지 문제점을 수반했다. 특히 자산가격 상승에 집중된 금융팽창, 생산적 투자가 아닌 부동산에 쏠린 신용 구조, 자산 보유 계층과 비보유 계층 간의 금융 접근성 격차, 그리고 금융의 실물 연결성 약화 등의 문제는 한국 경제 전반의 지속 가능성에 문제를 일으키고 있다.

이러한 도전에 대응하기 위해서는 금융의 질적 전환이 필수적이다. 한국 금융시스템의 전환을 위해 세 가지 축에서 구조적 개편이 필요하다. 첫째는 산업금융의 복원과 확대다. 산업금융은 기술 혁신과 산업 구조 전환을 지원하는 핵심 역할을 해왔지만, IMF 이후 민간 중심으로 바뀌면서 산업 지원보다는 자산관리와 담보대출에 초점을 맞추게 되었다. 따라서 정책금융기관들이 산업특화 기능을 강화하고, AI·친환경·반도체 등 전략 산업을 위한 금융 프로그램을 운영해야 한다. 여기에 지분투자와 공공 출자를 확대하고, 중소기업과 스타트업을 위한 투자 연계형 보증 프로그램 도입도 중요하다. 독일의 KfW(독일부흥은행)나 미국의 IRA(인플레이션 감축법) 등이 산업금융 활성화의 좋은 사례다.

둘째는 정책금융의 전략적 재설계가 요구된다. 산업은행, 기업은행, 수출입은행, 주택금융공사 같은 정책금융기관은 위기 대응과 구조 전환을 담당하지만, 정치적 목적의 자금 배분이나 효과 낮은 사업 반복, 민간 역할과 중복되는 업무를 수행하는 등 구조적 문제에 직면해 있다. 산업전환, 지역균형, 탄소중립, 청년 주거 등 명확한 정책 목표 설정, 단순 대출과 보증을 넘어 성과 기반 자금 배분 체계의 도입, 시장 기능을 보완하되 대체하지 않도록 민간과 보완적 역할 분담, 경기 침체 시 유동성 공급 능력을 제고하는 위기 대응 능력 강화 같은 개선책이 필요하다. 예를 들어 코로나19 시기 산업은행과 기업은행의 긴급 유동성 공급은 민간에서 감당할 수 없는 위기를 완화하는 좋은 사례였다.

셋째는 자본시장 기능을 강화해 생산적인 금융 흐름을 뒷받침해야 한다. 현재 한국 자본시장은 일부 대기업과 투기자산에 편중되어 있고, 혁신기업과 중소기업에 대한 자본공급은 취약하다. 이를 개선하려면 연기금, 보험사, 개인 퇴직연금 등 장기 투자자 유치, 기술·ESG·녹색산업 중심 채권과 펀드 육성, 벤처채권 및 비상장 시장 활성화, 청년과 중산층을 위한 공공 펀드·기본주식펀드(예: 국민주식펀드) 도입 등을 추진해야 한다. 또한 정보 비대칭을

〈표 1-6〉 전체 정책 로드맵 요약

영역	핵심 전략	기대 효과
산업금융	전략산업 중심 장기자금 공급	생산성 향상, 기술혁신 유도
정책금융	공공성과 실효성 병행	위기 대응, 구조전환 가속
자본시장	장기·혁신 투자 기반 강화	자산 불평등 완화, 실물 연결 강화

줄이고 공시와 투명성을 높이며, ESG 평가기관과 투자자 교육·보호 시스템도 강화할 필요가 있다.

요약하자면, 산업금융 강화는 생산성과 기술 혁신을 끌어올리고, 정책금융 재설계는 위기 대응과 구조적 전환을 촉진하며, 자본시장 혁신은 자산 불평등 완화와 실물경제 연계를 강화하는 데 기여할 것이다. 이제 금융은 단순한 자산관리나 대출 역할을 넘어 미래 산업과 사회 구조를 설계하는 중요한 사회적 인프라가 되어야 한다(〈표 1-6〉 참조). 금융이 경제성장과 사회 안정의 핵심 축으로 자리매김할 때다.

2장

산업적 순환 vs 금융적 순환

1. 자본주의를 보는 순환의 시각

"경제는 순환한다." 이 말만 보면, 마치 자연이 사계절 흐르듯 경제도 저절로 돌아가는 것처럼 들린다. 사람들이 물건을 만들고, 그 물건이 팔리면 생긴 소득으로 다시 투자하며 새로운 일자리가 생기고, 다시 소비가 이어진다. 경제학이 오랫동안 기대해온, '이상적인 순환'의 풍경이다. 하지만, 오늘날에도 이런 순환이 제대로 작동하고 있을까? 한국 경제가 앞으로도 굴러가기 위해 필요한 순환은 과연 어떤 것일까?

이 질문의 답을 찾으려면, 우선 자본주의라는 큰 기계를 들여다보는 다른 '시선'이 필요하다. 바로 '산업적 순환'과 '금융적 순환'이라는 두 개의 렌즈다.

산업적 순환은 공장과 기업들이 재화를 만들고, 거기서 생긴 일자리가 사람들의 소득이 되며, 소비와 투자로 다시 이어지는, 말 그대로 실물경제가 돌아가는 과정이다. 반면에 금융적 순환은 주식이나 부동산 값이 오르고, 이를 담보로 여윳돈을 빌려 자산을 굴리며 이익을 내는 과정이다. 산업적 순환이 '일하고, 벌고, 쓰고, 다시 일하는' 흐름이라면, 금융적 순환은 '사고, 오르고, 팔고, 더 사는' 흐름이라 할 수 있다.

이 두 순환은 경쟁자가 아니라, 서로 맞물려 함께 돈다. 다만, 시대에 따라 그 무게중심이 옮겨간다. 예전의 자본주의에서는 산업적 순환이 주인공이었고, 금융적 순환은 조연에 불과했다. 하지만 이제 시대가 바뀌었다. 한국의 경우, 외환위기 이후 금융시장이 급격히 커지면서 2010년대 중반에는 마침내 금융적 순환이 실물경제를 압도하게 됐다.

이 변화는 많은 신호로 나타난다. 예를 들어, 아파트나 주식 값이 실제 생산과 무관하게 치솟고, 가계부채와 금융자산 규모가 실물투자보다 훨씬 더 커졌다. 2008년 글로벌 금융위기 이후 각국 정부가 쏟아낸 저금리, 양적완화 정책은 공장과 기업보다 오히려 '자산시장'에 불을 지폈다. 이제는 부동산, 주식, 채권, 심지어 암호자산까지 온갖 금융자산이 서로 꼬리에 꼬리를 물고 커지는 풍경이 익숙하다.

여기서 중요한 점이 있다. 산업적 순환은 일자리를 만들고, 모두가 함께 잘 사는 길을 연다. 반면 금융적 순환은 자산이 있는 사람들에게만 부를 안긴다. 경제가 어느 쪽 순환에 더 의존하느냐에 따라, 분배와 사회구조 자체가 달라진다. 산업적 순환은 비교적 평등한 기회를 만들지만, 금융적 순환은 가진 자산에 더 큰 자산을 더하는 구조로 부의 양극화를 부추긴다.

그렇다면 지금 우리는 어떤 경제를 살고 있을까? 2000년대 이후 한국을 포함한 많은 선진국은 자연스럽게 금융적 순환을 중심으로 재편됐다. 기업은 공장 짓기보다 자사주를 사들이고, 배당금을 늘리는 데 더 신경을 쓴다. 가계는 일해서 번 돈보다, 집값이나 주가가 오르는 것을 더 기대한다. 정부도 '빚내서 집 사라', '부동산 경기 띄우기'처럼 자산시장을 부양하는 정책을 반복했다. 박근혜 정부의 사례, 윤석열 정부의 부동산 규제 완화 등은 이런 흐름을 잘 보여준다.

이렇게 금융적 순환이 커지면 경제 구조뿐 아니라 '자본주의의 작동원리' 자체가 변한다. 어느새 '노동과 생산'보다는 '자산이 자산을 낳고, 부채가 그 자산을 키우는' 신기한 순환이 경제의 본류가 된 느낌이다. 더 이상 기존 교과서에서 배우던 생산-소득-소비-투자 순환이 아니다.

금융의 힘 그 자체만을 탓할 일은 아니다. 고령화, 저성장, 기술 격변 같은 요인 때문에 금융의 역할은 점점 더 커졌다. 문제는, 금융이 산업활동을 '보완'하는 선을 넘어, 산업활동을 '대체'하거나 경제를 왜곡하는 현상이 심화되고 있다는 점이다. 금융이 산업활동과 떨어져 자기 안에만 머물면, 자본주의는 어느새 '실제 부'

가 아닌, 자산가격의 허상에만 의존하게 된다. '진짜 성장'은 실종된다.

이쯤에서 다시 질문을 던져본다.

- 산업적 순환과 금융적 순환, 그 차이는 무엇인가? 이런 구분에는 어떤 이론적 배경이 있는가?
- 역사를 돌아보면 이 두 순환은 어떻게 바뀌어왔는가?
- 최근 금융적 순환이 커진 배경에는 어떤 구조적·정책적 힘이 있었는가?
- 한국에서는 이 변화가 어떤 식으로 나타났고, 무슨 결과를 낳았는가?
- 앞으로는 금융의 힘을 어디까지 용인하고, 어떤 방식으로 다스려야 하는가?

이 질문들은 단순한 학문적 호기심에 머물지 않는다. 지금 우리가 마주한 청년 세대의 주거 불안, 실물투자의 부진, 기업 생산성 저하, 금융 불안과 자산 불평등의 확대 모두 이 두 순환의 불균형에서 비롯된다.

따라서 이번 장에서는 '산업적 순환과 금융적 순환이 어떻게 조화를 이룰 수 있는가'를 고민한다. 단순히 금융적 순환을 억누를 것인가, 아니면 새롭게 재구성할 것인가, 그리고 그 선택이 한국 자본주의의 미래를 어떻게 바꿀지 생각해보고자 한다.

2. 산업적 순환과 금융적 순환의 차이

산업적 순환과 금융적 순환, 이 두 용어는 단순한 분류 이상의 의미를 가진다. 자본주의 경제가 어떤 경로로 자원을 흘려보내고, 소득을 창출하며, 어떻게 축적과 발전을 이뤄나갈지에 대한 깊은 방향성을 품고 있다. 여기서는 이 두 순환의 개념을 정의하고, 그 작동 원리와 서로의 관계, 그리고 현대 자본주의에서 생겨나고 있는 불균형의 문제까지 살펴본다.

산업적 순환: 실물경제가 돌아가는 흐름

산업적 순환은 생산을 중심으로 하는 실물경제의 기본 구조다. 흔히 다음과 같은 흐름으로 정리된다.

생산 → 고용 → 소득 → 소비 → 투자 → 생산

이 순환의 핵심은 간단하다. 공장에서 물건을 만들면 일자리가 생기고, 일자리를 가진 사람들은 소득을 받는다. 소득이 생기면 사람들은 소비를 하고, 기업은 다시 투자를 해 다음 생산을 이어간다. 이것이 바로 '경기가 돈다', '경제가 활성화한다'는 말의 진짜 의미다. 여기에 정부의 재정지출, 중앙은행의 통화공급, 무역의 역할이 더해지면 순환은 더 힘을 받는다.

정부는 이 순환이 멈출 기미를 보이면 재정지출을 더해 마중물 역할을 한다. 공공 인프라 사업이나 복지지출, 지방 투자로 고용을 만들고, 실업급여나 각종 지원금으로 사람들의 소비 여력을 이어가게 한다. 세금 혜택이나 보조금, 사업 지원 예산은 기업이 생산을 멈추지 않도록 자극을 준다. 즉, 정부가 순환의 소득 - 소비 - 투자 단계에 개입해 흐름을 이어가는 것이다.

중앙은행도 나름대로 순환의 조절자 역할을 한다. 기준금리를 인하해 기업과 가계의 차입 부담을 낮추거나, 지급준비율이나 공개시장조작 같은 수단으로 시중에 돈을 풀어 순환이 끊기지 않게 돕는다. 시중은행이 대출을 늘릴 수 있도록 환경을 바꾸면, 실물경제로 돈이 흘러가서 생산과 투자가 확대된다.

한국처럼 무역이 경제에 큰 영향을 미치는 나라에서는, 해외수요가 힘을 더한다. 외국에서 한국 제품을 사들이면, 기업은 더 생산하고 고용을 늘릴 수 있다. 내수도 함께 커진다. 반대로 해외에서 원자재나 기계설비 등을 들여오면 생산성도 높아진다. 무역은 경쟁도 부추긴다. 더 좋은 품질과 더 낮은 가격을 내놓으려는 혁신이 이어져, 전체 산업의 생산성이 올라간다.

산업적 순환은 고전경제학뿐만 아니라 케인스 경제학에서도 중심축 역할을 해왔다. 케인스는 유효수요가 부족할 때 이 순환이 끊어진다고 봤고, 정부가 적극적으로 나서서 재정지출이나 통화정책으로 고리를 다시 잇는 게 중요하다고 지적했다. 이 순환은 시장이 자생적으로만 돌아가는 것이 아니며, 정부와 중앙은행의 공공 개입이 필수적이라는 점에서 현대 경제정책의 토대가 됐다.

산업적 순환은 무엇보다 노동력과 생산 자본의 형성을 기반에 둔다. 공장에서 더 많은 사람을 쓰고, 기술을 개발하고, 생산성을 높이면서 경제는 성장한다. 이 과정은 단순히 덩치만 키우는 성장에 그치지 않는다. 고용이 넓어지고 소득이 골고루 퍼지면, 자연스럽게 분배 구조가 개선되고, 사회가 더 포용적으로 바뀐다.

산업적 순환은 금융자산에 편중된 이익이 아니라, 생산과 노동을 통해 얻은 실질 소득이 널리 퍼지는 구조다. 이런 구조가 성장과 분배의 선순환을 지속시킨다.

금융적 순환: 자산이 자산을 부르는 구조

금융적 순환은 자산을 중심으로 돈이 흘러가는 구조다. 기본 공식은 다음과 같다.

자산 → 가치 상승 → 차입 → 자산 재매입 → 수익 실현 → 재투자 → 자산

이 순환은 생산이나 노동과 직접 연결되지 않는 경우가 많다. 핵심은 자산가치가 오르고, 그만큼 담보로 돈을 빌릴 수 있다는 점이다. 그 돈으로 다시 자산을 사거나 투자하고, 수익이 생기면 또 자산을 늘리는 식이다. 이런 구조는 노동이나 생산 과정을 거치지

않고도 자본이 늘어날 수 있다는 점에서, 마르크스가 'M-M''구조라 불렀던 것과 닮았다. M-M'은 마르크스 경제학의 핵심 개념 중 하나로, 자본의 순환 과정을 나타내는 공식에서 M이 초기 자본을, M'이 최종적으로 증식된 자본(잉여가치가 더해진)을 의미한다. 즉, 자본가가 초기 자본(M)을 투입하여 상품을 생산하고 이를 판매한 후, 결과적으로 더 많은 자본(M')을 얻는 과정을 표현한다. 이 경우 일반적으로 'M-C-M''의 형태가 나타난다. 여기서 C는 상품이다.

마르크스는 M-M'와 같은 금융의 자기증식 구조가 자본주의의 내적 모순을 심화한다고 봤다. 상품의 생산을 거치지 않은 채 오직 자산의 가격 부풀리기와 차입에만 기대기 시작하면, 경제 전체가 불안정해진다는 경고였다.

금융적 순환의 특징은 분명하다.

- **자산 편중적 성장**: 금융수익이 자산 보유 계층에만 집중된다.
- **비생산적 투자 확대**: 기업이 공장이나 기술보다 더 높은 수익을 기대할 수 있는 부동산, 주식, 파생상품 투자에 집중한다.
- **차입 주도형 순환**: 자산가치가 오를수록 담보력이 늘어나고, 더 많은 자금이 주택구입이나 금융자산에 투자된다.
- **실물경제와 무관한 순환**: 노동이나 생산이 아니라 자산가치만으로도 부가 축적되는 구조가 만들어진다.

〈표 2-1〉 산업적 순환 vs 금융적 순환

구분	산업적 순환	금융적 순환
순환 형태	생산→고용→소득→소비→투자	자산→가치 상승→차입→재투자
핵심 동력	생산성과 기술진보	자산가격 상승과 레버리지
주된 수익	노동소득, 기업수익	금융수익, 자본이득
분배 구조	상대적으로 평등	자산 불평등의 심화 경향
지속 가능성	생산과 소비 간의 실질 균형	자산 버블 및 금융 불안 내재
위험 요인	유효수요 부족, 과잉설비	자산가격 급락, 부채·유동성 위기

두 순환 구조의 비교: 무엇이 순환되는가?

산업적 순환은 실물경제에서 생산하고 일자리를 만들며 소득을 분배하는 구조다. 장기적으로 나라의 생산력과 사회분배, 안정성을 강화한다.

금융적 순환은 단기적인 자산 증식에 집중한다. 자산을 가진 사람과 그렇지 않은 사람, 그 차이는 점점 벌어지고, 자산시장 불안정은 곧 실물경제로 번질 위험을 안긴다.

〈표 2-1〉은 산업적 순환과 금융적 순환 구조의 차이를 도식적으로 정리한 것이다.

두 순환의 관계와 충돌

현실의 경제에서 두 순환은 완전히 분리되어 움직이지 않는다. 금융이 실물투자를 도와주고, 실물 사업에서 얻은 수익이 금융시장으로 흘러들기도 한다.

하지만 한쪽에만 힘이 실리면 문제가 커진다.

- 금융이 실물에 종속되지 않고 독립적으로 커질 때, 자산수익이 실물경제의 수익보다 높아지면 투자자들은 실물 대신 금융순환에만 돈을 쏟는다.
- 기업은 공장설비나 기술 투자보다 자사주 매입, 배당 확대, 부동산 투자에 자본을 쓰며 생산은 줄어든다.
- 가계는 근로소득보다 자산을 쥐고 있다는 사실 자체에 더 의존하게 된다.

결국 자산가격은 오르는데 실질 소득은 정체되는, 바로 '자산 인플레이션 - 실물 침체'가 동시적으로 나타난다.

왜 이 구분이 중요한가?

오늘날 한국을 비롯한 많은 자본주의 국가들에서 금융이 산업을 압도하는 구조가 자리 잡아가고 있다. 과연 금융은 생산을 위한 수단인가, 아니면 이제 그 스스로 독립된 '목적'이 되었는가?

이 질문은 이론적 논쟁을 위한 것이 아니다. 정책을 설계하고, 사회 구조를 결정하는 실질적 기준이 된다.

- 예를 들어, 재정정책에서 실물투자 확대를 위한 공공지출과 자

산시장 부양을 위한 금융지원은 완전히 다르다.
- 금융정책도 산업금융과 투기적 금융을 분리해 다루어야 할 필요성이 커진다.
- 조세정책에서는 근로소득과 자산이득 간 과세 형평성이 중요해진다.
- 분배정책에서는 자산 기반 불균형을 해소할 금융 민주화가 필요하다.

이 두 가지 구분은 자산 불평등, 세대 갈등, 투자 부진, 기업 경영의 변화 등 오늘의 여러 경제 문제를 해석하는 핵심 틀을 제공한다.

3. 산업·금융의 분리에 대한 경제사상사적 논의

산업적 순환과 금융적 순환을 구분하려면, 이 둘의 차이가 어떤 경제사상과 전통 위에서 형성되었는지 돌아볼 필요가 있다. 실물 생산을 기반으로 하는 경제 활동과 자산 중심의 금융 활동을 분리해 보려는 시도는 오래전부터 경제학에서 중요한 주제였다.

고전경제학에서는 기본적으로 산업순환을 경제의 본체로 보았고, 이후 케인스와 마르크스라는 두 거대한 사상가는 이 문제를 다룬 대표적 인물이다. 최근에는 '금융화'라는 개념을 통해 현대 자본주의에서 금융이 어떻게 산업을 압도했는지 실증적으로 설명한다.

먼저 케인스는 1930년대에 저서 《화폐론》과 《일반이론》에서 산업적 순환과 금융적 순환을 구분했다. 그는 화폐와 자본이 생산적인 투자로 흐를 수도 있지만, 투기적 금융활동에 흘러들어가 경제에 왜곡을 낳을 위험을 일찍부터 지적했다.

《화폐론》에서는 기업이 노동과 자본을 동원해 임금을 만들고, 임금은 소비와 재투자로 이어지는 실물경제의 순환과, 은행 신용과 자산시장 거래를 통해 화폐가 돌아가는 금융순환을 구분했다. 케인스는 금융순환이 산업적 순환과 균형을 잃고 과도한 투기성 자금 흐름이 벌어질 때 경제가 불안정해진다고 경고했다.

《일반이론》에서는 투자 결정이 단순한 저축과 이자율 균형이 아니라 미래에 대한 기대와 불확실성에 좌우된다고 풀어냈다. 케인스가 말한 '유동성 선호'는 사람들이 실물투자보다 금융자산에 돈을 묶어두려는 심리를 설명하는 개념이다. 또한 '동물적 정념'이라는 표현으로, 투자자의 결정은 냉철한 계산보다 감정과 기대에 따라 움직인다고 보았다.

이 때문에 금융시장이 투기적 분위기에 휩싸여 자산 버블이 형성되고, 붕괴되면 실물경제가 큰 타격을 입을 수 있다고 봤다. 케인스는 결국 금융시장이 실물경제와 결합해야 하는데, 금융이 독립적으로 움직이면 자본주의가 투기판처럼 변할 위험이 있다고 경고했다.

마르크스는 자본주의 내 자본 축적 과정을 'M-C-M'이라는 공식으로 설명했다. 화폐(M)를 상품(C) 구매에 쓰고, 이를 다시 더 큰 화폐(M´)로 바꾸는 전통적인 산업적 순환이다. 반면, 'M-M´(M 프라임)'은 상품 생산이나 노동 개입 없이 화폐가 곧바로 자기 증식하는 금융적 순환을 나타낸다. 마르크스에게 금융은 직접 부가가치를 창출하지 않는 비생산적 자본이며, 이로 인해 자본주의 경제는 내적 모순과 위기를 필연적으로 안게 된다고 보았다. 특히 가상자본이라 부르는 채권·주식·파생상품 등이 실물 생산과 무관하게 부풀려지고, 신용이 무분별하게 팽창하면 금융위기가 나타날 수밖에 없다고 지적했다. 금융으로 인한 자본 집중과 불평등 심화도 그의 중요한 비판 대상이었다.*

20세기 말 이후 학자들이 주목한 금융화 이론은, 금융산업이 팽창한 것을 넘어서 경제 전반이 금융적 논리로 재편되고 있다고 본다. 가계는 주택담보대출과 학자금대출 등으로 금융시장에 의존하고, 기업은 생산보다 금융수익에 집중하는 경향이 뚜렷해졌다. 정부 역시 국채 발행과 중앙은행의 자산매입 정책으로 재정을 조율하며, 실물경제의 많은 부분이 금융상품화되는 현상이 나타난다.

금융화는 왜 실물투자가 정체되는지, 왜 가계는 부채를 늘려

---

* 마르크스는 금융자본이 실물경제의 가치 창출에 기여하지 않으며, 대신 자산을 금융화(financialization)하고 가치의 이동만을 일으킨다고 보았다. 부채형 파생상품은 그 자체로 물리적 자산이나 생산적 활동을 창출하지 않는다. 오히려 기존 자산에 대한 부채를 기반으로 하여 가치를 창출하려 하므로, '가상 자본'으로 분류된다.

〈표 2-2〉 3가지 관점의 비교

관점	산업적 순환	금융적 순환	핵심 문제의식
케인스	유효수요 확대, 실물투자 중심	투기적 자본이 실물투자를 왜곡	금융시장 안정화 필요
마르크스	노동을 통한 잉여가치 생산	비생산적 가상자본의 팽창	자본의 자기모순과 위기 발생
금융화 이론	실물경제의 기반 약화	금융 논리의 경제 지배	금융과 실물 간 균형 회복 필요

자산을 추구하고, 왜 정부조차 자산시장을 부양하려 하는지 설명하는 유용한 틀이다. 금융투자의 수익률이 높고 위험 분산도 쉬워졌으며, 소득 정체 속 자산가격 상승에 기대는 축적 구조가 자리 잡았기 때문이다.

이상의 사상사적 논의를 종합하면 케인스는 금융시장의 투기적 팽창이 산업적 투자와 경제 안정을 위협할 수 있다고 경고했고, 마르크스는 금융의 자기증식 구조가 자본주의 축적과 경제 위기의 본질적 원인임을 분석했다. 현대 금융화 이론은 금융이 산업을 대체하며 경제 전체를 지배하는 현상을 실증적으로 포착한다. 세 접근 모두 금융이 산업을 압도할 때 실물경제가 위축되고 불평등이 심화된다고 진단하며, 금융과 산업 간 균형 회복의 중요성을 강조한다.

이처럼 경제 역사와 경제사상사에서 나타난 이론들은 지금 우리가 겪는 금융 중심 자본주의 구조 문제를 이해하고 해법을 모색하는 데 중요한 통찰을 제공한다.

4. 역사적 흐름: 금융순환의 부상과 산업순환의 약화

금융은 자본주의 초기부터 존재해왔지만, 지금처럼 경제 전반의 순환을 지배하는 위치에 오른 것은 비교적 최근의 일이다. 산업적 순환과 금융적 순환의 관계가 자본주의 역사 속에서 어떻게 변해 왔는지를 시대별로 살펴보면 흥미로운 흐름이 보인다.

19세기 산업혁명 이후의 고전 자본주의 시기에는 산업적 순환이 경제의 중심에 있었다. 이 시기의 금융은 기업의 자본 조달과 상업 결제, 그리고 무역 금융을 지원하는 기능을 맡았다. 예를 들어, 영국 산업혁명기에는 은행이 방직기계, 증기기관, 철도 같은 실물 설비투자에 자금을 제공하며 산업화에 크게 기여했다. 이때 금융은 생산과 고용, 소비와 재투자를 촉진하는 산업적 순환의 조력자 역할을 했다. 금융은 기본적으로 산업자본에 신용을 공급하고, 무역 결제와 정부의 국채 발행 등을 지원했으며, 실물 중심의 축적 속에서 금융은 하위 영역으로 인식됐다. 당시 정치경제 환경은 보호무역과 산업 정책, 기술 혁신에 대한 민간과 공공 투자가 조화를 이루었다. 산업 경제의 팽창이 금융의 성장을 견인했으며, 금융은 독립적으로 확대되지 않았다.

2차 세계대전 이후부터 1970년대까지는 케인스주의에 기반한 '조절된 자본주의' 시기로, 산업적 순환이 국가 경제 정책으로 적극적으로 촉진되었다. 브레튼우즈 체제와 황금기 자본주의라 불리는 이 시기에는 국제 금융시장이 엄격히 규제되었고 자본 이동이 통제되었다. 정부는 중공업과 인프라 확대 등 산업정책을 주도했고, 복지국가가 고용 안정과 복지지출 확대를 통해 소비를 유지시켰다. 금리 규제와 고정 환율제 등 금융 억제 정책이 시행되어 금융 부문은 국가 통제 아래 있었다. 은행과 금융기관은 산업자본에 장기 자금을 공급하는 역할에 집중했다. 그러나 1970년대 말 오일 쇼크와 경제 불황, 이윤율 하락 등으로 이 체제는 균열을 맞았다.

이후 1980~90년대에는 신자유주의 전환과 금융시장 자유화가 본격화했고, 금융은 급속히 팽창하며 산업적 순환을 앞지르기 시작했다. 영국에서 마거릿 대처 정부가 금융시장 자유화를 추진했고, 미국 레이건 정부도 규제 완화와 자본시장 확대 정책을 실시했다. 런던과 뉴욕 증시에서 금융 빅뱅이 일어나고, IMF와 OECD는 자본이동 제한 완화를 권고했다. 금융 확대는 단지 규모 증대에 머무르지 않고 경제 구조를 바꿨다. 기업들은 생산 투자를 줄이고 주가 관리, 배당, 자사주 매입에 더 집중했다. 가계 소비는 소득이 아닌 자산가격 변동에 따라 움직였고, 정부는 통화정책과 자산시장 부양을 경기 대응 수단으로 활용했다. 금융시장은 실물경제의 조력자가 아닌 독립적 수익 창출의 공간으로 자리 잡았다. 자산 레버리지 기반 수익 모델은 금융회사뿐 아니라 기업과 가계의 행동 양식도 변화시켰다.

2000년대 들어 금융적 순환은 세계 자본주의의 주력 동력이 되었다. 가계는 주택 가격 상승과 담보대출 확대, 소비 증가, 다시 자산가격 상승으로 이어지는 순환에 깊이 빠졌다. 부채를 기반으로 한 소비가 새로운 소비 체계가 됐다. 미국 서브프라임 모기지가 대표적인 사례다. 기업들도 자사주 매입과 배당 확대, 단기 금융 투자로 이익 극대화에 나섰고, 실물투자에 비해 금융 수익 비중이 커졌다. 코로나19 팬데믹 이후 정부와 중앙은행은 경기 부양을 넘어 금융시장 안정에 집중하며 양적 완화와 유동성 공급을 강화했다. 이 '정책의 금융화'는 재정정책과 통화정책이 실물경제 대신 금융시장과 자산가격을 핵심 정책 수단과 목표로 삼는 현상이다. 단기적으로는 경기 대응책이나 긴급 조치가 될 수 있지만, 장기적으로는 산업적 순환 약화, 자산 불평등 심화, 금융 불안정 상시화라는 문제를 낳을 수 있다.

또한 신흥 시장에서도 자본시장 개방과 외국인 투자 확대, 급격한 부동산 가격 상승이 일어나면서 금융적 순환 메커니즘이 세계적으로 확산되고 있다. 한국, 중국, 브라질 등에서 이런 현상이 나타난다.

그렇다면 왜 이처럼 금융적 순환이 강화되었을까? 단기 정책 효과만이 아니라 구조적 요인도 크게 작용했다. 고령화가 진행되며 은퇴 자산 수요가 늘어나 금융 상품에 대한 관심이 커졌다. 기술 혁신으로 디지털 금융과 파생상품, 상장지수펀드(ETF) 등 금융 상품이 다양해졌고, 저금리 환경 속에서 실물투자의 수익률이 떨어지면서 금융 투자가 더 매력적이 되었다. 신자유주의는 시장 자율성을 강조하며 국가의 자산시장 개입을 줄였다. 세계화와 자본 이동 자유화는 국경을 넘어 투기가 확산되는 환경을 만들었다.

　이 모든 흐름은 자본주의에서 금융이 보조적 역할을 넘어 주역으로 자리 잡았음을 보여준다. 생산과 실물투자 중심의 순환이 자산 기반의 금융순환에 종속되고, 금융은 단순한 도구를 넘어 경제 행위의 규범이자 목적이 됐다. 금융적 순환은 더 이상 일시적 유행이 아니라 자본주의의 구조적 특징이며, 이 구조가 지속 가능한지, 그리고 누구에게 이롭고 누구에게 불리한지에 대한 고민이 필요한 시점이다.

5. 금융순환이 산업순환을 압도한 이유

앞에서 살펴보았듯이, 금융적 순환은 자본주의의 역사에서 점진적으로 성장해왔지만, 1980년대 이후 급격히 팽창하여 오늘날에는 산업적 순환을 압도하는 지배적 흐름으로 자리 잡게 되었다. 그렇다면 이와 같은 금융 우위 구조가 등장한 구조적 배경, 제도적 변화, 경제 주체들의 행동 변화 등을 통합적으로 검토해보자.

구조적 요인: 경제 패러다임의 변화

고령화는 금융적 순환을 강화하는 가장 중요한 요인 가운데 하나다. 인구가 빠르게 늙어가면서 노동에 참여하는 인구가 줄어들고, 소득의 무게중심도 노동소득에서 자산소득으로 옮겨가고 있다. 은퇴를 준비하기 위해 금융자산을 축적하려는 수요는 점점 커지고, 그 결과 가계는 자산 투자와 금융 수익에 더 크게 의존하게 된다. 퇴직 이후의 생활을 지탱하는 수단 역시 임금이 아니라 연금, 부동산, 금융상품이 중심이 된다. 동시에 저성장 국면이 고착되면서 기업들은 설비투자를 통한 생산 활동에서 충분한 수익을 기대하기 어렵게 되었고, 이 때문에 재무적 수익 추구나 자사주 매입과 같은 주가 관리 전략을 통해 시장가치나 주주가치를 높이는 데 집중하게 되었다. 산업적 순환이 수익성의 한계에 부딪힌 반면, 금융적 순환은 자산이 스스로 불어나는 매력을 내세우며 더 큰 유인력을 확보해온 것이다.

이 과정에서 기술 발전과 금융 상품의 혁신도 결정적인 역할을 했다. 1980년대 이후 파생상품, 자산유동화증권, 상장지수펀드, 알고리즘 투자 같은 금융혁신이 속속 등장하면서, 금융시장은 단순히 기업과 가계를 연결하는 자금 중개 공간을 넘어 하나의 수익 창출 시스템으로 진화했다. 금융공학이 발달하면서 위험을 분산하는 동시에 투기적 투자를 활성화했고, 레버리지를 활용한 다양한 도구들이 자산 확대의 속도를 더욱 높였다. 디지털 플랫폼의 확산은 개인 투자자들에게도 금융시장에 손쉽게 접근할 수 있는 기회를 열어주었다. 그 결과 자산은 실물경제와 분리되어 순수한 금융적 수단으로 움직이게 되었고, 금융적 순환은 한층 더 힘을 얻게 되었다.

한편 1980년대 이후 전 세계를 휩쓴 신자유주의적 통치체제는 금융적 순환이 자리를 잡는 데 제도적 토대를 제공했다. 정부의 산업 개입과 재정지출은 줄어들었고, 시장 메커니즘이 우선되는 방식으로 거버넌스가 운영되면서 금융 규제는 크게 완화되었다. 자본계정을 열어 해외자본의 유입을 확대하고 금융자산의 다양화를 촉진했으며, 금융기관의 민영화는 공공금융의 역할을 약화시키고 수익 중심의 민간금융을 확산시켰다. 금리와 환율의 자유화는 자산가치의 유동성을 더욱 높였다. 이러한 규제 완화는 금융이 실물과의 연관성을 떠나 독자적인 순환 구조를 강화할 수 있는 제도적 공간을 제공했고, 자본이 산업적 투자보다는 자산 간의 재배치와 수익 추구로 흘러드는 경향을 심화시켰다.

제도적 요인: 기업, 정부, 가계의 금융화

금융적 순환이 강화된 배경에는 각 경제 주체들이 제도적으로 금융을 중심에 놓기 시작한 것이 결정적이었다.

오늘날 기업들은 과거처럼 새로운 설비를 늘리고 생산 규모를 키우는 데 집중하기보다는, 재무적 성과를 중심으로 경영 전략을 세우는 경향을 보이고 있다. 배당을 확대하고 자사주를 매입해 주가를 끌어올리는 것이 가장 흔한 방식이 되었으며, 불확실성이 커지고 장기적인 수익성이 낮아지면서 설비투자에는 점점 소극적으로 변해왔다. 남는 자금은 금융자산이나 부동산에 투자함으로써 본업보다는 재무적 수익을 추구하는 방향으로 나아가고 있다. 이러한 변화는 결국 기업을 산업적 순환보다 금융적 순환에 더 깊게 끌어들이는 계기가 된다.

정부 역시 경기를 부양하기 위해 자산시장에 크게 의존하고 있다. 금리를 내리고 양적완화를 시행해 금융자산가격을 끌어올리거나, 주택시장을 살려 소비를 늘리려는 정책이 대표적이다. 재정 운영에서도 세금을 통해 재원을 마련하기보다 국채를 발행하는 방식이 일반화되었다. 이런 방식은 단기적으로는 경기 회복에 효과를 주지만, 시간이 흐르면서 구조적인 문제를 낳는다.

정부는 국채 발행을 통해 자금을 조달하며, 이는 단기적으로 경제 회복에 기여할 수 있다. 국채 발행은 금융시장에서 자금을 유입시키고, 자산가격 상승을 유도하는 방식이다. 예를 들어, 양적완화(QE)나 초저금리정책을 통해 금융자산의 가격이 상승하고, 그로 인해 소비자 심리가 자극되어 소비가 증가하는 효과를 볼 수 있다. 그러나 이러한 방식은 단기적인 경제 회복에는 도움이 될 수 있지만, 구조적 문제를 초래할 수 있다.

첫째, 자산가격 상승에 의존하는 경제성장 방식은 부유한 계층에게 유리한 방식이다. 자산을 보유한 계층은 자산가격 상승에 따른 소득 효과를 누릴 수 있지만, 자산을 보유하지 못한 계층은 이 혜택을 받지 못한다. 이로 인해 소득 불평등이 심화될 수 있으며, 자산가격 상승이 실물경제와 괴리되면 경제 불균형이 발생할 수 있다. 또한 자산 버블과 같은 위험이 커질 수 있다.

둘째, 자산가격 상승은 금융화(financialization)를 심화시킬 수 있다. 금융화는 실물경제에서 생산적 활동보다 금융자산 거래가 경제에서 더 큰 영향을 미치게 되는 현상을 의미한다. 자산거래가 경제의 중심으로 자리 잡으면, 실물경제에서의 생산과 고용은 감소하게 되며, 경제는 투기적 활동에 의존하는 구조로 변질될 위험이 있다. 결국 금융적 순환이 산업적 순환을 압도하는 구조로 변화할 수 있다.

결론적으로 국채 발행은 단기적인 경제 회복을 돕는 유효한 수단이 될 수 있지만, 장기적으로는 재정적 지속 가능성과 세대 간 불평등 문제를 심화시킬 위험이 있다. 자산시장이 과도하게 부양되면 실물경제와의 괴리가 발생하고, 이는 금융화가 산업적 순환을 압도하는 구조로 이어질 수 있다. 따라서 정부가 국채를 발행하여 자산시장을 자극하는 방식은 단기적 해결책에 불과하며, 장기적으로는 구조적인 경제 불균형을 초래할 수 있는 것이다.

케인스 또한 단기적인 경제 회복을 위한 도구로서의 국채 발행을 적절하게 활용할 것을 제시했으며, 이를 통해 유효수요를 창출하고 경기 침체를 극복할 수 있다고 보았다. 그러나 장기적인 관점에서는 과도한 국채 발행이 지속 가능하지 않으며, 이를 조절하고 관리할 필요가 있다고 경고했다. 국채 발행은 경제가 위기에 처했을 때나 경기가 침체될 때 필요한 정책적 도구로서 유용하지만, 그 남용은 재정적 불안정과 경제적 문제를 초래할 수 있다고 보았다.

중앙은행의 자산매입 프로그램은 시장의 하방을 막아주는 안전망 역할을 했지만, 동시에 금융자산은 절대 무너지지 않는다는 신호로 작용해 투기적 기대를 키웠다. 주가와 집값이 계속 오를 것이라는 믿음은 사회적으로 확대되었고, 그 결과 금융과 부동산 시장은 실물경제와 점점 더 괴리되었다. 정부의 자산시장 의존은 명분상 경기 안정을 이루었을지 모르지만, 실상은 자산 불평등을 키우고 금융적 순환에 사회 전체를 더 깊이 묶어두는 결과를 낳았다. 단기 부양의 이익은 장기적으로 산업 경쟁력 약화와 양극화 심화라는 부담으로 되돌아올 수 있다.

가계도 이러한 흐름 속에서 자산 중심의 축적 전략을 선택하게 되었다. 임금 상승이 정체된 반면, 집값과 교육비, 생활비는 빠르게 늘어나면서 이제는 성실히 일하는 것만으로는 생활을 꾸리고 미래를 준비하기 어렵게 된 것이다. 많은 가계가 부동산 투자에 나서면서 전세자금대출이나 주택담보대출을 떠안게 되었고, 주식이나 ETF 투자도 사회적으로 폭넓게 확산되었다. 특히 젊은 세대는 '영끌'과 '빚투'라는 표현이 상징하듯 빚을 내서라도 자산을 확보하려는 극단적인 방식에 뛰어드는 경우가 많다. 동시에 사적연금과 보험 상품에 가입해 노후를 대비하려는 시도 역시 늘어나고 있다.

이런 변화는 단순히 투자 방식의 다변화를 의미하는 것이 아니라, 가계의 생존전략 자체가 바뀌었음을 보여준다. 가계의 삶은 이제 금융시장의 사이클과 밀접하게 연결되어 있다. 자산가격이 하락하면 소비가 줄고 삶의 질이 떨어지며, 자산가격이 오르면 생활이 조금은 나아진다. 계층 이동의 가능성 또한 열심히 노동하는 것보다 어떤 자산을 언제 보유했느냐에 의해 결정된다. 결국 가계는 더 이상 '노동을 통한 축적'이라는 전통적인 길에 의존할 수 없게 되었고, 자산가격의 등락이 삶을 규정하는 새로운 구조 속에서 살아가고 있는 것이다.

인식의 변화: 금융을 '경제의 엔진'으로 보는 시각의 확산

금융적 순환이 강화된 배경에는 제도와 구조만 있는 것이 아니다. 그것은 사회 전반의 인식 변화와도 깊은 관련이 있다. 사람들이 경제를 바라보는 눈이 달라졌고, 그 변화가 금융을 단순한 조력자가 아니라 경제의 핵심 동력으로 여기게 만들었다.

무엇보다 많은 이들이 이제는 "열심히 일해서는 부자가 되기 어렵다"는 생각을 공유하게 되었다. 과거에는 성실히 일하고 저축하는 것이 성공의 길로 여겨졌지만, 지금은 부동산이나 주식, 가상자산 같은 자산 투자를 통해 부를 늘리는 것이 가장 효율적인 방법이라는 사회적 인식이 자리 잡아가고 있다. 사람들은 금융을 더 이상 위험한 투기의 영역으로 보는 것이 아니라, 삶의 수준을 높이는 거의 유일한 경로로 인식하기 시작한 것이다.

정책 당국 또한 이러한 흐름을 뒷받침했다. 이전까지는 근로

소득 중심의 조세정책을 유지하며 노동의 가치를 우위에 두었다면, 이제는 금융소득과 자산소득에 더 우호적인 제도 환경이 만들어졌다. 투자자 보호와 시장 활성화를 명분으로 하는 정책이 이어지면서, 금융시장에 대한 제도적 신뢰가 강화된 것이다. 정부와 제도의 후원이 금융 참여를 더욱 자연스럽게 만들었고, 이는 사회 전반의 인식 변화를 제도적 차원에서 뒷받침해주었다.

여기에 기술 발전도 한몫했다. 스마트폰으로 24시간 주식을 사고팔 수 있고, 로보어드바이저(로봇과 자산관리사의 합성어)가 자동으로 투자 전략을 짜주는 시대가 도래했다. 초단타 매매가 가능해졌고, 누구든 간단한 앱을 통해 금융시장에 참여할 수 있게 되었다. 금융은 더 이상 특정 계층의 특권적 활동이 아니라, 국민 대다수가 일상적으로 참여하는 생활의 일부가 되었다.

이처럼 금융 참여의 대중화와 제도적 뒷받침, 그리고 자산 증식에 대한 사회적 신념이 결합하면서 금융적 순환은 단순한 경제 현상을 넘어 사회적으로 정당화된 흐름이 되었다. 이제 금융은 사람들의 눈앞에서 단순한 중개 기제가 아니라, 경제를 움직이는 가장 중요한 엔진으로 자리 잡게 된 것이다.

금융적 순환의 자기강화 메커니즘

금융적 순환은 일단 형성되면 다음과 같은 방식으로 자기강화적(self-reinforcing) 구조를 형성한다.

- 자산가격 상승 → 부의 증가 → 소비 증가 → 경기부양 → 자산가격 재상승
- 금융 수익 기대 → 금융 투자 증가 → 유동성 확대 → 추가 투자 유도

이러한 메커니즘은 일견 경제성장의 긍정적 동력처럼 보이지만, 실물경제와의 괴리, 근로소득 없는 자산 확대, 부채 축적, 불균형의 심화라는 부작용을 동반한다.

금융이 산업을 대신하게 된 시대

이상의 분석을 종합하면, 금융적 순환이 산업적 순환을 압도하게 된 이유는 앞에서 살펴본 복합적 요인의 결과라고 볼 수 있다. 이제 금융은 더 이상 산업의 수단이 아니라, 경제성장의 대체 경로로 간주되고 있다. 그러나 그 경로가 지속 가능한 것인지, 포용적인 성장과 일자리 창출에 기여하는지에 대해서는 여전히 의문이 제기된다.

6. 금융적 순환을 억제할 것인가, 재구성할 것인가?

앞선 논의에서 우리는 금융적 순환이 산업적 순환을 압도하면서

초래된 구조적 변화와 그 결과를 살펴보았다. 자산가격 상승이 성장의 동력이 되고, 부채가 축적의 수단이 되며, 금융이 생산을 대체하는 현실 속에서 자본주의는 전례 없는 순환 구조로 이동하고 있다. 이러한 상황에서 자연스레 떠오르는 핵심 질문은 다음과 같다. 금융적 순환을 어디까지 용인할 것인가? 우리는 이를 억제해야 하는가, 아니면 재구성해야 하는가? 이 질문에 대한 두 가지 전략적 대응 — 억제(suppress)와 재구성(restructure) — 을 검토하고, 그 각각의 장단점과 현실 가능성을 분석해보자. 동시에 이 문제에 대한 한국 사회와 정책 당국의 선택은 어떤 방향으로 가야 하는지도 함께 모색하고자 한다.

억제의 전략: 금융의 탈성장 기능을 차단하라

금융을 억제하려는 입장은 금융이 실물경제를 왜곡하고 자산 불평등을 심화시키며, 동시에 경제 불안을 키운다고 본다. 따라서 금융적 순환을 줄이는 것이야말로 성장과 분배의 균형을 회복하는 하나의 방법이라고 전제한다.

첫 번째로 중요한 전략은 자산시장 규제 강화다. 이는 자산가격 상승을 통해 얻는 불로소득 구조를 해체하거나 최소한 그 속도를 늦추는 것을 목표로 한다. 예를 들어 다주택자에 대한 세제를 강화하거나 보유세를 확대하고, 양도소득세를 높이는 방식이 있다. 금융투기를 제한하기 위해 레버리지 투자를 억제하고, 고빈도 거래나 공매도를 규제하는 정책도 있다. 이와 함께 자산 소득에 누진적인 과세 체계를 도입해 자산이 실물보다 더 빠르게 불어나는 현상에 제동을 걸고, 산업 중심의 자본 흐름으로 바꾸려 한다.

두 번째 전략은 신용과 유동성 공급의 제한이다. 가계부채를 억제하기 위해 LTV나 DSR 같은 총량 규제를 강화하고, 부동산 프로젝트파이낸싱(PF)과 같은 기업대출에 대한 감독도 강화한다. 아울러 금융기관이 위험가중자산(RWA)에 따라 더 많은 자기자본을 쌓도록 의무화함으로써 과도한 대출의 확대를 막는다. 이러한 정책의 목적은 자산 투자를 위해 필요 이상으로 신용이 새로 만들어지는 것을 차단하고, 금융시장의 과열 순환을 억제하는 것이다.

세 번째는 통화정책의 탈금융화이다. 지금까지 통화정책은 물가 안정과 금융 안정을 주된 목표로 삼아왔지만, 앞으로는 여기에 자산 안정과 생산적 투자 유도라는 목표도 포함한다. 중앙은행의 금리정책이 자산시장에 미치는 영향을 고려하고, 양적완화가 자산시장으로만 흘러드는 편향을 줄여 직접적으로 실물투자로 이어지도록 하는 새 메커니즘을 만든다.

하지만 이러한 억제 전략 일변도를 구사하기에는 여러 가지 한계가 있다. 억제 정책은 이론적으로 타당하지만, 실제로는 여러 현실적 문제를 발생시킨다. 우선 금융과 자산시장이 단기적으로는 성장과 소비를 촉진하는 기능을 하는 만큼, 규제가 강화되면 성장률이 떨어질 가능성이 있다. 또한 자산을 보유한 계층의 이해

관계 때문에 강력한 정치적 저항이 형성된다. 나아가 금융산업 자체의 성장이 위축될 수 있고, 규제가 강화되면 해외 자본이 더 빨리 빠져나갈 위험도 커진다.

따라서 금융 억제 전략은 단독으로는 현실적인 해법이 되기 어렵다. 불평등을 줄이고 산업을 살리기 위해서는 억제 정책을 쓰더라도 금융을 새로운 방향으로 재구성하는 전략과 병행해서 사용할 필요가 있다.

생산적 전환을 위한 금융 재구성 전략: 억제가 아닌 방향 전환

억제가 아닌 전환: 금융을 산업과 조화시키는 전략
금융을 단순히 억제하거나 제거해야 할 대상으로 보는 것은 현실적이지 않다. 오늘날 경제에서 금융은 이미 절대적인 비중을 차지하고 있으며, 그것을 '악의 축'으로 규정하고 기능 자체를 부정하는 태도는 해결책이 될 수 없다. 중요한 것은 금융이 어떤 방향으로 작동하느냐다. 자산시장과 투기를 부추기는 비생산적인 흐름에서 벗어나, 금융이 실물경제와 조화를 이루는 구조로 바꿔내는 것이 핵심이다. 바로 이런 관점에서 '금융의 재구성' 전략이 필요하다.

재구성의 네 가지 축: 생산과 포용을 위한 금융 구조 전환
첫째, 금융을 산업의 성장과 연결하는 생산적 금융으로 전환시켜야 한다. 금융이 단순히 자산을 사고파는 수단이 아니라, 기업의 투자와 기술혁신을 지원하는 선순환 구조로 기능해야 한다는 것이다. 이를 위해 산업은행, 수출입은행 같은 정책금융기관이 장기적이고 저렴한 자금을 공급하는 기반을 넓혀야 한다. 또 기술금융, ESG금융, 지역금융 같은 특화된 분야를 우선 공공이 주도하고, 벤처와 스타트업, 제조업을 뒷받침하는 투자 플랫폼을 구축해 민간의 참여와 자금을 이끌어내야 한다.

둘째, 금융을 일부 특권층이 독점하지 않고 모두를 위한 제도로 만드는 금융의 민주화가 필요하다. 이를 위해 소액 투자자에게 안전한 금융상품과 공정한 투자 정보를 제공하고, 불공정 거래에 대한 규제를 강화해야 한다. 저소득층도 금융에 접근할 수 있도록 공공금융 플랫폼을 확충하고, 디지털 금융에서도 소외되지 않도록 포용성을 높여야 한다. 더 나아가 금융소득에 대해 점진적으로 세금을 강화함으로써 자산소득 쏠림을 줄이고, 노동과 생산을 통한 축적을 장려해야 한다.

셋째, 국민연금이나 공공기금 같은 공공자산펀드를 전략적으로 운용해야 한다. 이들 기관이 부동산 위주의 투자를 벗어나 녹색 전환, 디지털 기술, 첨단산업 같은 미래 산업을 중심으로 투자 포트폴리오를 재구성해야 한다. 공공과 민간이 공동으로 참여할 수 있는 투자 플랫폼을 만들고, 경우에 따라 국가 차원의 전략산업펀드를 구성해 민간자본을 함께 유도하는 모델도 필요하다. 이렇게 되면 국가는 금융시장에서 단순한 감시자가 아니라 산업 전환을 이끄는 전략적 투자자로 자리매김할 수 있다.

넷째, 금융이 과도한 거품으로 변질되지 않도록 하는 규율 체계를 확립해야 한다. 금융기관은 국제 기준인 바젤 규제를 넘어서는 자기자본 관리와 내부 건전성 기준을 세워야 한다. 정기적으로 스트레스 테스트를 실시해 위기를 사전에 진단하고, 금융기관이 실물경제에 자금을 공급할 수 있도록 산업 연계 인센티브 체계를 정비해야 한다. 이렇게 해야 금융이 자유롭되 무책임하지 않은 환경이 조성되고, 자산 버블 같은 불균형이 미리 차단될 수 있다.

결국 금융은 억제의 대상이 아니라, 방향을 어떻게 잡느냐에 따라 산업을 짓누를 수도, 산업을 지원할 수도 있는 힘이 된다. 우리가 해야 할 일은 금융이 생산과 혁신을 뒷받침하는 방식으로 작동하도록 체계적으로 재구성하는 것이다.

억제 전략과 재구성 전략의 비교

금융화에 대응하기 위한 전략은 앞에서 살펴본 것과 같이 크게 두 가지로 나눌 수 있다. 하나는 '억제 전략'이며, 다른 하나는 '재구성 전략'이다.

억제 전략은 금융의 과도한 기능 확대를 차단하는 것을 기본 방향으로 삼는다. 이 전략은 금융이 실물경제를 압도하거나 자산 버블을 유발하지 않도록 금융 기능 자체를 제한하는 접근이다. 반면 재구성 전략은 금융의 방향성과 구조를 재설정함으로써, 산업적 순환과 조화를 이루도록 만드는 것을 중심에 둔다. 단순한 억제가 아닌, 금융의 생산적 전환을 유도하는 접근이다.

억제 전략은 주로 세금, 규제, 금리정책, 총량 규제 등의 수단을 사용한다. 예를 들어, 부동산 대출에 대한 총량 규제나 금융소득 과세 강화 등이 이에 해당한다. 이러한 정책은 금융의 팽창 자체를 억제하고, 투기를 유인하는 자산거래를 제어하는 데 중점을 둔다.

반면 재구성 전략은 공공 금융, 산업 연계 구조, 금융기관에 대한 인센티브 체계 등을 활용한다. 이는 금융을 무조건적으로 제한하기보다, 어떻게 하면 금융이 실물경제로 연결될 수 있는지를 중심으로 제도와 구조를 설계하는 방식이다.

억제 전략의 목표는 금융의 무분별한 확장을 억제하고, 그로 인한 자산 버블과 불평등의 심화를 방지하는 것이다. 결과적으로 금융을 안정화시킴으로써 실물경제의 회복을 간접적으로 유도하는 구조다. 이에 반해 재구성 전략은 금융의 기능을 실물경제 회복, 산업 전환, 지속 가능한 성장의 동력으로 적극 활용하려는 목표를 갖는다. 즉, 금융을 부정하거나 피할 수 없는 것으로 보지 않고, 생산과 혁신을 뒷받침하는 제도적 구조로서 재편하고자 한다.

억제 전략의 가장 큰 장점은 자산시장 거품을 억제하고, 소득과 자산의 불평등을 완화하는 효과를 기대할 수 있다는 점이다. 규제를 통해 투기적 금융 흐름을 줄이고, 부의 편중을 제어할 수 있다. 재구성 전략의 강점은 금융의 기능을 생산적 영역으로 전환하면서도, 시장 친화적 접근을 유지할 수 있다는 점이다. 이는 정책 저항을 최소화하고, 동시에 혁신적 산업에 대한 자금 유입을 가능하게 한다는 이점을 가진다.

억제 전략은 금융 팽창을 막는 과정에서 경기 둔화나 성장률 하락의 위험을 동반할 수 있다. 특히 급격한 억제는 금융시장 불안을 유발하거나, 투자 심리를 위축시킬 가능성도 있다. 또한, 정치·사회적으로 강한 저항을 유발할 수 있으며, 정책 실행의 정교함과 예측력을 요구하는 한계가 있다. 재구성 전략은 설계와 실행이 복잡하며, 정책 수립자의 고도의 역량과 조정 능력이 요구된다. 민간금융시장과의 조화를 고려해야 하며, 단기간에 성과를 보기 어려울 수 있다. 또한 제도적 기반이 미비할 경우, 금융이 실물경제로 연결되지 않고 다시 자산시장으로 회귀할 위험도 존재한다.

때문에 억제 전략과 재구성 전략은 상호 모순적인 선택지가 아니라, 상황에 따라 병행적으로 운용되어야 할 상보적 전략이다. 단기적으로는 억제를 통해 금융시장의 과열을 막고, 중장기적으로는 금융의 재구성을 통해 지속 가능한 산업 발전과 포용적 성장을 뒷받침하는 체계를 마련해야 한다.

결론적으로 말해보면 억제와 재구성 전략은 대립이 아니라 통합적으로 설계되어야 할 양날의 칼이다. 특정 상황에서는 억제가 필요하고, 중장기적으로는 재구성을 통해 제도화를 추진해야 한다.

한국의 현실적 대안은 무엇인가?

한국은 이미 금융 중심의 경제 구조가 크게 자리 잡은 나라다. 단순히 과거처럼 금융을 억누르기만 해서 산업이 다시 살아나지는 않는다. 이제는 금융의 부작용을 줄이는 동시에, 산업과 혁신을 위한 동력으로 금융을 재구성하는 지혜가 필요하다. 이를 위해 몇 가지 중요한 방향을 생각해볼 수 있다.

첫째, 산업금융을 되살려야 한다. 국가 전략 분야인 인공지능, 중소기업, 탄소중립, 지역산업에 돈이 흘러갈 수 있도록 정책금융기관이 다시 본래의 역할을 해야 한다. 이를 위해 금융정책과 산업정책을 함께 조율하는 협력 체계(부처 간 통합 거버넌스)가 필요하다.

둘째, 자산소득에 대한 세제를 바로잡아야 한다. 금융소득과 부동산·주식 소득에 합당한 세금을 부과함으로써 조세의 형평성을 높이고, 땀 흘려 생산 활동을 하는 것이 자산 축적보다 유리한 사회적 분위기를 만드는 것이 중요하다.

셋째, 공공이 앞장서서 산업 투자를 늘려야 한다. 국민연금이나 각종 공적 기금이 미래 산업으로의 전환을 이끄는 플랫폼에 참여하고, 민간 자금과 힘을 합쳐 기술 중심 산업에 투자할 수 있는 구조를 마련해야 한다.

넷째, 금융에 대한 이해와 제도를 혁신해야 한다. 금융을 단순히 투기 수단이 아니라 사회 전체가 함께 쓰는 공공 자원으로 이해할 수 있도록 교육을 강화하고, 금융감독의 투명성과 독립성을 높이며, 자산시장을 건전하게 관리할 수 있는 제도를 마련해야 한다.

앞으로 한국이 지속적으로 성장하고 동시에 불평등을 줄이기 위해서는 금융을 단순히 '억누를 것인가, 활용할 것인가'라는 이분법적 시각을 넘어야 한다. 금융은 잘못 쓰면 산업을 억압할 수 있지만, 올바르게 활용하면 산업과 기술 혁신을 돕는 강력한 힘이 될 수 있다. 이제 우리가 해야 할 일은 금융이 산업적 성장을 뒷받침하는 구조로 다시 자리 잡도록 만드는 것이다.

금융을 '억제'할 것인가, '전환'할 것인가?

오늘날 금융은 단순한 '도구'가 아니라 경제의 구조와 방향을 결정짓는 거대한 순환 시스템이 되었다. 그렇기에 지금 필요한 것은 금융을 억누르는 것만이 아니라, 그 순환이 실물로 귀결되도록 설계하는 정치적·제도적 의지다.

억제는 필요하지만 충분하지 않으며, 재구성은 어렵지만 반드시 추진해야 할 과제다.

금융을 산업적 순환의 파트너로 되돌리는 것, 이것이야말로 포스트금융화 시대의 핵심 정책과제다.

7. 순환의 방향을 재설정할 시간

'경제는 순환한다'는 말은 경제학 교과서의 첫 장을 장식하는 표현이지만, 우리는 이제 그 순환의 내용과 방향을 다시 묻지 않을 수 없는 시대에 직면해 있다. 우리는 앞에서 산업적 순환과 금융적 순환이라는 두 가지 축을 중심으로 현대 자본주의의 구조를 살펴보았다.

20세기 중반까지는 생산, 고용, 소비, 재투자로 이어지는 산업적 순환이 경제의 중심축을 이루었다. 그러나 1980년대 이후 자산시장의 확대와 금융 자유화, 신자유주의 정책 전환, 그리고 기술 변화가 겹치면서 금융은 더 이상 실물의 하위 기능이 아니라 독자적이고 우월한 순환 구조를 형성하게 되었다. 이제 금융은 실물을 뒷받침하는 보조자가 아니라 오히려 실물의 방향을 지시하는 '리더'의 자리에 서게 된 것이다.

이 변화 속에서 산업적 순환과 금융적 순환의 불균형은 점차 심화되었다. 기업들은 더 이상 설비 확장이나 기술 혁신에 적극적으로 나서지 않고, 자사주 매입이나 배당 확대, 금융 수익 추구에 집중하고 있다. 그 결과 실물투자는 부진해졌다. 자산가격 상승이 이어져도 고용은 늘지 않기 때문에 성장과 일자리가 함께 가지 못하고, 금융자산은 고용 창출로 이어지지 않으며 자산 소득 역시 소비와 직접 연결되지 않는 구조가 굳어졌다. 이런 환경 속에서 불평등은 구조적으로 고착된다. 노동소득이 아니라 자산 보유 여부가 삶의 기회를 좌우하고, 산업적 축적이 아닌 금융적 축적이 계층 이동의 결정적 통로로 자리 잡게 된 것이다. 아울러 금융시장이 실물경제와 괴리된 채 팽창하면서 경제는 상시적 금융 불안에 노출되고 있으며, 언제든 위기의 방아쇠가 당겨질 수 있는 불안정한 상태에 놓이게 되었다. 이 모든 상황은 우리가 자본 순환의 방향을 새롭게 조정해야 할 필요성을 보여준다.

오늘날 필요한 것은 금융을 단순히 억누르거나 무작정 포용하는 태도가 아니다. 진정 중요한 것은 금융을 어떻게 설계할 것인가의 문제다. 단순히 부동산을 규제하거나 금리를 인상하거나 자산거래세를 늘리는 방식은 필요하긴 하더라도 증상의 완화일 뿐 근본적인 해법이 될 수 없다. 오히려 자산시장에 의존해온 경제 구조를 불안정하게 만들거나 정치적 저항을 불러올 수도 있다. 따라서 억제만으로는 부족하다. 금융을 산업적 순환을 회복시키는 촉매로 다시 활용하는 것이야말로 장기적이고 지속 가능한 해법이다. 여기에 필요한 것은 공공금융의 역할 강화, 투자 방향의 재설정, 금융세제의 개편, 정책금융과 혁신금융 사이의 연결과 같은 구조적 개혁이다.

한국은 짧은 시간 안에 산업자본주의를 달성했지만, 외환위기 이후 금융자본주의로 급격히 이행했다. 이 과정은 초기에 효율성과 성장을 가져왔으나, 시간이 지나면서 부동산 의존적 소비 구조, 가계부채와 자산 불평등의 심화, 실물투자의 부진과 산업 경쟁력 약화, 청년 세대의 탈산업화된 자산 축적 전략이라는 문제를 낳았다. 따라서 지금 다시 물어야 한다. 금융을 어떻게 산업과 생산, 기술과 혁신의 방향으로 되돌려놓을 수 있을 것인가. 이 질문은 단순히 경제 정책의 차원을 넘어, 한국 사회가 어떤 경제체제를 지향할 것인지에 관한 근본적인 가치 선택과 연결되어 있다.

경제는 언제나 순환한다. 다만 그 순환이 누구에게 유리하게 작동하는지, 어떤 가치를 추구하는지, 어떤 미래를 설계하는지는 사회의 선택에 달려 있다. 정치와 사회의 영역이라 할 수 있다. 금융은 본래 실물을 보완하는 하위 기능이었지만 이제는 그 자체로 목적이 되면서 산업을 약화시키고 사회 전체의 불균형을 초래했다. 우리는 지금 선택의 기로에 서 있다. 그대로 금융적 순환을 용인할 것인지, 아니면 산업적 순환을 되살릴 새로운 설계를 시작할 것인지를 결정해야 한다. 이 책은 후자를 지지하며, 앞으로 이어지는 논의에서 금융의 방향을 다시 설계할 구체적 방안을 탐색할 것이다. 지금은 순환을 재설계해야 할 시간이다.

3장

주택담보대출 중심 부채경제의 구조

1. 주택담보대출의 금융상품적 특징과 현황

한국의 금융시스템은 눈에 보이지 않는 거대한 축 하나를 중심으로 돌아간다. 바로 주택담보대출이다. 가계가 집을 사는 순간부터 금융기관의 대출 포트폴리오, 자산시장의 가격 변동, 통화정책의 효과, 나아가 경제의 성장 잠재력과 분배 구조까지, 주택담보대출의 영향권에서 벗어나기 어렵다.

주택담보대출은 단순한 금융상품이 아니라, 부채경제를 움직이는 핵심 구조다. 또한 주택담보대출은 '개별 차주의 부채'가 아니라 '한국 경제의 순환 구조를 형성하는 핵심 메커니즘'으로 이해할 필요가 있다. 그것이 3% 성장과 양극화 완화라는 목표 속에서 어떤 역할을 하고, 또 어떤 위험을 안고 있는지를 밝히고자 한다.

집을 산다는 것은 대부분의 사람에게 인생에서 가장 큰 투자가 된다. 그런데 그 집값을 현금으로 한꺼번에 낼 수 있는 사람은 거의 없다. 그래서 주택담보대출이 등장한다. 말 그대로 집을 담보로 돈을 빌리고, 만약 갚지 못하면 은행은 그 집을 처분해 빌려준 돈을 회수한다. 은행 입장에서는 망설일 이유가 없다. 담보가 확실하니 신용대출보다 위험이 낮고, 덕분에 금리도 낮추고 기간도 길게 잡아줄 수 있다. 가계에게는 내 집 마련의 가장 현실적인 길이 되고, 은행에게는 꾸준한 이자 수익을 약속하는 핵심 상품이 되는 이유다.

세계 어디에나 주택담보대출이 있지만, 형태는 나라별로 다르다. 미국에서는 30년 고정금리 모기지가 주류를 이룬다. 대출자는 금리 인상의 불안을 잊고 장기간 안정적인 상환 계획을 세울 수 있다. 하지만 은행은 오랜 기간 자금을 묶어둬야 하니 자금 관리가 쉽지 않다. 반면 대륙 유럽 국가들은 중·단기 변동금리 상품이 많다. 영국, 호주, 캐나다처럼 부동산과 금융시장이 밀착한 나라는 주택담보대출의 흐름이 곧 가계의 자산 구조와 은행의 수익 구조를 결정한다.

한국은 조금 다르다. 전통적으로 대출 만기가 10~20년에 머물렀고, 30년짜리 상품이 자리 잡은 건 최근의 일이다. 금리 구조는 압도적으로 변동금리가 많다. 그래서 한국은행이 기준금리를 조금만 올려도 가계의 대출 이자는 바로 불어난다. 원리금균등분할상환이 보편적이지만 거치기간을 두는 상품도 있어, 처음에는 한결 숨통이 트이다가 만기가 다가오면 상환액이 큰 폭으로 늘기도 한다. 상품 형태도 다양하다. 처음부터 끝까지 고정금리인 대출, 변동금리로 시작하는 대출, 일정 기간은 고정금리였다가 중간부터 변동으로 바뀌는 혼합형 대출이 대표적이다. 여기에 집값 대비 대출 비율(LTV), 소득 대비 상환 능력(DTI·DSR) 규제가 얹혀 대출 가능 규모가 결정된다. 예컨대 LTV가 50%라면 5억 원짜리 집을 사는 데 최대 2억 5천만 원만 빌릴 수 있다.

이런 규제가 있다는 건 가계 과잉부채를 막는 장치지만, 동시에 대출 문턱을 높이기도 한다. 게다가 금리는 단순히 기준금리에 정해지는 게 아니다. 여기에 가산금리가 얹힌다. 차주의 신용등급, 담보의 탄탄함, 거래 이력까지 종합해 은행이 '프리미엄'을 붙이는 셈이다. 여기에 중도상환수수료나 각종 수수료도 빠지지 않는다.

한국의 주택담보대출 구조의 또 다른 축은 정책금융이다. 대표적인 상품인 주택금융공사의 '보금자리론'은 장기, 고정금리, 분할상환이라는 세 가지 조건을 갖춰 금리 변동 위험으로부터 차주를 지켜준다. '디딤돌대출', '버팀목전세자금대출'도 비슷한 맥락에서 서민층 주거 안정을 떠받친다.

숫자로 보면 이 구조는 더 분명해진다. 2024년 말 한국의 가계부채는 약 1,870조 원, 그중 절반이 넘는 1,050조 원이 주택담보대출이다. 가계부채가 이처럼 주택에 집중되는 이유는 두 가지다. 하나는 끝없는 집값 상승이다. 저금리와 집값 상승이 동시에 일어나면 대출 수요는 치솟고, 담보가치 상승이 추가 대출 여력을 키운다. 또 하나는 한국 특유의 전세 제도다. 전세자금대출과 주택담보대출이 동시에 얽히면서 가계의 부채 구조를 집에 더 집중시켰다.

은행 입장에서 주택담보대출은 '안정적인 이자 발생 장치'다. 담보가 명확하니 손실 위험은 낮다. 무엇보다 꾸준히 들어오는 이자가 은행의 순이자마진(NIM)의 기초를 만든다. 하지만 금리가 오르는 시기에는 가계 부담이 급격히 커지고 동시에 부실화 위험도 늘어난다.

국제적으로 비교하면 한국의 특징은 더욱 뚜렷하다. 미국, 독일, 덴마크처럼 장기 고정금리 대출이 중심인 나라들은 가계 리스크를 최소화한다. 하지만 은행은 장기적 자금 조달과 관리 부담을 떠안는다. 반대로 한국, 호주, 홍콩처럼 변동금리 대출이 중심인 나라는 금리정책 변화가 곧바로 가계로 흘러들어간다. 통화정책의 효과는 빠르지만, 가계 소비는 쉽게 위축된다. 주택담보대출의 증권화 여부에서도 차이가 난다. 미국은 민간 주도로 모기지를 MBS(주택저당증권)로 만들어 자금을 끊임없이 순환시킨다. 한국은 주택금융공사가 내놓는 정책성 MBS가 대부분이고, 민간 주도의 유동화는 제한적이다.

이 구조가 경제에 주는 효과는 양면적이다. 집을 사기 수월해지고, 건설 경기와 부동산 시장의 활력이 높아진다. 그러나 장기적으로는 가계부채가 쌓이고, 소비 여력이 줄어드는 부담으로 돌아온다. 집값이 떨어지면 담보가치 하락이 은행 건전성에 직접 타격을 입힌다. 2008년 미국의 서브프라임 위기가 바로 그런 전형적인 사례였다.

앞으로 한국의 주택담보대출 구조도 크게 변할 가능성이 있다. 금리 인상기를 거치며 장기·고정금리·분할상환 위주의 대출 필요성이 더 분명해졌다. LTV·DSR 등 규제 변화는 시장 수요를 좌우하게 되고, 디지털 전환은 심사·평가·금리 산정 과정을 데이터 기반으로 바꿔낼 것이다. 인터넷은행과 핀테크 업체들의 진입은 새로운 경쟁 구도가 될 수 있다.

정책의 방향도 점점 뚜렷해진다. 가계가 금리 변동 위험에 덜 흔들리도록 금융 구조를 재편하고, 청년층과 저소득층의 진입 장벽을 낮추어 접근성을 넓히는 것이 과제다. 동시에 은행들은 부동산 경기 변동에 따른 위험을 분산시킬 수 있는 유연한 포트폴리오가 필요하다.

결국 주택담보대출은 단순히 '집을 사는 돈' 이상의 의미를 갖는다. 금융자본의 흐름을 실물경제에 연결하고, 생산·고용·소비에 파급효과를 미친다. 자산 형성과 세대별 경제 참여를 가능하게 하며, 정책적으로는 경기와 금융시스템의 균형을 조절하는 도구가 된다. 지금은 주로 기존 자산 거래 중심으로 작동하고 있어 그 기능이 제한적이지만, 이를 균형 회복의 도구로 다시 설계하는 일은 앞으로 한국 경제가 3% 성장과 양극화 완화라는 목표를 향해 가는 과정에서 피할 수 없는 숙제가 될 것이다.

2. 주택담보대출이 한국 금융의 중심이 된 이유

오늘날 한국 금융을 한마디로 요약하면, "집을 담보로 한 돈의 흐름이 모든 것을 지배한다"는 표현이 어색하지 않다. 은행에는 기업대출·카드대출·신용대출이 모두 있지만, 규모와 안정성에서 가장 중요한 자리를 차지하는 것은 단연 주택담보대출이다. 가계부채의 절반 이상이 여기에 묶여 있고, 은행의 이자 수익이 여기서 나온다. 심지어 부동산 가격 변동이 경제 전반의 체온계처럼 읽히는 것도 같은 맥락이다. 그런데 왜 한국 금융시스템의 무게중심은 이렇게까지 주택담보대출에 쏠리게 된 것일까?

그 이유는 먼저, 한국 가계의 자산이 압도적으로 주택에 집중되어 있기 때문이다. 2023년 말 기준 한국 가계자산에서 부동산이 차지하는 비중은 75%를 넘는다. 주식이나 채권 같은 금융자산은 일부 계층에만 집중되어 있는 반면, 주택은 거의 모든 가구가 꼭 소유하고자 하는 목표다. 자산 축적의 출발점이자 은퇴 후 안전망이 주택이라는 점에서, 내 집 마련 수요는 금융기관 입장에서 가장 안정적이고 거대한 시장으로 보장된다.

또 하나의 배경은 금융의 무게중심이 기업대출에서 가계대출로 옮겨온 역사적 변화다. 산업화 시기 은행은 정부의 산업정책 도구였고, 대기업 지원이 핵심 업무였다. 그러나 1997년 외환위기 이후 기업부채 조정과 구조조정이 이어지면서 기업대출의 성장속도는 둔화됐다. 이때 담보가 뚜렷하고 위험이 낮다고 평가된

주택담보대출이 은행들의 새로운 수익원이 되었다.

여기에 저금리 기조와 집값 상승이 맞물리면서 만들어낸 순환 구조가 큰 힘을 보탰다. 낮은 금리는 대출 문턱을 낮추고, 늘어난 대출은 주택 수요를 자극해 가격을 끌어올린다. 가격이 오르면 담보가치가 커져 다시 더 큰 대출이 가능해지고, 그 돈이 다시 부동산으로 흘러가는 선순환—혹은 악순환—이 만들어졌다. 은행은 부실 위험 낮은 담보를 확보하면서도 대출을 쉽게 늘릴 수 있었기에, 굳이 다른 수익모델을 찾지 않아도 됐다.

여기에 한국 특유의 전세 제도가 또 다른 레버리지 수단으로 기능했다. 세입자가 집값 절반 이상의 거액 보증금을 맡기면, 집주인은 이 보증금 이외에 추가 담보대출을 받는다. 한 채의 집이 전세보증금과 주택담보대출, 두 금융상품으로 겹겹이 담보화되는 구조다. 다주택자는 이를 통해 자산을 불리고, 은행은 이를 통해 대출 공급을 늘린다.

규제의 방향도 결과적으로 주택담보대출 선호를 강화하는 방향으로 작용했다. 가계부채 억제를 위해 도입된 LTV·DTI·DSR 규제가 사실상 기업대출이나 신용대출의 문턱을 더 높였기 때문이다. 은행 입장에서는 규제 안에서도 합리적이고 안전하게 자금을 운영할 수 있는 선택지가 결국 주택담보대출이었다.

무엇보다 은행의 수익 구조가 순이자마진(NIM)에 크게 의존한다는 점도 영향을 미쳤다. 방향성이 불투명한 투자상품보다, 담보 확보가 가능하고 장기적으로 꾸준히 이자를 받을 수 있는 주택담보대출이야말로 안정적인 '캐시카우'였다.

그리고 마지막으로, 주택이 가진 사회적·정치적 무게가 금융을 넘어선 차원에서 작용했다. 집은 단순한 자산 이상의 의미를 지닌다. 가격 변동은 세대·계층 갈등과 직결되고, 선거 때마다 중요한 정치 의제로 부상해왔다. 정부는 정책금융을 통해 내 집 마련을 강조하고, 금융기관은 이를 뒷받침함으로써 사회적 정당성을 확보해왔다.

결국 오늘날 주택담보대출 중심 금융 구조는 단일한 원인 때문이 아니라, 자산 구조, 금융기관의 수익 논리, 금리 환경, 전세제도의 특수성, 규제 효과, 정치·사회적 압력이 서로 맞물린 결과다. 단기적으로는 안정성과 수익성을 보장했지만, 장기적으로는 가계부채 과잉, 부동산 불안정, 금융 편중이라는 부담을 안고 있다. 앞으로 한국 금융의 건강을 위해서는 주택담보대출 의존을 줄이고, 산업·혁신·지역금융 등 새로운 순환 고리를 강화하는 노력이 불가피하다.

3. 2008년 이후 가계부채/GDP 급등의 배경

2008년 글로벌 금융위기는 미국의 서브프라임 모기지 파동에서 비롯되어 세계 금융질서를 뒤흔들었다. 부동산 가격 하락이 전체 금융시스템을 무너뜨릴 수 있다는 사실은 그때 비로소 명확해졌다. 많은 나라들이 위기 직후 가계부채 축소, 금융기관 규제 강화, 경기 부양이라는 세 가지 과제를 떠안았지만, 흥미롭게도 한국은 비교적 충격을 덜 받고 넘어간 나라였다. 그런데 바로 그 이후부터 한국의 가계부채/GDP 비율은 빠른 속도로 치솟았다. 2008년 전까지만 해도 OECD 평균과 비슷하거나 낮은 수준이던 비율은 2009년 이후 꾸준히 오르기 시작해, 2021년에는 105%를 넘어섰다(바뀐 GDP 기준에 의해 95%로 재조정되었다). 이제는 1년 동안 나라 전체가 벌어들이는 소득보다 가계부채가 더 많은 '빚이 많은 경제'가 된 것이다.

이 변화의 첫 배경은 저금리 장기화였다. 2008년 글로벌 금융위기 직후 한국은행은 경기 부양을 위해 기준금리를 크게 내렸고, 글로벌 저금리 기조에 발맞춰 2010년대 내내 금리는 낮은 수준에 머물렀다. 대출 비용이 줄어들자 가계는 더 쉽게 더 많은 빚을 질 수 있었다. 특히 금리에 민감한 주택담보대출은 금리가 낮아질수록 차입 규모를 크게 확대시켰다.

여기에 집값 상승이 차입 여력을 키우는 레버리지 메커니즘으로 기능했다. 2014년 이후 수도권 집값이 뚜렷한 상승세를 보이자, 이미 주택을 가진 가구는 담보가치 상승을 근거로 추가 대출을 받을 수 있었고, 은행도 이를 근거로 대출 공급을 늘렸다. 단순한 자산가격 상승이 아니라, 가계부채 그 자체를 증폭시키는 메커니즘이 만들어진 것이다.

정책 환경 역시 부채 확대에 우호적이었다. 2014년 정부가 경기 부양책의 일환으로 LTV·DTI 규제를 완화하면서 "빚내서 집 사라"는 분위기가 형성되었고, 실제로 주택 거래와 대출 수요가 단기간에 폭증했다. 이후 규제를 다시 조였지만 이미 불어난 부채 규모는 쉽게 줄어들지 않았다.

한편, 가계 소득 증가율이 둔화하고 자산가격 불평등이 심화된 것도 구조적 배경으로 작용했다. 임금과 소득은 정체된 반면 주택과 금융자산가격은 빠르게 뛰었다. 가진 자는 더 큰 담보를 통해 새로운 차입과 재투자가 가능해졌고, 없는 자는 집을 사기 위해 더 많은 빚을 떠안을 수밖에 없었다. 그 결과, 전체 가계부채/GDP 비율 상승 뒤에는 계층 간 부채 부담이 갈라지는 현실도 함께 자리하게 되었다.

금융시스템이 기업대출보다 가계대출, 특히 주택담보대출을 중심으로 재편된 것도 빚을 끌어올린 요인이었다. 은행 입장에서는 담보가 확실해 부실 위험이 낮은 주택대출이 안정적인 이자 수익을 보장했다. 수익성 좋은 대출을 늘리다 보니, 경제성장률과 상관없이 가계부채 총량은 꾸준히 커졌다.

여기에 전세 제도가 또 다른 증폭 장치로 작용했다. 전세가격이 오르면 세입자는 더 많은 전세자금대출을 받아야 했고, 동시에 집주인은 늘어난 보증금 이외에 더 많은 주택담보대출을 받을 수 있었다. 한 채의 집을 매개로 세입자·집주인 양쪽에서 동시에 부채가 불어나는 구조가 만들어진 것이다. 2015~2021년 전세가격 급등기에는 가계부채 증가분의 상당 부분을 이 구조가 차지했다.

마지막으로 소비 대신 자산 매입에 빚을 쓰는 한국 특유의 경제 행태가 순환을 완성했다. 주택은 주거와 투자가 겹치는 자산이라 가격이 오를 때마다 "지금 사지 않으면 늦는다"는 심리가 만들어지고, 이는 곧 새로운 차입으로 이어졌다. 부채가 늘어 수요가 지속되고, 수요는 가격을 밀어 올리는 순환이 반복되는 것이다.

이처럼 2008년 이후의 추세는 단순한 경기 부양 정책의 부산물이 아니라, 저금리, 자산가격 상승, 규제 환경, 소득 정체, 금융기관 행태, 전세 제도, 투자 심리라는 여러 요인이 뒤엉킨 결과였다. 문제는 이 구조가 잘 꺾이지 않는다는 점이다. 경제성장률이 둔화하면 GDP 분모가 줄어들지만, 부채는 원리금 상환과 신규차입 수요로 꾸준히 늘어난다. 그 결과 가계부채/GDP 비율은 올라가기는 쉬워도 내려가기는 어려운 '구조적 고착성'을 갖게 되었다.

앞으로 이 비율을 안정적으로 관리하기 위해서는 단순히 대출 총량 규제를 강화하는 것만으로는 부족하다. 금리 구조를 장기·고정형으로 개편해 변동성 위험을 줄이고, 가계소득 기반을 확대하며, 전세 제도를 근본적으로 개선하고, 은행 자산 포트폴리오를 가계부채 편중에서 벗어나도록 다변화하는 노력이 동시에 병행되어야 한다. 그렇지 않으면 한국 경제는 '높은 가계부채 - 저성장'이 맞물린 불안정한 구조 속에서 끊임없이 균형을 잡으려 애써야 할 것이다.

4. 자산가격을 키우는 주택담보대출의 메커니즘

한국 경제에서 주택담보대출은 더 이상 단순히 집을 사기 위한 금융수단이 아니다. 그것은 자산가격을 부풀리고 유지하는 핵심 엔진처럼 작동한다. 작동 방식은 단순하다. 대출을 기반으로 자산을 사면 가격이 오르고, 가격이 오르면 담보가치가 커져 다시 더 많은 대출이 가능해진다. 이 늘어난 대출은 자산을 또다시 사들이는 데 쓰이며, 이 과정이 반복될 때 자산시장은 스스로를 먹여 살리며 팽창한다. 중요한 점은 이 흐름이 생산성 향상이나 고용 창출 같은 실물경제의 개선과는 무관하게 작동할 수 있다는 사실이다. 말하자면 '자기확장 메커니즘'이 형성되는 것이다.

이 순환의 출발점은 대출 공급이다. 주택담보대출은 부동산이라는 확실한 담보를 전제로 하기 때문에, 은행에게는 위험이 낮으면서도 장기간 안정적인 이자수익을 보장하는 상품이다. 차주는 자기 소득이나 저축으로는 닿을 수 없는 가격대의 주택을 대출을 통해 손에 넣을 수 있고, 늘어난 매입 수요는 곧바로 시장 가격 상승으로 이어진다. 이렇게 오른 담보가치는 다시 대출 한도를 넓히고, 그 돈은 또 다른 부동산 매입이나 주식·채권·펀드, 심지어 가상자산 투자로 흘러간다. 결과적으로 부동산 시장과 금융시장이 서로의 가격 상승을 뒷받침하는 상호 강화 고리가 형성된다.

여기서 주목할 점은, 자산가격 상승이 반드시 생산 확대와 연결되지 않는다는 것이다. 공장 설비나 고용이 늘어난 것도 아닌 데, 이미 존재하는 집이 더 비싼 값에 거래될 뿐이다. 그럼에도 가격이 올랐다는 이유만으로 담보가치는 커지고, 대출 가능액 역시 함께 불어난다. 실물경제의 성과 없이 자산시장 내부에서만 숫자들이 서로를 끌어올리는 팽창 구조가 만들어지는 것이다.

이 순환은 부동산 시장 안에 머물지 않는다. 가격 상승으로 늘어난 가계의 순자산은 소비심리를 자극하는 동시에 투자자들에게 새로운 레버리지 기회를 제공한다. 집을 담보로 대출을 받아 주식시장에 들어서거나, 부동산 매입을 위해 빌린 자금 일부를 다른 금융자산에 투자하는 경우가 전형적이다. 이렇게 부동산 담보를 기초로 흘러들어간 돈이 주식·채권·펀드 시장까지 가격을 끌어올리면, 금융자산 전반이 '자산에서 자산으로' 움직이는 유동성 순환을 경험하게 된다.

그렇게 금융자산가격 상승은 다시 투자심리를 달구고, 이는 또 다른 대출 수요로 이어진다. 실물경제가 정체되어도, 자산시장은 자기 안에서 끊임없이 순환하는 자금으로 계속 커질 수 있다. 하지만 상승의 고리가 강력한 만큼, 하강의 고리 또한 무섭다. 가격이 꺾이기 시작하면 담보가치가 줄어들고, 대출 여력은 축소된다. 유동성이 빠져나간 시장은 추가 하락 압력을 받으며, 은행은 대출 문턱을 높이고 차주는 상환 부담에 소비와 투자를 줄인다. 결국 상승 때와 정반대의 '역순환'이 빠르게 진행된다.

이 과정은 한국에서 특히 더 민감하게 작동한다. 변동금리 비중이 높기 때문에, 금리가 오르면 이자 부담이 바로 불어나고 가계의 상환 능력이 약해진다. 부채 부담이 커진 가계는 소비를 줄이고, 줄어든 수요는 자산가격 하락을 가속한다. 반대로 금리가 낮아질 때는 대출 확대와 자산가격 상승이 동시에 증폭하며 순환 속도가 급격히 빨라진다.

여기에 전세 제도가 하나의 증폭 장치로 작용한다. 전세금이 오르면 세입자는 전세자금대출을 더 떠안게 되고, 집주인은 늘어난 보증금을 담보 삼아 추가 주택담보대출을 받는다. 부동산 한 채가 전세와 대출을 함께 활용해 자금을 이중으로 끌어내는 구조가 만들어지고, 이 자금은 다시 자산 매입과 금융투자를 뒷받침한다. 이른바 '이중 레버리지'다.

정책적으로 보자면, 이런 구조는 단기적으로는 경기 부양 효과를 낼 수 있다. 그러나 장기적으로는 경제가 생산과 고용보다 자산가격과 부채에 과도하게 의존하게 만든다. 가격 상승이 성장의 동력처럼 착각되는 순간, 실물경제는 뒷전으로 밀려나고 금융시장 변동성이 경제 전체를 좌우하게 된다. '금융주도 성장'이라는 불안정한 상태가 굳어지는 것이다.

따라서 과제는 분명하다. 금리정책, 담보 규제, 대출 총량 관리를 상황에 맞게 조합해 이런 순환의 과열을 무디게 해야 한다. 자산가격 상승이 실물경제와 동떨어져 과도하게 진행될 때는 대출 규제를 강화하고, 금융기관의 자산 포트폴리오를 다변화하도록 유도해야 한다. 동시에 가계가 부동산 레버리지에 의존해 부를 쌓는 구조에서 벗어나, 생산과 고용을 통한 소득 확대가 가능하도록 경제 기반을 바꿔야 한다.

그를 위해 산업정책과 고용정책이 금융정책과 유기적으로 결합되어야 한다. 혁신산업·지역산업에 금융이 공급되고, 그 과정에서 새로운 일자리가 만들어져야만 가계의 안정적 소득 기반이 생긴다. 기업의 이익이 금융투자와 주주환원에만 몰리지 않고 임금과 설비 투자로 돌아가도록 유도하는 제도 개혁 역시 필요하다. 더불어 공공주택·임대시장 안정화와 사회안전망이 뒷받침되어야, 가계가 과도한 부채 없이도 삶의 기반을 다질 수 있다.

결국 한국 경제가 지금의 부채 - 자산 순환 구조를 넘어설 수 있는 길은, 금융 팽창 중심에서 실물소득 창출 중심으로 규칙을 다시 짜는 것이다. 그때 비로소 주택담보대출은 자산시장의 자기확장 도구가 아니라, 생산과 고용 성장을 뒷받침하는 균형의 도구로 자리매김할 수 있을 것이다.

주식·채권·펀드 기반의 금융순환은 부동산 중심의 금융순환보다 나은가?

부동산이 출발점이든, 주식·채권·펀드가 출발점이든, 그 구조는 본질적으로 동일하다. '금융자산가격 상승 → 담보가치 상승 → 추가 레버리지 → 다른 자산 투자 → 가격 상승'이라는 메커니즘이 반복되며 자산시장 스스로 팽창하는 것이다. 이를 '금융순환

(financial circulation)'이라 부르는데, 이는 생산이나 고용 등 실물 경제와 직접 연결되지 않은 채 자산 소유권 거래만을 통해 금융이 작동하는 과정을 뜻한다. 반대로 금융이 생산능력 확대와 고용 창출과 연결될 때 우리는 그것을 '산업순환(industrial circulation)'이라고 구분한다.

그렇다면 주식·채권·펀드의 자본시장 기반 금융순환이, 주택담보대출 중심의 부동산 기반 금융순환보다 더 바람직하다고 할 수 있을까? 둘 모두 실물경제와의 연결이 약하다는 점에서 한계가 있다. 그러나 몇 가지 차이는 존재한다.

1. 자본시장 기반 금융순환(주식·채권·펀드)의 장점
- **유연한 자본 배분**: 주식·채권시장은 기업·산업 투자로 자금이 흘러갈 가능성이 상대적으로 높다.
- **유동성과 다변화**: 거래 속도가 빠르고 투자 대상이 다변화되어 있어, 충격 흡수력이 부동산보다 크다.
- **혁신기업 지원**: 벤처·신산업으로 이어질 자금 조달 경로가 존재한다.

2. 부동산 기반 금융순환의 단점
- **고정적이고 비생산적인 자산 비중**: 기존 주택 소유권만 반복적으로 이전되기 때문에 생산성 확충 효과가 미약하다.
- **불평등 심화**: 부동산 가격 상승은 특정 지역·세대·계층에 자산가치를 몰아주는 경향이 강하다.

- **경직된 구조**: 물리적 특성과 높은 거래비용, 규제 때문에 자본 이동의 유연성이 떨어진다.

3. 하지만 유사한 한계도 있다

자본시장이라고 해서 항상 우월한 것은 아니다. 단기 매매 중심으로 투기적 버블이 형성되면, 실물경제에 기여하지 못한 채 가격과 부채만 팽창하는 '자산시장 내부 순환'으로 머물 수 있다. 이 경우 자본시장 기반 금융순환도 부동산 기반 금융순환과 다르지 않다.

정리해보면, 두 구조 모두 금융순환이라는 점에서는 본질적 유사성을 갖는다. 차이는 자금이 실물경제로 전달될 잠재 경로와, 자산가격 상승이 부의 분배에 어떤 영향을 미치는가에서 나타난다. 자본시장이 실제 생산적 투자로 자금을 배분하고 부동산처럼 고정·비생산적 자산에 과도하게 묶이지 않는다면 상대적으로 '더 낫다'고 평가할 수 있다. 그러나 실물경제와의 연결이 없는 금융순환만 존재한다면, 주식이든 부동산이든 결국 성장과 양극화 완화에 기여하지 못한다는 점에서는 똑같은 한계를 공유한다.

5. 경제 전반에 미치는 주택담보대출 확대의 영향

주택담보대출이 늘어나는 것은 개별 가계의 대차대조표만 바꾸는 일이 아니다. 돈의 흐름은 가계에서 시작해 소비와 투자, 금융 시스템 안정성, 나아가 성장과 분배 구조까지 파급된다. 문제는 그 효과가 언제나 같지 않다는 것이다. 어떤 시기에는 성장을 자극하는 버팀목이 되지만, 다른 시기에는 오히려 불안정과 양극화를 심화시키는 원인이 된다. 현재 한국 경제가 처한 상황은 바로 이 양면성이 동시에 드러나는 국면이다.

단기적으로는 경기 부양 효과가 선명하다. 대출이 늘어나면 많은 가계가 더 적극적으로 주택을 구매할 수 있고, 거래가 활발해지면서 건설업뿐 아니라 인테리어, 가구, 가전 등 주변 산업이 함께 활기를 띤다. 신규 공급이 늘어날 때는 건설투자가 GDP 성장률을 일시적으로 끌어올리기도 한다. 또 집값 상승은 '자산효과'를 통해 소비심리를 자극한다. 주택 가격이 오르면 가계의 순자산이 실제로 늘어나는 것은 사실이지만, 동시에 사람들은 아직 실현되지 않은 평가이익까지 자신의 '소비 여력'으로 인식하게 된다. 이는 언제든 현금화할 수는 없는 자산임에도 미래에 더 부유해질 것이라는 기대가 현재의 소비 결정을 바꾸는 것이다. 행동경제학에서는 이를 '지각된 부(perceived wealth)'의 효과라고 설명한다. 예컨대, 집값이 5억 원에서 6억 원으로 오르면, 1억 원의 현금이 생긴 것은 아니지만 사람들은 자신이 가진 부가 늘었다고 느끼며 외식, 여행, 내구재 구입 같은 지출을 더 쉽게 결정한다.

이러한 소비 확대는 실제 소득 증가가 아닌 기대 심리에 의존한다는 점에서 불안정하다. 자산가치가 하락하면 기대심리도 급속히 위축되고, 이전에 늘었던 소비가 크게 줄어들 수 있다. 그래서 자산효과는 경기순환을 증폭시키는 심리적 메커니즘으로 작용한다.

은행 입장에서도 안정적인 수익이 확보된다. 주택담보대출은 담보가 확실하기 때문에 부실 위험이 낮고, 장기적으로 꾸준히 이자를 받을 수 있다. 기업대출보다 안전하고 규제 환경에서도 비교적 허용 폭이 넓으니, 은행이 불황기에도 주택담보대출 규모를 일정 수준 유지하려는 것은 자연스러운 일이다. 금융기관의 순이자마진은 이렇게 확보되고, 한국 은행 업계의 안정성을 떠받치는 틀이 된다.

그러나 이런 흐름이 항상 긍정적인 것만은 아니다. 대출 확대에 기대는 성장은 흔히 '부채 의존형' 성격을 띤다. GDP 성장에 즉각 기여하기도 하지만, 그것이 장기적인 생산성 향상이나 지속적인 고용 창출로 이어지는 경우는 드물다. 건설 경기가 살아날 수는 있지만, 이는 경기순환적이고 일시적인 효과에 그친다. 결국 경제의 구조적 성장 잠재력에 기여하지 못한 채, 전체 시스템을 부채와 자산가격의 흐름에 지나치게 종속시킨다.

자산가격 변동성의 확대도 빚 확장의 그림자다. 대출이 늘면 가격은 상승 압력을 받지만, 반대로 외부 충격이 오면 상황은 급속히 역전된다. 금리 인상, 정책 기조 변화, 글로벌 금융 불안 같은 요인이 결합하면 자산가격은 빠르게 꺾이고, 담보가치가 줄면서 은행은 대출을 조인다. 차주는 상환 부담을 줄이기 위해 소비를 줄이고, 시장은 유동성을 잃으며 가격 하방 압력이 가속된다. 상승의 순환이 곧바로 하향의 순환으로 바뀌는 순간이다.

이 과정은 사회적 격차를 더 심화시키기도 한다. 대출은 원칙적으로 누구에게나 열려 있는 것 같지만, 담보와 소득 요건을 충족할 수 있는 계층이 유리하다. 이미 집을 보유한 사람은 오르는 담보가치를 바탕으로 더 큰 대출을 받아 투자 기회를 넓혀가지만, 집이 없는 사람은 더 큰 빚을 떠안아야만 겨우 주택시장에 진입할 수 있다.

그 결과 자산을 가진 자와 그렇지 않은 자의 격차가 확대되고, 대출 확대를 통한 자산 축적 구조는 불평등을 더욱 고착시킨다.

또한 가계의 소비 여력은 점점 더 줄어든다. 대출이 많아질수록 소득의 상당 부분이 원리금 상환으로 빠져나가고, 금리까지 오르면 부담은 더욱 커진다. 가계 재무의 우선순위가 '빚 갚기'로 이동하면서 소비가 위축되는 것이다. 이는 내수를 약화시키고 장기적으로 경제성장률을 끌어내리는 요인으로 작용한다. 국제기구들이 가계부채가 일정 수준을 넘어서면 성장에 부정적 영향을 미친다고 경고하는 것도 이러한 논리와 맞닿아 있다.

높아진 가계부채는 정책 운용의 선택지를 좁힌다. 금리를 올리면 금융 불안과 가계소비 위축이 동시에 나타나고, 금리를 내리면 부채 확장과 자산가격 과열이 다시 심화된다. 재정정책 역시 마찬가지다. 주택시장 부양책이 곧바로 대출 증가와 가격 상승을 불러올 수 있어, 정책적 대응이 이중적 제약에 걸린다.

결국 주택담보대출 확대의 거시경제적 효과는 양날의 칼이다. 단기적으로는 소비를 자극하고 성장률을 끌어올리며 은행의 수익을 안정시키지만, 장기적으로는 부채 의존형 구조, 자산가격 불안정, 불평등 심화, 정책 제약이라는 부작용을 안긴다. 따라서 정책의 핵심은 단순히 대출 규모를 늘리거나 줄이는 것이 아니라, 대출이 흘러가는 방향을 바꾸는 데 있다. 부채가 기존 자산 거래와 가격 상승만을 부추기는 구조에서 벗어나, 생산적 투자와 고용을 늘리는 쪽으로 연결될 때에만 한국 경제의 지속 가능성이 높아질 것이다.

6. 가계부채 질적 변화와 주택담보대출의 핵심 역할

한국의 가계부채는 양적인 규모만큼이나 질적 변화도 매우 중요하다. 지난 10여 년간 가계부채가 빠르게 늘어난 것뿐 아니라, 부채를 구성하는 방식, 상환 구조, 금리 체계, 담보 형태까지 눈에 띄게 달라졌다. 그리고 이 변화의 중심에는 항상 주택담보대출이 자리하고 있다.

2000년대 초반까지만 해도 가계부채는 비교적 단순했다. 신용대출, 카드론, 일부 주택담보대출이 주를 이루었고 금리도 지금보다 높았다. 그러나 2008년 글로벌 금융위기 이후 저금리 기조가 오래 이어지면서 주택담보대출이 가계부채의 주류로 떠올랐다. 담보가 확실해 금리가 낮고, 장기 분할상환이 가능해 접근성이 커진 덕분이었다. 이에 따라 가계부채 구조는 무담보·고금리 대출에서 담보·저금리 대출 중심으로 바뀌었다.

처음에는 이 변화가 긍정적으로 평가되었다. 실물 담보를 갖춘 장기 대출은 부실 위험이 상대적으로 낮아 금융시스템 안정에 기여했다. 실제로 은행권 연체율도 줄었고, 가계가 부담하는 금리도 낮아졌다. 그런데 시간이 흐르면서 주택담보대출 비중이 지나치게 커지면서 가계부채 전체가 부동산 가격 변동에 크게 종속되는 구조가 굳어졌다.

금리 구조에도 변화가 일어났다. 2010년대 초반까지만 해도 변동금리 대출이 압도적으로 많았지만, 정책적으로 고정금리·분할상환 상품을 늘리려는 노력들이 이어졌다. 주택금융공사의 보금자리론, 디딤돌대출 등이 대표적이다. 하지만 변동금리 비중은 여전히 절반 이상이며, 이는 금리 인상기마다 가계 이자 부담이 단기간에 급격히 커질 위험을 내포한다.

상환 구조도 달라졌다. 과거에는 거치 기간을 두는 대출이 많았으나, 지금은 원리금균등상환이 주류다. 부채를 계획적으로 줄여나가는 데 유리하지만, 초기 상환 부담이 커서 차주 유동성에는 제약 요인이 될 수 있다.

가장 눈에 띄는 질적 변화 중 하나는, 주택담보대출이 단순히 내 집 마련을 위한 실수요에서 투자·임대사업용으로 확대되었다는 점이다. 다주택자들이 투자 목적으로 대출을 활용하거나, 주택담보대출을 받아 부동산 외 금융자산에 재투자하는 경향도 늘었다. 이처럼 담보를 기반으로 한 레버리지가 실물경제 생산성 향상과 관계없이 확대되면서, 부동산과 금융자산가격 변동성에 따른 가계부채 위험도 함께 커지고 있다.

대출 이용자의 연령 구조 변화도 주목할 부분이다. 2017년 이후 2030대의 주택담보대출 신규 취급 비중이 급격히 증가했다. 특히 2019~2021년 사이에는 이들 세대의 대출 증가율이 다른 연령대를 크게 앞질렀고, LTV·DTI 규제 완화와 저금리 환경이 맞물리면서 20~30대 주택담보대출 증가율은 전체 평균의 두 배에 육박했다. 주택담보대출의 증가를 이끄는 것도 2030세대이며, 시중은행 주택담보대출 신규취급액에서 30대가 차지하는 비중이 60%에 육박한다. 이 현상은 '자산가격 추격' 압박과 연결된다. 주택 가격 상승 속도가 소득 증가를 훨씬 앞서면서, 청년층은 '지금 사지 않으면 영영 못 산다'는 강한 불안감에 몰렸다. 특히 수도권 아파트가 몇 억씩 단기간에 오르는 상황에서는, 대출을 극대화해 진입하는 방법밖에 없다는 인식이 퍼졌다.

문제는 2030대가 레버리지 민감도가 가장 높은 집단이라는 점이다. 이들은 첫째, 소득과 자산 기반이 충분치 않아 원리금 상환 부담률(DSR)이 높고, 둘째, 직업 안정성이 낮아 경기 침체나 금리 상승기에 상환 리스크가 크게 증가한다. 셋째, 주택 가격 하락 시 자기자본 비율이 급감하며 역전세나 깡통주택 위험이 높다.

또한 2030대 일부는 주택담보대출을 단순 주거 확보용이 아니라 투자 및 차익 실현용으로도 활용한다. 단기 매매로 시세차익을 노리거나, 대출금을 주식, 가상화폐, P2P 등 다른 고위험 자산에 재투자하는 '이중 레버리지' 형태도 늘었다. 이런 경우 자산가격 조정이 있을 때 부채 상환 능력이 급격히 악화되고, 이 세대의 부채 위험을 더 키운다. 따라서 2030대의 높은 주택담보대출 비중은 한국 가계부채 구조의 새롭고 심각한 취약점으로 평가된다. 기성세대보다 경기와 금리 변동충격에 대한 완충력이 약하고, 자산가격 하락 이후 회복 기간도 길기 때문이다. 주택담보대출이 세대를 넘어 위험을 전이하는 경로가 될 수 있음을 시사한다.

결국 가계부채의 질적 변화는 주택담보대출의 변화와 맞닿아 있다. 담보 중심, 낮은 금리, 장기상환 구조로 바뀌면서 초기에는 안정성을 높였으나, 장기적으로는 부동산 시장 의존, 금리 변동 민감도, 세대 간 위험 격차라는 새로운 문제를 낳았다. 앞으로 정책은 단순히 부채 규모를 제한하는 데 머무르지 않고, 부채의 '질'을 개선하는 데 집중해야 한다. 주택담보대출이 자산가격만 불리는 도구가 아니라, 실물경제의 생산성과 고용에 실질적으로 기여하는 방향으로 구조를 전환하는 것이 중요하다.

7. 국제 비교 속 한국 주택담보대출의 특징

주택담보대출은 전 세계 대부분 국가에서 가계가 주택 구입을 위해 사용하는 주요 수단이다. 하지만 금리 체계, 상환 방식, 대출 만기, 증권화 시장 수준, 그리고 규제와 정책 환경은 나라마다 크게 다르다. 이러한 차이는 단순한 상품의 차원을 넘어 각국 금융 시스템의 구조, 부동산시장 특성, 경제·사회적 제도와 긴밀히 연결된다. 한국의 주택담보대출 구조를 정확히 이해하려면 이런 국제적 맥락에서 상대적 위치를 조망하는 것이 중요하다.

먼저 금리 구조에서 큰 차이가 드러난다. 미국은 30년 만기 고정금리 모기지가 표준이다. 대출자가 처음 계약한 고정금리는 만기까지 바뀌지 않으므로 금리 인상 시 급격한 상환 부담 증가는 피할 수 있다. 은행은 이를 위해 채권시장이나 모기지증권(MBS) 발행을 통한 자금 조달 체계를 갖추고 있다. 독일과 덴마크도 고정금리 비중이 높다. 특히 덴마크는 '커버드본드' 제도를 활용해 주택담보대출을 안정적으로 증권화·유통하는 선진적 구조를 만들어냈다. 커버드본드는 '발행자와 담보 자산에 대한 이중 청구권'을 가진 장기 담보부 채권으로, 금융기관의 안정적 자금 조달과 투자자 안전을 동시에 보장하는 금융상품이다

반면 영국과 호주는 고정금리 기간이 짧고 이후 변동금리로 전환되는 상품이 많다. 초기 몇 년간 금리를 고정해 차주에게 안정성을 제공하되, 금융기관 입장에서는 금리 리스크를 분산하는

절충형 구조다. 일본은 장기 고정금리와 변동금리 상품이 혼재하며, '플랫35'(일본 정부가 지원하는 주택 론 프로그램) 같은 정부 보증 장기 고정금리 상품으로 안정성을 지원한다.

한국은 전통적으로 변동금리 비중이 압도적으로 높다. 금리가 오르면 즉각 가계 상환 부담이 늘어나고, 내리면 줄어드는 구조다. 때문에 한국은행 금리정책이 가계 소비와 투자에 빠르고 강하게 영향을 미친다. 정책적으로 고정금리·분할상환 상품 비중을 늘리려 노력했으나, 여전히 변동금리가 절반 이상을 차지해 매우 높은 수준을 유지한다.

상환 방식에서도 차이가 크다. 미국은 원리금균등상환이 주를 이루며, 중도상환수수료가 거의 없어 금리 하락 시 쉽게 대출을 갈아탈 수 있다. 독일도 일부 만기일시상환이 있으나 장기 분할상환 중심이고, 호주·영국은 원리금균등상환 외에 원금균등상환, 거치기간 부여 등 다양한 방식이 공존한다. 한국은 원리금균등상환 비중이 증가했으나, 거치식을 두는 상품도 일부 남아 초기 상환 부담은 줄이는 대신 만기 부담이 커지는 형태다.

대출 만기는 대출 안정성과 직결된다. 미국의 30년 만기는 세계에서 가장 길고, 유럽 주요국은 15~20년, 일본은 35년까지도 있다. 한국은 과거 10~20년이 일반적이었으나 최근 30년 만기 상품이 늘고 있다. 장기가 늘면 월상환액은 줄어 접근성은 좋아지나 총 이자 비용은 늘어난다.

증권화 시장 발달 정도의 차이도 주목된다. 미국은 모기지대출의 대다수가 MBS로 증권화되어 자본시장에서 활발히 거래된다. 패니메이·프레디맥 같은 정부보증기관들이 이를 뒷받침하며, 금융기관은 대출을 오래 보유하지 않고 유동화해 자금을 재순환한다. 덴마크의 커버드본드, 독일의 '판드브리프(Pfandbrief)'도 유사한 선진 구조다. 반면 한국은 주택금융공사 중심의 정책성 MBS가 대부분이고, 민간 중심 유동화는 제한적이다. 은행들이 대출을 장기간 보유하는 구조여서 자산 회전율이 낮고 경기 충격 시 조정이 어렵다.

규제 체계도 다르다. 미국과 유럽 주요 국가들은 대출 심사 시 차주의 소득과 채무비율을 엄격히 검증한다. 일본은 거시건전성 규제가 느슨한 편이나 장기 저성장과 저금리 덕분에 가계부채 문제가 상대적으로 덜 부각되었다. 한국은 LTV·DSR 규제를 통해 대출 한도를 제한하지만, 경기 상황에 따라 규제가 자주 바뀌면서 시장 참여자들이 규제 완화 시기를 예상해 대출을 앞당기거나 규제 강화 전에 거래를 서두르는 '규제 타이밍 효과'가 나타난다.

이 모든 점을 종합하면, 한국 주택담보대출 구조의 특징이 명확하다. 변동금리 비중이 높아 금리 변동에 민감하며, 고정금리 상품과 증권화 시장이 미성숙하다. 대출 규제가 경기 부양과 억제의 정책 수단으로 자주 활용되고, 전세 제도와 결합된 이중 레버리지 구조가 존재하며, 금융기관 포트폴리오가 가계부채 중심으로 치우쳐 있다.

이러한 한국의 특성은 금융시스템을 부동산 시장과 강하게 연결시켜, 금리와 부동산 가격 변동이 가계부채와 금융기관 건전성에 즉각적 영향을 미친다. 반면 미국과 유럽 일부 국가는 장기 고정금리, 증권화, 엄격한 심사 제도를 통해 부동산 충격이 금융시스템 전반으로 확산되는 속도를 완화하고 있다.

따라서 한국이 금융시스템 안정성을 장기적으로 높이기 위해서는 고정금리 비중 확대, 증권화 시장 발전, 대출 심사 체계 정교화, 전세 제도 개혁과 같은 정책적 노력이 필요하다. 이를 통해 주택담보대출이 부동산 가격 순환에 종속되지 않고, 안정적인 주거금융과 실물경제 투자로 이어지도록 유도하는 것이 핵심 과제다.

8. 주택담보대출과 파생상품의 비교: 위험성과 파급 범위

주택담보대출과 파생상품은 성격이 전혀 다른 금융상품처럼 보이지만, 둘 다 금융위기의 불씨가 될 수 있다는 공통점이 있다. 하나는 부동산이라는 실물자산을 담보로 한 장기대출이고, 다른 하나는 실물자산과 직접 연결되지 않을 수도 있는 계약 형태의 금융상품이다. 그러나 위험이 발생하는 경로와 파급 범위는 크게 다르다.

먼저 위험의 성격부터 살펴보자. 주택담보대출의 위험은 주로 '담보가치 하락'에서 시작된다. 집값이 떨어지면 담보가치가 줄어

LTV(주택담보인정비율) 한도를 넘길 수 있고, 금융기관은 대출 회수 압박을 받는다. 변동금리 비중이 높은 한국에서는 금리 인상도 큰 위험 요인이다. 이자 부담이 커지면 연체와 부실 위험이 높아지고, 이는 금융기관 건전성에 직접 타격을 준다.

반면 파생상품의 위험은 훨씬 더 복잡하다. 옵션, 선물, 스왑 등은 가격, 금리, 환율 등 기초자산의 변동성에 따라 가치가 크게 변한다. 특히 레버리지가 극단적으로 높아질 수 있어, 기초자산가격 변동이 작은 폭이라도 손익 변동이 크게 확대된다. 파생상품 거래는 장외(OTC)에서 비공개로 이루어지는 경우가 많아, 전체 시장 규모나 노출 정도를 실시간으로 파악하기 어렵다.

위험 전이 속도에서도 차이가 있다. 주택담보대출 부실은 비교적 느리게 전개된다. 부동산 가격 하락 → 연체 증가 → 금융기관 자산 건전성 악화 → 대출 축소 → 경기 둔화라는 경로를 거친다. 파급 속도가 느린 대신, 부동산이 실물경제 전반과 깊게 연결되어 있어 장기적이고 광범위한 영향을 미친다.

파생상품은 반대로 위험 전이가 매우 빠르다. 예를 들어 2008년 AIG 사태처럼, CDS(신용부도스왑) 손실이 눈덩이처럼 불어나 단기간에 전 세계 금융시장을 마비시킬 수 있다. 이는 네트워크 효과 때문이다. 파생상품 계약은 금융기관 간에 복잡하게 얽혀 있어, 한 곳의 부실이 다른 곳으로 순식간에 전이된다.

파급 범위를 비교하면, 주택담보대출은 주로 국내 경제를 중심으로 파급된다. 부동산 시장은 국가마다 제도, 세제, 금융 구조가 다르기 때문에, 한국의 주택담보대출 부실이 해외 금융시장에 직접 영향을 미치는 경우는 드물다. 그러나 국내에서는 소비, 투자, 건설, 금융업 등 거의 모든 부문에 영향을 준다.

파생상품은 국경을 넘는 파급 범위가 넓다. 글로벌 대형은행, 헤지펀드, 보험사 등이 서로 연결된 계약망 속에서 거래하기 때문에, 한 국가의 문제가 다른 나라로 빠르게 확산된다. 예를 들어, 원유 가격 변동에 연동된 파생상품이 부실화되면, 이를 보유한 전 세계 기관이 동시에 손실을 입을 수 있다.

예측 가능성에서도 차이가 있다. 주택담보대출 시장은 거래량, 가격, 대출 규모, 연체율 등 비교적 투명한 통계가 존재해 위험을 모니터링하기 쉽다. 파생상품은 장외거래 비중이 높고, 계약 조건이 복잡하며, 공시 의무가 제한적이어서 위험 노출 규모를 정확히 알기 어렵다.

이 두 상품의 정책적 함의는 분명하다. 주택담보대출은 국가경제의 기초자산 시장(부동산)과 직결되므로, 규제 정책과 거시건전성 관리가 필수다. LTV·DSR 같은 제도는 단순히 차주의 건전성만이 아니라, 금융시스템 전반의 안정성을 지키는 장치다. 파생상품은 거래 투명성을 높이고, 중앙청산소(CCP)를 통한 위험 집중·관리 체계를 강화해야 한다.

결국 주택담보대출은 '느리지만 깊게' 경제를 흔드는 위험이고, 파생상품은 '빠르고 넓게' 시장을 충격하는 위험이다. 전자는 주로 국내 실물경제 중심, 후자는 글로벌 금융시스템 중심으로 작동한다. 그러나 두 경우 모두, 금융시스템이 서로 연결된 현실에서는 한쪽의 위기가 다른 쪽으로 전이될 가능성을 항상 염두에 두어야 한다.

9. 위기 신호와 '느린 붕괴' 가능성

한국 금융시스템의 뼈대를 이루는 주택담보대출. 겉으로는 튼튼해 보이지만, 그렇다고 무너질 위험이 전혀 없는 것은 아니다. 오히려 주택담보대출이 차지하는 비중이 커지고 구조적으로 의존도가 높아지면서, 작은 균열 하나가 전체 시스템에 서서히 퍼지는 '느린 붕괴'로 발전할 가능성이 있다. 이 붕괴는 폭발적이지 않고, 서서히 진행되지만 한 번 시작되면 되돌리기 어려운 하강 곡선을 그린다.

그 위험 신호는 여러 곳에서 나타난다. 가장 먼저 주목할 곳은 연체율의 변화다. 그동안 한국 은행들의 주택담보대출 연체율은 낮은 편이었지만, 금리가 오르는 시기에는 민감하게 반응한다. 금리가 단 1%포인트 올라도 변동금리 대출자들의 월 상환액이 크게 늘어난다. 소득이 크게 늘지 않은 상태라면 이자가 늘어난 만큼 소비할 여유가 줄고, 결국 상환이 지연될 가능성이 높아지는 것이다.

또 하나의 신호는 주택 거래량 감소다. 거래가 뚝 끊어지면 은행은 담보 평가를 더 보수적으로 하고 대출 심사도 까다롭게 변한다. 이런 흐름이 지속되면 신규 대출이 줄어들고, 부동산 시장에 가격 하락 압력이 더욱 커진다. 심지어 가격이 크게 떨어지지 않아도 거래절벽이 계속되면 시장은 얼어붙고, 은행의 대출자산 순환 속도가 느려진다.

은행의 대출 포트폴리오가 주택담보대출에 지나치게 의존하는 상황에서, 만약 은행들이 기업대출 같은 다른 수익원 확대를 시도한다면 이는 은행 내 주택담보대출 부문에 이상 징후가 있다는 신호일 수 있다.

이런 신호들이 있다고 해서 위기가 갑자기 폭발하는 것은 아니다. 한국 주택담보대출은 담보가 확실하고 대출 대부분이 장기 분할상환 구조라 부실이 한꺼번에 터지기보다는 점진적으로 누적되는 경향이 강하다. 이 점이 '느린 붕괴'의 함정이다.

느린 붕괴는 이렇게 진행된다. 금리는 올라가고, 소득은 제자리걸음인 가운데 주택 가격 조정이 맞물리면서 가계의 상환 부담은 점차 커진다. 일부 차주는 상환을 미루고, 은행은 대출 회수를 강화하지만, 아직 담보 가격이 급락하지 않아 기존 주택을 처분하는 데는 소극적이다. 결국 부실이 서서히 쌓이면서 금융기관 대차대조표가 점점 악화된다.

동시에 가계는 부채 상환 때문에 소비를 줄이기 시작한다. 내수가 점점 침체되고, 이는 다시 가계 소득 기반을 악화시킨다. 주택담보대출 부실화가 소비·고용·투자를 서서히 갉아먹으면서,

경제 전체가 '저성장 – 부채 부담'이라는 고착 상태에 빠진다.

이 과정에서는 정책 대응도 쉽지 않다. 금리를 내리면 가계 부담을 줄이지만, 동시에 부동산 가격을 자극해서 부채 누적을 더 가속화한다. 반대로 금리를 유지하거나 올리면 상환 압박이 강해져 경제활력이 위축된다. 재정지출로 경기를 띄우려 해도, 부채에 시달리는 가계는 소비보다 저축이나 부채 상환에 집중하기 쉽다.

느린 붕괴의 특성 중 하나는, 금융위기의 징후가 체감되는 시점과 실제 구조적 문제가 심화되는 시점이 크게 어긋난다는 것이다. 연체율은 낮고, 주택 가격도 크게 폭락하지 않지만, 가계 가처분소득에서 원리금 상환이 차지하는 비중은 높아져 소비는 줄고 경제 활력은 약해진다. 시간이 지날수록 작은 충격에도 경제가 흔들리기 쉬워진다.

과거 사례를 보면 미국 2008년 서브프라임 모기지 위기는 급격한 폭발이었다면, 일본의 1990년대 부동산 버블 붕괴는 10년 이상에 걸친 느린 붕괴였다. 일본은 장기간 주택·토지 가격 하락 → 담보가치 감소 → 대출 축소 → 경기 침체 → 가격 추가 하락의 악순환에 빠졌다. 한국 역시 갑작스러운 폭락보다는 이런 '슬로모션' 붕괴 가능성이 크다.

따라서 한국 주택담보대출 중심의 금융시스템에서 느린 붕괴를 막으려면, 무엇보다 위기의 신호를 조기에 알아채고, 총량 관리와 구조적 개혁을 함께 추진하는 데 집중해야 한다. 총량 관리는 가계부채 증가 속도를 통제해 단기적 과열과 급격한 부동산

가격 변동 위험을 줄이는 역할을 한다. 이는 대출 한도 조절, LTV·DTI·DSR 규제 강화와 같은 양적 통제를 중심으로 한다. 반면 구조적 개혁은 가계부채의 질적 문제, 대출 구조 개선, 고정금리 확대, 상환 방식 다양화, 금융기관 리스크 관리 강화, 실물경제로의 금융 연결성 제고 등을 포함해 중장기적 지속 가능성을 목표로 한다. 두 가지가 서로 보완되어야 금융시스템 안정과 경제성장의 균형을 이룰 수 있다.

느린 붕괴는 시간문제이자 방향 문제이기도 하므로, 지금부터 준비하지 않으면 회복에 오랜 시간이 걸릴 수밖에 없다.

10. 주택담보대출 규제(LTV·DSR 등)의 효과와 한계

한국의 주택담보대출 시장은 여러 종류의 규제로 꽉 짜여 있다. 대표적인 게 LTV, DTI, DSR 같은 거시건전성 규제다. 이들은 가계가 자신의 소득이나 집값보다 지나치게 큰 빚을 지지 못하도록 막고, 은행 같은 금융기관이 불필요한 위험을 떠안지 않도록 만든다. 쉽게 말해, 빚을 줄이고 경제가 흔들리지 않도록 '안전띠'를 단단하게 하는 역할이다.

먼저 LTV를 들자면, 주택 가격 대비 빌릴 수 있는 최대 대출액의 비율을 뜻한다. 예를 들어, 집값이 5억 원이고 LTV가 60%라면 최대 3억 원까지 빌릴 수 있다는 의미다. DTI는 소득 대비 대출 원리금 상환액 비율, DSR은 모든 부채 상환액 비율을 계산하는 더 넓은 기준이다.

이런 규제가 왜 중요한지 긍정적인 면부터 이야기해보자. 규제가 없었다면 집값이 빠르게 오를 때, 대출도 통제 없이 폭증해 '빚내서 집 사기' 투기가 극성을 부렸을 것이다. LTV와 DSR은 바로 이런 상황에서 브레이크 역할을 하며, 2021~2022년처럼 집값이 급등할 때 가계부채 증가세를 어느 정도 억제했다. 또, 담보와 소득을 기준으로 대출을 틀어막으니 은행들도 좀 더 안정적으로 대출을 관리할 수 있었다. 미국 서브프라임 모기지 사태 당시처럼 무분별한 고위험 대출을 막은 셈이다. 규제는 또 부동산 시장이 지나치게 과열되면 엄격해지고, 침체되면 완화하는 식으로 조절되어 경제를 다소 안정시키는 역할도 한다.

그런데 문제도 적지 않다. 규제가 강해지면 대출이 은행에서 제2금융권과 비은행권으로 옮겨가는 '풍선효과'가 나타난다. 이쪽은 이자도 높고 대출 조건도 느슨한 경우가 많아, 실질적으론 가계 부담을 더 키울 수도 있다. 또, 규제를 피해 '가족 명의 분산 대출'이나 '사업자 대출' 전환 같은 꼼수도 늘어, 규제 효과가 줄어드는 부작용이 있다. 특히 복잡해진 규제를 피하려다 금융상품 설계가 더 난해해지기도 한다.

더 큰 한계는 규제가 주택담보대출 총액 증가는 늦추지만, 집값을 안정시키는 데는 확실하지 않다는 사실이다. 저금리 시대에 풍부한 돈이 시장에 넘치면 규제가 강해도 집값 상승세를 막을 수 없는 경우가 많다. 또, 규제는 소득과 담보 기준에 따라 일괄 적용되다 보니, 실수요자인 청년층이나 신혼부부가 제대로 혜택을 받기 어려워 내 집 마련 문턱이 높아지는 문제를 낳는다.

국제적으로 보면 미국이나 유럽의 선진국들은 대출 심사를 더 유연하고 정교하게 해 신용과 상환 능력을 중심으로 관리하는 반면, 한국은 소득과 담보 비율에 더 엄격한 규제를 직접 적용하는 특징이 있다.

결국 이런 규제들은 당장의 과열과 위험을 막는 데 효과적이나, 시간이 지나면서 시장 참여자들의 적응과 회피로 그 힘이 줄고, 근본적으로는 부채에 대한 의존적 경제 구조를 바꾸지 못한다. 규제는 일종의 '속도 조절 장치'에 가깝다.

그래서 첫째, 집을 사는 진짜 수요와 투자 목적인 수요를 명확히 구분해 차별화된 규제를 내놓고, 둘째, 비은행권까지 같은 기준으로 묶어 풍선효과를 막으며, 셋째, 장기적으론 가계 소득 기반 강화를 통해 대출 의존도를 낮춰야 한다. 규제는 반드시 필요하지만 그 자체가 목표가 될 수 없다. 규제는 자동차의 '브레이크'와 같고, 경제 구조 개혁이 '엔진'이라는 점을 기억해야 한다.

11. 주택담보대출 중심 금융시스템의 향후 과제

한국 금융시스템에서 주택담보대출은 거의 '주연 배우'다. 가계부채의 구조부터 금융기관 수익의 근간, 시장 변동성, 심지어 통화정책 효과까지 주택담보대출을 빼고 설명하기 어렵다. 하지만 이 구조가 앞으로도 무한히 안정적일 것이라고 믿기는 어렵다. 금리나 집값, 가계 소득, 인구 구조가 변하면, 주택담보대출 중심 시스템은 강점보다 취약점을 먼저 드러낼 수 있다.

앞에서 본 것처럼, 주택담보대출은 자산가격을 자기확장적 순환 구조로 키운다. 이 순환은 경제가 좋을 때는 활력을 주지만, 나빠질 때는 부채 부담과 가격 조정이 '느린 붕괴'로 경제를 압박하는 위험을 따른다. LTV, DSR처럼 총량을 조절하는 규제는 부채 증가 속도를 늦출 수 있지만, 구조를 근본적으로 바꾸지는 못한다.

결국 큰 과제는 이 구조를 어떻게 '위험은 줄이고, 생산적 역할은 강화하는 방향'으로 전환하느냐다. 단기적으로는 고정금리와 분할상환 대출을 늘려 금리 변동 리스크를 낮추고, 대출 심사에는 소득 근거를 더 엄격히 반영해야 한다. 특히 청년, 신혼부부 등 실수요자와 투기 목적 대출을 세밀히 구분해 맞춤형 규제를 적용하는 정밀한 정책이 필요하다.

중기 과제는 금융기관 수익 구조의 다변화다. 은행들이 안정적으로 이자 수익만 좇는 게 아니라, 혁신기업 자금, 지역산업, ESG 투자 등 다양한 분야로 자금을 공급하도록 유도해야 한다. 이를 위해 정책금융기관과 협력하고, 세제·규제 인센티브를 잘 설계하는 일이 필요하다.

장기적으로 주택담보대출이 실물경제의 '사이드'가 아니라

'파트너'가 되도록 제도적 전환이 이뤄져야 한다. 대출이 단순히 부동산 매입에 국한되지 않고, 생산성 향상과 일자리 창출 같은 경제 투자와 연결되게 하는 것이다. 예컨대 일부 대출을 녹색건축, 에너지 효율 개선, 지역 재생 사업 등 사회경제적 부가가치를 내는 분야에 연계하는 방법도 가능하다.

아울러 부동산 시장의 안정 없이는 금융시장 자체도 안정될 수 없다. 주택 공급의 질과 양, 토지 이용 정책, 임대차 제도의 합리적 운영은 금융정책과 긴밀히 맞물려야 한다. 두 정책의 유기적 협력이 주택담보대출 중심 구조가 만든 부채와 자산가격 순환을 효과적으로 통제하는 열쇠다.

요컨대, 주택담보대출은 한국 경제에 필수적 금융 도구이면서 동시에 금융시스템을 취약하게 하는 양날의 칼이다. 지금이 바로 이 구조를 재설계할 '골든타임'일지 모른다. 부채 총량을 줄이는 데만 집중할 게 아니라 부채의 흐름과 경제 활동 촉진 방향에 초점을 두는 전환이 필요하다. 그래야만 금융시스템은 3% 성장과 양극화 완화라는 목표를 향해 꾸준히 나아갈 수 있다.

4장

청년·무자산 계층을 위한 포용금융

1. 왜 청년·무자산 계층인가

포용금융은 오랫동안 저소득층, 고령자, 농어촌 주민과 같은 전통적인 금융 취약계층을 주요 대상으로 정의되어 왔다. 은행 계좌를 개설해 주거나 소액 대출을 지원하는 정책이 대표적인 수단이었다. 그러나 2010년대 이후 한국 사회에서는 예상치 못한 새로운 금융 취약계층이 등장했는데, 바로 청년·무자산 계층이다. 과거 부모 세대는 사회에 진입한 이후 안정적인 직장을 얻고 일정한 소득을 축적한 뒤 금융시장을 통해 저축과 투자를 늘려가며 미래를 준비할 수 있었다. 금융은 그들에게 사회적 상승을 가능케 하는 사다리였다. 하지만 오늘날 청년은 사회 진입 순간부터 빚의 부담과 불평등 구조를 마주하며, 금융을 더 이상 기회의 창구가 아닌 좌절의 장치로 경험한다.

청년이 금융에서 배제되는 가장 큰 이유 가운데 하나는 자산 가격의 급등이다. 특히 주택 가격은 지난 10여 년 동안 청년이 감당하기 어려울 만큼 빠르게 상승했다. KB국민은행 자료에 따르면 서울 아파트의 중위가격은 2013년 약 3억 원에서 2021년 10억 원을 넘어섰다. 같은 기간 청년 가구의 소득 증가율은 연평균 3～4%에 그쳤다. 이는 단순한 숫자의 차이가 아니라 청년이 금융을 통해 미래를 설계할 기회 자체를 잃어버린 현실을 보여준다. 부모 세대가 비교적 낮은 가격에 집을 마련해 자산가치 상승의 혜택을 누린 반면, 청년은 출발선부터 자산가격 상승에 가로막혀 금융 참여의 기회를 차단당하고 있다. 그 결과 금융은 더 이상 희망의 사다리가 아니라, 오히려 도달할 수 없는 상층부를 확인시켜주는 장치로 변모했다.

담보 중심의 금융 구조 역시 청년 금융 배제의 중요한 원인이다. 한국 금융시스템은 여전히 부동산담보대출에 과도하게 의존하고 있으며, 은행은 담보가 있는 고객에게만 적극적으로 대출을 내준다. 무자산 청년은 제도권 금융의 문턱에서 밀려나고, 설령 신용대출을 받더라도 불안정한 고용과 낮은 소득 구조 때문에 한도는 적고 금리는 높다. 이로 인해 금융은 청년에게 자산 축적의 수단이 아니라 빚의 덫으로 다가온다. OECD 역시 2020년 보고서에서 자산 보유자에게 유리하게 설계된 금융 구조가 청년 세대와 무자산 계층을 제도적으로 소외시키고 있다고 지적하며, 이를 완화하기 위해 매칭 저축 프로그램이나 청년 전용 자산 형성 제도를 마련해야 한다고 권고한 바 있다.

세대 간 격차와 불평등의 재생산은 청년 금융소외를 더욱 강화한다. 한국은행과 통계청 자료에 따르면 금융자산의 절반 이상이 상위 10% 가계에 집중되어 있으며, 20~30대 청년층은 부모 세대에 비해 압도적으로 적은 자산만을 보유하고 있다. OECD의 《Does Inequality Matter?》(2021) 보고서는 이러한 현상을 '위대한 개츠비 곡선(Great Gatsby Curve)'으로 설명한다. 이 곡선은 소득 불평등이 큰 사회일수록 세대 간 이동성이 낮고, 부모 세대의 자산 유무가 자녀 세대의 기회를 결정한다는 사실을 보여준다. 한국은 이 곡선이 극명하게 드러나는 대표적 사례로, 부모 자산이 자녀 금융 기회의 출발선을 규정하는 사회가 되었다.

이러한 상황 속에서 청년은 금융 제도에 대한 신뢰를 잃어가고 있다. 과거 부모 세대에게 금융이 계층 상승을 가능케 하는 제도였다면, 오늘날 청년에게 금융은 기득권을 강화하는 장벽으로 인식된다. 청년은 금융을 단순한 경제적 도구로 보지 않고, 사회적 불평등을 재생산하는 체계로 받아들이며 점점 더 냉소적으로 변해간다. 결국 청년과 무자산 계층의 포용 문제는 개인의 선택이나 노력으로 해결될 수 있는 문제가 아니라, 한국 사회의 구조적 불평등이 금융 영역에서 집약적으로 드러난 결과라 할 수 있다.

위대한 개츠비 곡선(Great Gatsby Curve)

- '위대한 개츠비 곡선'이라는 개념은 경제학자 앨런 크루거가 2012년에 제시한 것으로, 소득 불평등과 세대 간 이동성 사이의 관계를 설명한다. 이 곡선은 소득 불평등이 더 큰 사회일수록 자녀들이 부모보다 더 나은 경제적 성과를 이루기 어려워지며, 따라서 세대 간 경제적 격차가 지속된다는 관찰에 기반한다.
- 이러한 현상이 '위대한 개츠비 곡선'이라 불리는 이유는 F. 스콧 피츠제럴드의 소설 《위대한 개츠비》에서 유래한다. 소설 속 인물들이 경제적 계층을 초월하려 애쓰지만 결국 성공하지 못하는 이야기를 반영한다. 개츠비가 태어난 계층을 벗어날 수 없었던 것처럼, 소득 불평등이 큰 사회에서는 자녀들이 부모보다 더 나은 경제적 결과를 이루는 것이 더 어렵다는 사실을 비유한다. 앨런 크루거가 '위대한 개츠비 곡선'이라는 표현을 처음 사용한 사람은 아니지만, 2012년 미국진보센터(Center for American Progress)에서 행한 〈소득 불평등의 심화와 결과(The Rise and Consequences of Inequality)〉라는 제목의 연설을 통해 이 개념을 널리 알렸다.
- '위대한 개츠비 곡선'은 소득 불평등이 큰 사회에서는 일반적으로 사회적 이동성이 낮다는 것을 보여준다. 즉, 가난한 가정에서 태어난 사람들이 경제적으로 상승하는 것이 더 어려워진다는 의미이다. 이 곡선은 교육, 의료, 자본 접근 등과 같은 구조적 요인들이 소득 불평등에 의해 영향을 받으며, 이러한 요인들이 다음 세대가 경험할 수 있는 기회에 영향을 미친다는 사실을 포착한다.

2. 국제적 흐름과 청년 포용금융의 시사점

청년 포용금융은 한국 사회만의 문제가 아니다. 세계은행, OECD, IMF 등 주요 국제기구는 최근 보고서에서 청년 세대를 포용금융의 새로운 핵심 대상으로 명확히 지목하고 있다. 과거 포용금융이 은행 계좌가 없는 빈곤층이나 농촌 지역의 고령층을 중심으로 논의되었다면, 오늘날에는 청년층이 금융 취약계층으로 부상하고 있다는 공통된 인식이 자리 잡았다.

특히 국제사회는 포용금융의 개념을 단순히 금융 접근성을 넓히는 수준에서 벗어나, 청년이 금융을 실질적으로 이용하고 장기적으로 자산을 축적할 수 있는 방향으로 전환하고 있다. 모바일 앱과 디지털 플랫폼을 통해 청년들이 손쉽게 금융 서비스에 접근한다고 하더라도, 그것이 장기 저축이나 안정적 신용 형성으로 이어지지 않는다면 포용금융의 효과는 제한적이라는 것이다.

국제사회가 강조하는 첫 번째 과제는 디지털 포용금융을 실질적 참여로 연결하는 일이다. OECD 조사에 따르면 청년층의 모바일 금융 이용률은 다른 연령층을 크게 웃돌지만, 이 같은 접근성은 장기적인 자산 형성으로 이어지지 못하고 있다. 세계은행은 청년이 송금이나 결제에는 적극적으로 참여하면서도 연금, 보험, 장기저축에는 거의 참여하지 못한다고 지적하며, 디지털 접근만으로는 포용금융이 실현되지 않는다는 점을 강조한다.

두 번째 과제는 금융리터러시(금융 이해력) 강화이다. OECD의

PISA(국제학업성취도평가) 금융리터러시 평가에서도 확인되듯, 청소년과 청년층은 금융상품에 가장 적극적으로 접근하면서도 동시에 가장 취약한 집단이다. 실제로 미국 청년들의 밈 주식(Meme Stock, 소셜 미디어나 온라인 커뮤니티에서 개인 투자자들의 입소문을 통해 인기를 얻고, 기업 실적과 무관하게 주가가 급등하는 현상을 보이는 주식) 열풍, 일본 청년들의 FX 집중 투자(저금리 엔화로 자금을 빌려 고금리 통화에 투자해 이익을 얻는 방식의 투자), 한국 청년들의 코인 '빚투' 현상은 공통적으로 금융 교육의 부재와 위험 인식 부족과 연결된다. 이에 대응하여 미국은 '국가 금융 교육 기준'을 마련해 주와 지방자치단체 차원에서 체계적인 금융 교육을 제공하고 있으며, 영국은 초·중등학교 교육과정에 금융 지식을 필수 과목으로 포함시켰다. 일본 또한 금융청이 대학과 연계하여 청년 대상 투자 및 신용 교육 프로그램을 운영하고 있다.

세 번째 과제는 청년의 신용이력 구축을 지원하는 것이다. 미국은 학자금 상환 내역이나 공공요금 납부 기록을 신용평가에 반영하여 청년이 사회 진입 단계에서 신용을 쌓을 수 있도록 하고 있으며, 유럽연합은 '유럽투자기금(European Investment Fund)'을 통해 금융기관들과 협력하여 청년과 청년 기업가들을 대상으로 금융 지원과 대출 보증을 제공한다. 일본은 지역 금융기관과 협력해 청년 창업 자금을 지원하면서 동시에 금융 거래 기록이 남도록 하여 제도권 신용을 축적할 수 있도록 돕는다. 이와 같은 정책은 단순한 자금 지원에 그치지 않고, 청년이 제도권 금융의 첫 계단을 밟을 수 있는 토대를 제공한다는 점에서 중요한 의미를 갖는다.

마지막으로 국제사회는 포용금융을 고립된 금융정책 차원이 아니라 주거, 고용, 교육과 결합된 종합 전략으로 접근해야 한다고 강조한다. 독일은 공공임대주택과 청년 주거 보조금 정책을 금융 지원과 연계하고 있으며, 북유럽 국가들은 학자금 무이자 대출과 창업 보조금을 복지 제도와 함께 운영해 청년의 경제적 자립을 촉진하고 있다. 이러한 접근은 안정적 기반이 마련되어야 청년이 금융에 참여할 수 있다는 인식을 반영한다.

국제적 경험은 한국에 중요한 시사점을 제공한다. 한국이 청년 포용금융을 강화하기 위해서는 무엇보다 금융 교육을 단기 투자 기술이 아니라 장기적 자산 축적과 위험 관리 중심으로 재편해야 한다. 또한 학자금, 임대료, 공공요금 납부 기록을 신용 평가에 반영하여 첫 대출의 문턱을 낮추고, 청년 전용 보증기금이나 창업 지원, 공공임대주택 정책을 금융과 연계하는 방식으로 청년이 안정적인 기반에서 금융에 참여할 수 있도록 해야 한다. 결국 청년 포용금융은 단순한 금융상품의 문제가 아니라 사회통합, 세대 간 형평, 성장 잠재력 보존을 위해 반드시 해결해야 할 종합적 과제다.

3. 청년 탈금융화와 금융소외 현상

오늘날 청년 세대를 설명할 때 빠지지 않는 개념이 바로 탈금융화이다. 그러나 이는 단순히 청년이 금융을 덜 사용한다는 의미가 아니다. 탈금융화란 청년들이 제도권 금융을 장기적인 자산 축적의 경로로 신뢰하지 못하고, 그것을 불평등을 고착시키는 구조로 여기거나 단기 투기의 수단으로만 접근하는 현상을 뜻한다. 다시 말해 금융은 더 이상 미래를 열어주는 사다리가 아니라 이미 닫힌 문으로 체감되고 있다.

탈금융화가 심리적 거리두기라면, 금융소외는 제도적 장벽에 의한 실제 배제를 의미한다. 한국 청년은 은행 계좌도 있고 모바일 앱도 자유롭게 사용하지만, 주택 구입이나 퇴직연금, 장기저축과 같은 중요한 자산 축적 경로에는 들어가지 못한다. 겉으로는 금융 참여자처럼 보이지만, 실제로는 금융 밖에 서 있는 집단이라는 모순된 현실이 바로 한국 청년의 상황이다.

한국 청년이 탈금융화를 강하게 체감하는 이유는 사회 진입 과정에서 반복적으로 불가능을 확인하기 때문이다. 주거비 부담은 청년 가계의 저축 여력을 갉아먹고, 자산 축적 속도는 기성세대에 비해 현저히 낮으며, 담보가 없다는 이유만으로 대출 기회에서 밀려난다. 이러한 경험은 청년이 금융에 접근할 때마다 기회가 차단된다는 사실을 확인하게 만들고, 그 결과 금융을 신뢰하지 않고 회피하는 태도로 이어진다.

청년 금융소외는 네 가지 구체적 양상으로 나타난다. 첫째, 은행 대출의 절반 이상이 주택담보대출에 집중되는 현실 속에서 담보가 없는 청년은 출발선에서부터 배제된다. 둘째, 퇴직연금이나 장기저축상품은 중장년층을 기준으로 설계되어 있어 불안정한 소득과 고용 상태에 놓인 청년에게는 진입이 어렵다. 셋째, 정상적인 축적 경로가 닫히자 청년은 코인 투자, 빚투, 레버리지 주식 투자와 같은 단기·고위험 금융에 몰린다. 넷째, 금융은 기회의 사다리가 아니라 기득권의 장벽이라는 인식이 확산되며 제도 전체에 대한 깊은 불신으로 이어진다.

이러한 양상은 해외에서도 발견되지만 한국의 상황은 특히 심각하다. 미국 청년은 학자금 부채로 인해 신용 점수가 낮아지고, 일부는 밈 주식 거래와 같은 단기적 투자로 몰린다. 일본 청년은 장기불황 속에서 FX 거래에 집중하였고, 유럽 청년은 높은 실업률 때문에 금융에 접근조차 하지 못한 채 가족 의존에 묶여 있다. 그러나 한국은 이 모든 요인에 더해 부동산 담보 중심 금융 구조와 초고속 자산가격 상승이라는 이중 제약이 겹쳐, 청년 금융소외의 강도가 국제적으로도 가장 높다고 할 수 있다.

탈금융화는 단순한 경제 현상에 그치지 않고 청년 세대의 정체성과 미래 인식까지 흔드는 심리적 결과를 남긴다. 금융은 더 이상 희망의 경로가 아니라 좌절을 확인하는 장치가 되었고, 금융상품 광고조차 "나와는 무관한 이야기"라는 냉소 속에서 받아들여진다. 일부 청년은 금융을 통한 사회 이동의 가능성을 완전히 포기하고 정치적 급진화나 사회적 무관심으로 이동한다. 결국 청년 금융소외는 한국 사회의 장기적 안정성과 성장 잠재력을 위협하는 구조적 문제로 자리 잡고 있다.

4. 금융소외의 구조적 원인 분석

청년이 금융에서 배제되는 현상은 개인의 무지나 무책임에서 비롯된 것이 아니라, 금융제도의 구조적 특성과 시장의 수익 논리가 결합하여 형성된 결과이다. 한국의 금융소외는 네 가지 주요 원인에 의해 강화된다.

첫째, 금융시스템의 뿌리 깊은 담보 편향이 문제다. 은행은 주택이나 부동산과 같은 담보를 확보한 거래를 가장 안전한 금융거래로 간주하며 대출을 집중시킨다. 실제로 가계부채의 절반 이상이 주택담보대출과 전세자금대출로 구성되어 있으며, 이는 담보가 없는 청년을 제도권 금융의 출발선에서부터 배제한다. 설령 신용대출이 가능하더라도 청년은 불안정한 고용과 낮은 소득으로 인해 높은 금리와 낮은 한도라는 불리한 조건을 감수해야 한다. 결국 금융의 출발선 자체가 막혀 있다는 점에서, 청년은 처음부터 제도권 금융에 참여하기 어려운 구조 속에 놓인다.

둘째, 부채 포화와 거시건전성 규제가 청년 금융소외를 심화시킨다. 한국의 가계부채는 GDP 대비 100%에 달해 OECD 평균을 크게 웃돌고 있으며, 은행은 이러한 상황에서 규제와 자본비용을 고려해 대출 포트폴리오를 더욱 보수적으로 운영한다. 이 과정에서 평균소득이 낮고 소득 변동성이 큰 청년은 심사 단계에서 더 낮은 한도와 더 높은 가산금리를 적용받게 된다. 특히 총량 규제나 DSR(총부채원리금상환비율)과 같은 건전성 규제는 본래 금융 안정성을 위한 장치이지만, 실제로는 첫 신용을 쌓으려는 청년들에게 가장 높은 장벽으로 작동한다.

셋째, 금융산업의 수익 구조 또한 청년에게 불리하게 작동한다. 국내 금융기관은 여전히 자산 규모가 크고 교차판매가 가능한 고객에게 서비스를 집중하며, 단기적으로 수익성이 낮고 리스크가 크다고 여겨지는 청년 고객은 우선순위에서 밀린다. 이는 상품 개발과 상담 자원의 배분에도 영향을 주어 청년 친화적 장기 저축 상품이나 맞춤형 금융 컨설팅이 부족한 현실로 이어진다. 청년은 금융기관의 전략적 선택에서 지속적으로 소외되는 것이다.

넷째, 금융리터러시의 취약성이 청년 금융소외를 심화시키는 또 다른 요인이다. OECD 조사에 따르면 한국 청소년과 청년층의 금융 이해도는 국제 평균보다 낮으며, 이는 장기 투자 원칙이나 위험 관리, 현금 흐름 계획을 충분히 이해하지 못한 채 금융시장에 진입하게 됨을 의미한다. 이러한 취약성은 디지털 플랫폼을 통한 빠른 거래 경험과 결합하여 청년을 단기·고위험 투자에 더욱 쉽게 끌어들이며, 실패 경험은 곧 금융제도 전체에 대한 불신으로 확대된다.

이 네 가지 요인은 독립적으로 작동하지 않고 상호작용을 통해 악순환을 형성한다. 예를 들어 전세에서 월세로의 전환과 주거비 상승은 청년의 현금 흐름을 압박하여 저축 여력을 줄이고, 이는 신용 점수 하락으로 이어지며 다시 대출 심사에서 불리한 조건으로 반영된다. 금융기관은 규제와 자본 효율성을 고려해 담보대출을 더욱 선호하게 되고, 청년은 점점 더 배제된다. 이렇게 담보 편향, 부채 포화, 수익 구조, 금융리터러시 취약성이 맞물려 구조-행태-성과가 연속적으로 이어지는 악순환을 만들어낸다.

따라서 청년 금융소외 문제는 구조적 성격을 띠기 때문에 해결책 역시 구조 개편을 수반해야 한다. 담보 편향을 완화하기 위해서는 임대료, 공공요금, 학자금 상환과 같은 사회적 신용 기록을 반영하고, 현금 흐름 기반 심사와 공적 보증 장치를 통해 첫 대출의 문턱을 낮출 필요가 있다. 거시건전성 규제는 유지하되 청년과 무자산층의 첫 신용에 한정해 보증·한도·금리를 조정하는 방식으로 형평성을 확보해야 한다. 또한 금융기관이 청년 고객을 장기적인 관점에서 바라볼 수 있도록 정책금융과 손실분담 장치를 결합하고 성과 연계 인센티브를 마련해야 한다. 마지막으로 금융리터러시 교육을 단기 투자 기술 중심에서 장기적 자산 포트폴리오 구성과 위험 관리 중심으로 전환하고, 교육-상품-행동데이터가 연계되는 생태계를 구축해야 한다.

결국 한국 청년의 금융소외는 담보 편향, 부채 포화, 금융산업의 수익 구조, 낮은 금융리터러시라는 네 가지 축이 서로 맞물려 만들어낸 구조적 현상이다. 따라서 해법 또한 단순한 상품 도입이나 일회성 지원이 아니라, 심사체계·자본 유인·정책 보증·금융 교육이 종합적으로 작동하는 구조 개편이어야 한다. 그래야만 금융은 다시 청년에게 기회의 사다리로 기능할 수 있다.

5. 국제 비교 속 청년 금융소외

청년 금융소외는 한국만의 문제가 아니다. 미국, 일본, 유럽 등 주요 국가에서도 청년층은 제도권 금융에 진입하지 못하거나 불리한 조건 속에서 배제되고 있다. 그러나 각국의 구체적 양상은 제도와 경제 구조에 따라 다르게 나타난다. 이러한 차이를 살펴보면 청년 금융소외가 전 세계적으로 보편적인 현상이면서 동시에 한국에서 특히 심각하게 드러난다는 점을 확인할 수 있다.

　미국의 경우, 청년 금융소외의 핵심 요인은 학자금대출이다. 연방준비제도의 자료에 따르면 청년층의 상당수가 학자금 부채를 보유하고 있으며, 이 부채는 신용 점수를 악화시켜 주택 구입이나 장기 저축으로 이어지는 정상적 자산 축적 경로를 차단한다. 결국 미국 청년은 '자산 축적의 길'이 아니라 '부채 상환의 길'에 묶이게 된다. 이러한 제약 속에서 일부 청년은 Robinhood와 같은 디지털 플랫폼을 통해 밈 주식 거래에 몰리는데, 이는 본래 장기적 자산 축적과 무관하며, 단기적이고 투기적인 금융 참여로 이어진다. 미국의 청년 금융소외는 부채 부담이 투기적 금융으로 대체되는 전형적인 패턴을 보여준다.

일본의 경우에는 장기불황이 청년 금융소외의 중요한 배경이 되었다. 1990년대 버블 붕괴 이후 안정적 고용과 자산 축적 경로가 무너진 상황에서 청년층은 단기적 수익을 노리는 고위험 금융 상품으로 몰렸다. 특히 FX(외환증거금거래)는 높은 레버리지를 활용할 수 있는 대표적 투자 수단으로, 전체 개인 투자자 중 상당 비율을 청년층이 차지한다. 이는 제도권 금융, 즉 연금이나 장기저축에서 배제된 청년이 투기적 금융을 대체 경로로 선택한 전형적인 사례로, 한국 청년이 코인과 빚투에 몰리는 현상과 놀라울 정도로 유사하다.

유럽의 청년 금융소외는 높은 청년 실업률과 깊은 관련이 있다. 스페인과 이탈리아 등 일부 국가에서는 청년 실업률이 30%를 상회하며, 안정적 소득 기반이 없는 청년은 금융기관에서 대출을 받거나 장기 저축을 시작할 기회를 갖기 어렵다. 그 결과 금융 참여는 제한되고, 생활의 상당 부분이 가족 지원에 의존하게 된다. 유럽연합은 이러한 문제를 완화하기 위해 'Youth Guarantee Fund'와 같은 제도를 도입해 정부 보증 대출과 고용 연계 금융 지원을 강화하고 있지만, 근본적으로 청년 실업이 해결되지 않는 한 금융소외의 완전한 극복은 어렵다.

이와 비교했을 때 한국의 청년 금융소외는 더욱 특수한 양상을 보인다. 미국 청년이 학자금 부채라는 '부채의 덫'에 갇혀 있다면, 한국 청년은 자산가격 급등 때문에 아예 첫걸음을 내딛지 못한다. 일본 청년이 장기불황 속에서 FX와 같은 파생상품에 몰렸다면, 한국 청년은 부동산 담보 중심 금융 구조와 초고속 자산가격 상승이라는 이중 제약 속에서 코인과 빚투로 내몰린다. 유럽 청년이 가족 의존에 묶여 있다면, 한국 청년은 부모의 자산 유무가 곧 자녀 세대의 금융 기회를 결정짓는 요인으로 작동한다. OECD가 제시한 '위대한 개츠비 곡선'이 보여주듯, 부모 세대의 자산이 자녀 세대의 기회를 좌우하는 구조가 한국에서 가장 극명하게 드러난다.

따라서 국제 비교를 통해 얻을 수 있는 함의는 분명하다. 청년 금융소외는 학자금 부채, 장기불황, 청년 실업 등 각기 다른 경로를 통해 나타나지만, 공통적으로 청년의 첫 금융 진입을 차단한다는 점에서 보편적인 현상이다. 그러나 한국은 그 어느 나라보다 가파른 자산가격 상승과 부동산 담보 중심의 금융 구조라는 이중적 제약 속에 있어, 청년 금융소외의 강도가 특히 심하다. 정책적으로 미국은 학자금대출의 신용 반영 체계를 개선하고, 일본은 청년층의 신용 구축을 지원하며, 유럽은 고용과 금융을 연계하는 제도를 강화하고 있다. 한국은 이 세 가지 교훈을 동시에 반영해야 하며, 이를 통해서만 청년 금융소외 문제를 완화할 수 있다. 결국 청년 포용금융은 단순히 금융상품의 문제가 아니라, 고용·주거·교육·세대 간 자산 분포와 긴밀히 연결된 종합 과제임을 국제 비교는 분명하게 보여준다.

6. 청년 금융소외의 사회적 결과

청년층의 탈금융화와 금융소외는 단순히 개인의 자산 형성 실패에 머물지 않는다. 그것은 경제, 사회, 정치 전반에 파급되어 한국 사회의 지속 가능성과 민주주의 안정성을 위협하는 구조적 문제로 작동한다.

무엇보다 금융소외는 세대 간 불평등을 고착화한다. 금융은 본래 개인이 저축과 투자를 통해 자산을 형성할 수 있도록 돕는 사회적 사다리 역할을 한다. 그러나 청년이 제도권 금융에서 반복적으로 배제될 경우, 이 사다리는 사라지고 부모 세대의 자산 유무가 자녀 세대의 기회를 좌우하는 세습 사회가 강화된다. 한국은행과 통계청 자료에 따르면 증여와 상속을 받은 청년이 그렇지 않은 청년에 비해 자산 규모에서 현저한 격차를 보이는 것이 대표적인 사례다. 청년 금융소외는 결국 사회 이동성을 제한하고, 세대 간 격차를 더욱 굳히는 결과로 이어진다.

또한 청년 금융소외는 소비와 투자 패턴을 왜곡한다. 장기 저축이나 안정적인 투자 경로에 진입하지 못한 청년들은 단기적이고 위험한 금융 수단으로 몰린다. 한국 청년층의 코인 투자 열풍과 빚을 내서 레버리지 투자에 나서는 행태는 이러한 왜곡을 잘 보여준다. 조사에 따르면 전체 가상자산 투자자의 75% 이상이 40대 이하였으며, 그중 상당수가 청년층이었다. 이처럼 장기 축적 대신 단기적 투기에 몰리는 현상은 개인 차원의 위험을 넘어 금융시장의 변동성을 확대하고, 나아가 거시경제의 불안정성을 증폭시키는 요인으로 작용한다. 따라서 청년 금융소외는 단순한 미래 자산 축적 실패에 그치지 않고, 현재의 금융 안정성에도 직접적인 위협을 가한다.

청년 금융소외는 사회적 신뢰의 기반을 무너뜨린다. 금융은 단순한 돈의 흐름을 관리하는 장치가 아니라, 사회적 신뢰 위에서 작동하는 제도다. 은행 계좌와 대출 계약은 모두 사회가 공정하게 작동한다는 믿음을 전제로 한다. 그러나 청년이 금융에서 반복적으로 배제될 경우, 금융에 대한 불신은 사회 제도 전반에 대한 불신으로 확장된다. 실제로 많은 청년은 "노력해도 사회적 계층 상승이 불가능하다"는 인식을 공유하고 있으며, 이는 금융을 통한 기회 창출이 차단된 경험과 직결된다. OECD 역시 포용금융 실패가 사회적 배제를 심화시키고, 나아가 정치적 극단화를 촉발할 수 있다고 경고한다.

이와 맞물려 정치적 불안정성이 심화된다. 경제적 박탈감과 제도 불신을 경험한 청년은 정치적 선택에서도 기존 체제에 대한 불만을 드러낸다. 한국에서 진보 정부가 추진한 부동산 규제가 많은 청년에게 '내 집 마련 기회의 박탈'로 해석되었고, 이는 시장 자유화와 규제 완화를 주장하는 극우 정치세력의 메시지가 청년층에게 매력적으로 다가오는 배경이 되었다. 실제로 남유럽에서는 2008년 금융위기 이후 청년 실업률이 급증하면서 극우 정당 지지가 확대되었고, 미국 2016년 대선에서도 경제적으로 취약한 지역 청년층이 반엘리트와 보호무역을 내세운 트럼프의 메시지에 반응했다. 한국 청년 역시 급등한 주거비와 불안정한 노동시장 속에서 유사한 경향을 보이고 있다. 금융소외는 단순한 개인의 경제 문제를 넘어, 정치적 극단화와 사회 불안정의 뇌관이 될 수 있는 것이다.

종합하면, 청년 금융소외는 세대 간 불평등 고착, 경제적 불안정성, 사회적 신뢰 붕괴, 정치적 극단화라는 네 가지 차원에서 심각한 사회적 결과를 낳는다. 이는 한 세대의 문제가 아니라 한국 사회 전체의 장기적 발전 경로를 위협하는 구조적 과제이다. 청년 금융소외를 방치할 경우 한국 사회는 경제적 활력을 잃고, 사회통합이 붕괴하며, 정치적 분열이 심화되는 삼중의 위기에 직면할 수밖에 없다.

7. 청년 포용금융의 필요성

지금까지 살펴본 바와 같이 청년 세대의 탈금융화와 금융소외는 단순히 특정 세대가 겪는 불편이나 일시적인 금융 현상이 아니다. 그것은 한국 사회의 지속 가능성을 위협하는 구조적 문제이며, 세대 간 균형과 민주주의 안정성까지 흔드는 중대한 과제다.

청년들은 사회 진입 시점부터 폭등한 자산가격, 담보 중심의 금융 구조, 불안정한 소득 환경 속에서 제도권 금융의 문턱을 넘지 못했다. 금융은 더 이상 자산 축적과 계층 이동의 사다리가 아니라, 오히려 세대 간 격차를 확인하는 장치로 작동한다. 이러한 과정에서 청년은 금융을 장기적 축적의 경로로 신뢰하기보다 단기적 투기와 제도 불신 속으로 내몰리고 있다.

이 상황이 방치될 경우 세 가지 위험이 특히 두드러진다. 첫째, 세대 간 불평등이 고착된다. 부모 세대의 자산 유무가 자녀 세대의 기회를 좌우하는 사회는 활력을 잃고, 사회 이동성은 줄어들며 양극화가 심화된다. 둘째, 경제적 불안정성이 커진다. 금융에서 배제된 청년이 단기·투기적 금융에 몰리게 되면 금융시장의 변동성이 확대되고, 거시경제의 불확실성이 증폭되며, 결과적으로 한국 경제의 성장 잠재력마저 약화된다. 셋째, 정치적 극단화의 위험이 높아진다. 금융소외 경험은 제도 전반에 대한 불신을 낳고, 이는 청년이 급진적 정치세력에 끌리거나 체제에 대한 냉소로 돌아서는 토양이 된다.

따라서 청년 포용금융은 단순히 금융상품을 늘리는 문제가 아니라 한국 사회 전체를 지탱하기 위한 전략적 과제다. 금융 구조 개혁을 통해 담보 중심 심사에서 벗어나 청년층의 신용이력과 현금 흐름을 반영해야 한다. 자산 축적을 지원하는 청년 친화적 장기 저축, 연금, 맞춤형 상품을 개발해 안정적인 자산 형성 경로를 열어야 한다. 또한 주거·고용·교육 정책과 포용금융 정책을 결합해 청년이 안정적 기반 위에서 금융에 참여할 수 있도록 해야 한다. 마지막으로 금융리터러시 교육을 장기적 자산 관리와 위험 관리 중심으로 재편해 금융 경험이 단기 투기 대신 장기 축적과 연결되도록 설계해야 한다.

결국 청년 포용금융은 한 세대의 문제가 아니라, 한국 사회 전체의 미래를 지키는 문제다. OECD와 IMF가 강조하듯 포용적 금융시스템은 사회통합과 경제 발전의 토대이며, 청년을 제도권 금융 안으로 포함시키고 장기 자산 축적의 기회를 제공하는 것은 시대적 과제가 되었다. 청년이 금융을 통해 스스로 미래를 설계할 수 있을 때 한국 사회는 역동성과 희망을 회복할 수 있다. 금융이 불평등을 재생산하는 장치가 아니라 기회의 사다리로 기능할 때, 우리는 세대 간 균형과 공존을 이루며 지속 가능한 사회로 나아갈 수 있을 것이다.

5장

지역금융의 역할과 재구성

1. 지역금융의 의의와 중요성

지역금융의 의미와 붕괴의 역사

지역금융은 단순히 특정 지역에 은행이 위치한다는 지리적 개념을 넘어선다. 그것은 지역 주민들의 저축을 모아 지역 기업과 상공인에게 대출하고, 이를 통해 고용과 소비가 이어지는 자금의 순환 구조를 뜻한다. 이 순환이 제대로 작동할 때 지역은 자생적인 성장을 이어갈 수 있다. 하지만 오늘날 한국에서 이러한 기능은 거의 마비 상태다.

1997년 외환위기 이후 구조조정 과정에서 지방은행들은 줄줄이 사라졌다. 당시 정부는 부실금융 정리를 최우선 과제로 삼았고, '효율성'과 '건전성'이라는 기준을 전면에 내세웠다. 그 결과 경기은행, 충청은행, 동남은행, 평화은행 등 많은 지방은행이 역사 속으로 사라졌고 남은 은행들도 대형 금융지주에 흡수되거나 시중은행과 크게 다르지 않은 영업 방식을 취하게 되었다.

숫자로만 보면, 지방은행은 1990년대 말 10여 개에서 현재 5개 남짓으로 줄었다. 그러나 진짜 문제는 은행 숫자의 감소보다 지역금융 네트워크 자체가 해체되었다는 사실이다. 과거에는 지역에서 모인 자금이 다시 지역으로 흘러가 산업과 고용을 뒷받침했지만, 지금은 대부분 수도권으로 유출되고 있다.

자금의 역외 유출과 그 파장

울산을 보자. 이 도시는 현대자동차와 현대중공업 등 세계적 기업들이 위치한 곳으로, 국내에서도 손꼽히는 산업도시다. 그러나 지역에서 발생하는 막대한 예금은 본사나 금융 중심지인 서울로 흘러 들어간다. 반면 지역 내 기업과 중소 상공인에게 돌아오는 대출은 턱없이 부족하다

이런 현상은 울산만이 아니라, 부산, 전북, 강원, 경북 등 전국 곳곳에서 공통적으로 나타난다. 자금은 지역을 떠나고, 남은 지역은 숨통이 막힌다. 자금의 역외 유출은 단순히 금융 통계의 문제가 아니라, 곧바로 지역경제의 활력 저하와 청년층 유출로 이어진다. "돈이 떠나면, 사람도 떠난다"는 말은 결코 비유가 아니다.

생산적 금융으로서의 지역금융

금융은 크게 두 가지 얼굴을 가진다. 하나는 주택담보대출이나 단기 투기성 거래처럼 부가가치를 창출하지 않는 비생산적 금융, 다른 하나는 기업의 투자와 혁신, 고용 창출을 뒷받침하는 생산적 금융이다. 지역금융은 후자, 즉 생산적 금융의 핵심 부분을 이룬다.

예를 들어 한 중소기업이 신기술을 개발하기 위해 설비투자를 하려 한다고 하자. 대형 시중은행은 표준화된 심사 기준에 따라 담보와 신용등급을 우선적으로 본다. 담보가 부족한 중소기업은 대출에서 배제되기 쉽다. 그러나 지역금융기관은 오랜 거래 관계와 지역 사회에서 형성된 평판, 기업인의 경영 태도 등을 종합적으로 고려해 대출을 승인할 수 있다

이러한 관계형 금융은 단순한 거래를 넘어, 지역경제의 산업 기반과 고용을 지켜내는 기능을 한다. 일본의 지방은행들이 이러한 방식을 통해 중소기업과 함께 성장한 사례는, 한국이 잃어버린 지역금융의 가능성을 보여준다.

금융과 지역경제의 선순환 구조

금융과 지역경제는 서로 떼어낼 수 없는 동반자 관계에 있다. 금융이 자금을 공급해야 기업이 성장할 수 있고, 기업이 성장해야 은행도 안정적인 수익을 확보한다.

일본 히로시마은행은 자동차와 조선 산업에 특화된 금융 서비스를 제공하면서, 지역 기업과 함께 성장해왔다. 시즈오카은행은 지방정부와 손잡고 혁신기업을 발굴·지원하며 지역산업을 키워왔다. 이런 사례는 금융과 경제가 공진화(co-evolution)할 수 있음을 잘 보여준다

반대로 한국에서는 IMF 이후 지방은행의 기반이 무너지면서 이 선순환이 끊어졌다. 남은 은행들은 가계대출 위주의 영업으로 기울었고, 지역 기업과의 동반 관계는 약화되었다.

지방소멸과 지역금융의 사회적 역할

한국은 지금 지방소멸이라는 심각한 위기에 직면해 있다. 저출산과 고령화, 청년층의 수도권 집중이 동시에 나타나면서, 지방의 인구 기반은 빠르게 약화되고 있다. 이 상황에서 금융이 뒷받침되지 않으면, 새로운 기업 창업도, 산업 혁신도 불가능하다.

가령 한 지역에서 수십 명을 고용한 중소기업이 경기 침체로 자금난을 겪는다고 해 보자. 만약 은행이 단기 수익성만 따져 대출을 거절한다면, 그 기업은 문을 닫고 수십 명의 일자리가 사라진다. 그러나 지역은행이 장기적 관점에서 성장 가능성을 보고 자금을 지원한다면, 기업은 회생할 기회를 얻고 지역사회는 유지된다. 이 작은 차이가 한 도시의 생존을 좌우한다

따라서 지역금융은 단순한 경제적 기능을 넘어, 지역 공동체

를 지키는 사회적 장치로 이해해야 한다.

수도권 집중과 지역금융의 절박성

한국은 OECD 국가 중 수도권 집중도가 가장 높은 나라다. 인구, 기업 본사, 금융자본이 모두 서울과 수도권에 집중되어, 지방은 점점 더 공허해지고 있다. 이 불균형을 해소하는 가장 직접적인 방법은 지역 내 자금의 선순환 구조를 회복하는 것이다.

즉, 지역 주민의 저축이 지역 기업의 투자와 고용으로 이어지고, 다시 지역 주민의 소득과 소비로 환류되는 구조가 만들어져야 한다. 그러나 지금은 이 고리가 끊어져 있다. 자금은 수도권으로 유출되고, 청년은 일자리를 찾아 떠나며, 지방 도시는 고령화만 심화된다.

금융은 어디를 향해야 하는가

결국 지역금융의 중요성은 다음과 같은 질문으로 귀결된다. "금융은 어디를 향해야 하는가?" 금융이 단기적 수익성과 효율성만을 좇는다면, 지역은 버려지고 국가의 균형 발전은 불가능하다. 그러나 금융이 지역과 손을 맞잡는다면, 작은 은행 창구 하나가 기업의 생존을 지키고, 수백 명의 일자리를 살리며, 지역 공동체 전체의 미래를 이어갈 수 있다.

따라서 지역금융은 단순한 '지방 문제'가 아니다. 그것은 한국 경제의 균형 발전과 지속 가능성, 그리고 청년 세대의 미래를 결정짓는 국가적 과제다.

2. 지역금융의 이론적 근거

같은 은행 창구, 다른 결과

서울 강남의 대기업 재무담당자와 지방 중소도시의 기계공장 사장이 같은 은행 창구에 섰다고 해보자.

대기업 담당자는 회계법인이 작성한 두툼한 재무제표, 담보목록, 신용등급 자료를 내밀며 대출을 신청한다. 은행 직원은 몇 가지 확인만 하고 곧바로 대출을 승인한다.

반면, 지방 중소기업 사장은 손수 작성한 얇은 장부와 미래 사업 계획서를 내밀지만, 돌아오는 답은 차갑다. "담보는 없습니까? 보증은요?" 결국 그는 대출 문턱에서 좌절한다.

이 익숙한 장면은 금융 이론에서 말하는 정보 비대칭성의 문제를 보여준다.

금융기관은 대기업이 지닌 '보이는 정보'에는 익숙하지만, 중소기업의 '보이지 않는 가능성'을 파악하는 데는 취약하다.

정보 비대칭성과 지역의 불리함

정보 비대칭성은 은행과 차입자 사이의 정보 격차에서 비롯된다. 은행은 대출 의사결정을 위해 기업의 재무 상태, 경영 능력, 사업성에 대한 정보를 필요로 한다. 하지만 대출을 요청하는 기업은 이런 정보를 충분히 제공하지 못하거나, 은행이 원하는 방식으로 정리하지 못한다.

특히 지방의 중소기업은 대도시에 있는 은행으로부터 물리적 거리와 조직적 거리가 멀다. 대기업처럼 회계 투명성과 담보 능력을 갖추지 못한 경우가 많아, 은행은 '모른다'는 이유로 위험을 회피한다. 결과적으로 지방 기업은 대출에서 불리한 위치에 놓인다.

울산, 전북, 경북 등 산업 기반은 탄탄하지만 본사와 자금이 서울로 집중된 지역에서 이런 문제가 더욱 두드러진다. 생산은 지방에서 이루어지지만, 금융은 수도권에서 결정되기 때문이다.

관계형 금융(Relationship Banking)의 필요성

이때 등장하는 해법이 관계형 금융이다. 관계형 금융이란 표준화된 신용등급이나 담보에만 의존하지 않고, 은행과 기업 사이의 장기적 거래 관계에서 축적된 정성적 정보를 바탕으로 신용을 평가하는 방식이다.

예컨대, 지역 은행의 지점장이 꾸준히 기업 현장을 방문해 직원들의 근무 태도, 공장 운영 상황, 지역 사회의 평판 등을 관찰한다면, 이는 단순한 회계 수치보다 더 중요한 정보가 된다. 이런 정보는 중앙 대형은행이 결코 얻을 수 없는, 지역밀착형 정보다.

관계형 금융의 장점은 두 가지로 요약할 수 있다. 첫째는 정보 비대칭성의 완화다. 관계형 금융을 수행하는 금융기관은 장기간 축적된 '보이지 않는 정보'를 통해 기업의 잠재력을 파악한다. 둘째는 장기적인 성장을 지원할 수 있다는 점이다. 관계형 금융을 실행하는 금융기관은 기업이 단기적 어려움에 빠지더라도 미래 가능성을 보고 지원할 수 있다.

일본은 이를 제도적으로 확산시켰다. 2003년부터 일본 금융청은 '관계형 금융 기능 강화 액션프로그램'을 추진해, 지방은행이 기업의 장기적 성장을 뒷받침하는 방향으로 대출 관행을 바꾸도록 유도했다.

거래형 금융과 관계형 금융의 대조

거래형 금융(transaction banking)은 마치 패스트푸드점처럼 정해진 메뉴와 절차에 따라 운영된다. 담보와 신용등급만 맞으면 대출이 승인되고, 그렇지 않으면 거절된다. 효율적이지만, 개별 기업의 특성을 반영하지 못한다.

반대로 관계형 금융은 단골손님을 기억하는 동네 식당과 같다. 가게 주인은 손님의 취향과 사정을 알고 있어, 때로는 외상도 허락한다. 은행이 이런 역할을 할 때, 중소기업은 위기에도 숨통이 트이고, 지역경제 전체가 버틸 힘을 얻는다.

한국의 지방은행은 IMF 이후 대부분 거래형 금융에 치중할 수밖에 없는 상황에 처했고, 이는 지역경제와의 연결 고리를 약화시켰다. 반면 일본은 제도와 정책을 통해 관계형 금융을 강화하면서 지역기업의 성장을 지원했다.

금융과 지역경제의 공진화

금융과 경제는 일방적인 관계가 아니다. 지역 금융기관이 기업에 자금을 공급하면 기업이 성장하고, 기업이 성장하면 다시 은행의 수익성이 개선된다. 주민의 소득이 늘면 저축이 은행으로 돌아와 또 다른 대출 재원이 된다. 이것이 바로 선순환 구조, 혹은 공진화(co-evolution)다.

일본의 히로시마은행은 자동차·조선업에 특화된 금융을 제공하며, 해당 산업이 성장하는 만큼 은행도 성장했다. 시즈오카은행은 지방정부와 협력해 혁신기업을 발굴했고, 은행-기업-지방정부가 함께 성장했다. 이러한 공진화 모델은 지역금융의 존재 이유를 분명히 보여준다.

한국은 이 선순환을 놓쳤다. 지방은행의 기반이 무너지고, 남은 금융기관들도 가계대출 중심으로 전환하면서, 지역경제와 금융의 공동 성장은 끊어졌다.

금융시스템 안정성 차원에서 본 지역금융

지역금융의 가치는 개별 지역경제를 넘어서, 국가 전체의 금융 안정성과도 직결된다. 대형 시중은행은 국제 자본 이동과 외부 충격에 취약하다. 반면, 지역에 뿌리내린 금융기관은 글로벌 금융 변동과 거리가 있어, 완충 장치(buffer) 역할을 할 수 있다.

일본 금융청이 도시은행과 지방은행에 서로 다른 규제와 감독 기준을 적용한 것도 이 때문이다. 도시은행에는 강도 높은 부실채권 정리를 요구했지만, 지방은행에는 완화된 기준을 적용해 지역경제의 충격을 최소화했다. 결과적으로 일본은 버블 후 구조조정에도 불구하고 64개 지방은행 체제를 유지하며 지역금융을 지켜낼 수 있었다.

한국에 주는 함의

정리하자면, 지역금융의 이론적 근거는 세 가지로 압축된다.

첫째, 정보 비대칭성의 완화다. 중앙 대형은행이 해결하지 못하는 문제를 지역 금융기관이 보완한다. 둘째, 관계형 금융의 필요성이다. 지역은행은 기업과 지역경제의 장기적 성장을 뒷받침하는 제도적 장치다. 셋째, 금융시스템 안정성에 기여한다. 제대로 된 지역금융은 중앙집중적 금융 구조의 취약성을 완화하는 완충 장치 역할을 한다.

한국은 IMF 이후 이 세 가지를 모두 놓쳤다. 그 결과, 지역경제는 금융 배제에 시달리고, 수도권과 지방의 격차는 심화되었으며, 금융시스템 전체는 대형은행 의존으로 불안정성을 안게 되었다.

신뢰의 경제학

결국 지역금융의 이론적 근거는 신뢰(trust)라는 단어로 요약된다. 신뢰가 있어야 담보가 부족한 기업도 자금을 공급받을 수 있고, 은행은 장기적 안목에서 기업과 지역을 지켜낼 수 있다.

지역의 한 은행 창구에서 담보 부족으로 좌절하던 사장이 다시 미소를 지으려면, 은행이 '수치와 담보' 대신 '관계와 신뢰'를 보아야 한다. 그리고 이 신뢰야말로 지역금융이 존재해야 하는 학문적·실천적 근거다.

3. 일본 지역금융이 건재한 이유

'잃어버린 20년'에도 불구하고 지방은행 64개 존속

일본 지방은행은 1984년에 '64개 지방은행 체제'가 형성된 이후 최근까지 '64개 지방은행 체제'를 유지해왔다. 1990년대 초반 이후 장기불황기, 이른바 '잃어버린 20년'(1990~2012)을 겪으면서도 독립 경영을 그대로 유지해왔다. 코로나19 발발 이후인 2020년 10월 1일 나가사키현의 쥬와(十八)은행과 시와(親和)은행이 합병하고 2021년 1월 니가타현(新潟県)의 다이쇼(第四)은행과 호쿠에츠(北越)은행이 합병함으로써 '64개 은행체제'가 붕괴되고 62개 은행으로 줄어들었지만, 이 또한 (전국 규모의) 도시은행에 의해 합병된 것이 아니라, 동일 지역 내 지방은행 간의 자발적인 합병이었다. 장기불황기를 겪으면서도 일본의 64개 지방은행이 독립경영을 유지해왔다는 사실은 한국의 지방은행사(史)를 생각해보면 불가사의한 일이 아닐 수 없다.

한국의 경우 1997년 당시 10개였던 지방은행(광주, 경남, 충북, 강원, 제주, 충청, 경기, 대구, 전북, 부산은행) 중 외환위기를 겪으면서 독립적인 경영을 지속할 수 있었던 곳이 부산, 대구, 전북은행 등 3곳에 불과한 것과는 대조적이다. 물론, 현재 한국의 지방은행은 이들 3개 은행 이외에도 추가로 3개(경남, 광주, 제주은행)를 더해 모두 6곳이라고 할 수 있다. 하지만, 이중 경남은행과 광주은행은 우리금융지주 산하로 들어갔던 적이 있으며, 제주은행은 신한금융지주 산하에 있다는 점에서 독립적인 경영을 유지했다고 하기는 어렵다. 또한, 대구은행은 시중은행으로 전환했다.

차별화된 규제 접근

일본의 금융기관은 도시은행과 지역금융기관으로 구분할 수 있다. 도시은행은 도쿄, 오사카 등 대도시에 본점을 두고 영업 구역 제한 없이 전국에서 영업을 하는 은행이다. 1984년 당시 13개였던 도시은행은 현재 5개만이 살아남았다. 5개 은행 중에서도 3개 은행(미즈호은행, 미쓰비시UFJ은행, 미쓰이스미토모은행)을 메가뱅크라고 한다. 여타 2개 은행은 리소나그룹 산하의 리소나 은행과 사이타마 리소나 은행이다. 이들은 규모가 작고 특히 사이타마 리소나 은행은 도시은행으로 분류하지 않기도 한다.

　일본의 지역금융기관은 지방은행, 제2지방은행, 협동조직 금융기관(신용금고와 신용조합)으로 이뤄진다. 이중 협동조합 금융기관은 조합원의 상호부조를 기본이념으로 하는 비영리법인이고, 정부로부터 각종 우대정책(법인세율 우대, 통장의 인지세 비과세)을 적용받고 있으며, 법적으로 영업 범위에 대한 제약이 존재한다. 지방은행과 제2지방은행은 은행법상 도시은행과 동일한 보통은행이다. 법적으로는 영업 범위의 제한이 없다. 호송선단방식(보호주의적 금융정책) 아래에서는 점포규제를 통해 도시은행의 지방으로의 혹은 지방은행의 대도시권으로의 진출이 제한되었다. 〈표 5-1〉에 나타난 것처럼, 지방은행을 제외한 도시은행과 제2지방은행 등 여타 지역금융기관들은 모두 '잃어버린 20년'을 겪으면서 그 수 자체가 줄어들었다는 것을 알 수 있다.

　다른 금융기관에 비해 일본의 지방은행이 독립경영을 유지할 수 있었던 가장 큰 이유는 일본 금융청이 부실채권정리와 관련해 도시은행과 상이한 방식으로 지방은행을 대했기 때문이다. 신자

〈표 5-1〉 예금보험대상 금융기관 수

연도	도시은행	지방은행	제2지방은행	신용금고	신용조합
1984	13	64	69	456	462
1989	13	64	68	454	415
2002	7	64	53	326	191
2019	5	64	38	255	145
2023	5	62	37	254	143

유주의적 개혁을 추진한 고이즈미 내각이 2002년 10월 발표한 금융재생프로그램을 통해 주요 은행의 부실채권비율을 2년 이내로 절반 수준으로의 감축을 목표로 제시하였지만, 이러한 개혁은 지방은행에는 적용되지 않았다. BIS 비율도 지방은행의 경우 국제영업을 거의 하고 있지 않았기 때문에 BIS 비율 8%를 강제하지 않고, 4%를 적용했다. 결과적으로 도시은행과 같이 부실채권의 비율을 급격하게 줄이지는 못했으나, 자본규제비율 하락에 따른 은행의 도산이나 합병은 나타나지 않았다.

이 차이는 단순한 숫자의 문제가 아니다. 지방은행은 지역 중소기업과 주민을 고객으로 삼고, 지역경제와 직결된 활동을 한다. 만약 이들에게도 도시은행과 동일한 규제를 적용했다면, 다수의 지방은행이 문을 닫고 지역경제가 한순간에 붕괴되었을 것이다. 일본 정부는 이를 명확히 인식하고, 규제의 차별화를 통해 지방은행의 생존을 보장했다.

금융심의회의 역할

2000년대 초반 일본은 부실채권 문제가 심각했다. 금융심의회(금융청 자문기구)는 구조조정 과정에서 "지방은행을 도시은행과 똑같이 취급해서는 안 된다"는 점을 분명히 했다.

그 결과, 일본 정부는 지방은행에 대해 무리한 합병이나 강제 퇴출을 추진하지 않았다. 대신, 경영 자율성을 인정하되 경영 개선을 위한 지원책을 병행했다. 예컨대 부실채권 정리를 지원하거나, 새로운 지역 밀착형 비즈니스 모델 개발을 유도했다. 이는 같은 시기 한국의 금융당국이 지방은행을 '퇴출 대상'으로 본 것과 정반대의 접근이었다.

우수 사례 세 가지

시즈오카은행

시즈오카은행은 일본 지방은행 중 자산 규모가 가장 크다. 이 은행은 지방정부와 협력해 혁신기업을 발굴하고 지원했으며, 기업 경영 자문과 컨설팅 서비스를 적극적으로 제공했다. 단순히 돈을 빌려주는 은행이 아니라, 지역산업 생태계의 파트너로 자리매김했다.

히로시마은행

히로시마은행은 자동차·조선업 등 지역 주력 산업에 특화된 금융을 제공했다. 이 은행은 경기 침체기에도 지역 기업에 자금을 공급하며, 기업과 은행이 함께 성장하는 공진화 모델을 보여주었다. 덕분에 지역산업은 장기 불황 속에서도 버틸 수 있었다.

요코하마은행

요코하마은행은 지방은행 중에서도 디지털화를 선도했다. 단순한 대출·예금 업무를 넘어, 중소기업에 경영 컨설팅과 IT 솔루션을 제공하며 새로운 비즈니스 모델을 만들어냈다. 이는 지방은행도 혁신을 통해 경쟁력을 확보할 수 있음을 보여준다.

일본 모델의 함의

일본의 경험은 분명한 교훈을 준다. 일본은 지방은행을 단순히 '정리 대상'으로 보지 않고, '지원해야 할 존재'로 인식했다. 규제를 차별화해 지역은행이 살아남을 수 있는 제도적 환경을 마련했다. 지방은행 스스로도 특화 전략과 혁신을 통해 지역경제와 동반 성장했다.

그 결과, 일본은 장기 불황 속에서도 지역금융 기반을 유지할 수 있었고, 이는 지역경제의 생존과 직결되었다. 반면 한국은 IMF 이후 지방은행을 대거 퇴출시키면서, 지역경제와 금융의 연결 고리를 끊어버렸다. 즉, 일본 사례는 단순히 금융의 문제가 아니라, 지역과 국가의 균형 발전을 위한 제도적 선택의 문제임을 보여준다.

4. 한국 지역금융의 구조적 문제

지방은행의 축소와 상실된 역할

오늘날 한국의 지방은행은 명목상 존재하지만, 본래의 지역금융적 기능은 크게 위축되었다. 1990년대 말까지만 해도 전국에는 10여 개의 지방은행이 있었으나, IMF 외환위기 이후 대규모 구조조정 속에서 절반 이상이 사라졌다.

문제는 단순히 숫자가 줄었다는 데 그치지 않는다. 살아남은 지방은행조차도 지역기업을 발굴하고 지원하는 '관계형 금융기관'의 역할을 거의 수행하지 못하고 있다. 대신, 대형 시중은행과 마찬가지로 담보 중심의 가계대출 영업을 중시하게 되었다. 결과적으로 지역경제와의 긴밀한 연결은 약화되고, 지방은행은 제 역할을 하지 못하고 있다.

시중은행과 다를 바 없는 행태

한국의 지방은행은 많은 경우 대형 시중은행의 '축소판'처럼 운영된다. 예대마진 확보를 위해 가계대출과 부동산담보대출에 집중하고, 기업대출 중에서도 신용등급이 높은 대기업이나 공기업을 선호한다. 지역의 중소기업이나 자영업자는 여전히 금융 접근에서 소외되기 쉽다.

예컨대, 지방에서 자동차 부품을 만드는 한 중소기업 사장이 지방은행에 대출을 신청했을 때, 그는 "서울 본사 기업처럼 신용등급을 갖추고 오라"는 요구를 받는다. 하지만 중소기업은 그럴 여력이 없다. 결국 그는 담보 부족으로 거절당하거나, 높은 금리 조건을 받아들여야 한다. 이런 구조에서는 지방은행이 있어도 지역기업의 숨통은 트이지 않는다.

실물경제와의 단절

지역금융이 약화된 결과, 지방은행과 실물경제 사이의 연결고리는 많이 느슨해졌다. 은행이 지역기업의 투자와 혁신을 지원하기보다는, 단기적 수익을 좇아 가계대출에 집중하는 구조가 강화된 것이다. 물론 시중은행에 비해 지방은행은 상대적으로 관계금융적인 요소를 어느 정도 유지하고 있다.

이는 금융의 비생산적 편중을 심화시킨다. 지역 자금은 주택담보대출로 흘러 들어가 부동산 가격 상승을 부추기고, 생산적 투자는 위축된다. 지역 기업들은 새로운 설비나 기술 개발을 위한 자금을 얻기 어려워지고, 결국 성장 기회를 잃는다. 지역금융이 본래 지녔던 '지역경제의 성장 동력'이라는 기능은 많이 약화되었다.

인구구조 변화와 지역금융의 취약성

지역금융의 문제는 한국 사회의 인구구조 변화와 맞물리며 더 심각해지고 있다. 지방은 청년층이 수도권으로 빠져나가면서 고령화가 빠르게 진행되고 있다. 은행 입장에서는 인구가 줄고 기업활동이 위축되는 지역에 장기 투자할 유인이 점점 사라진다.

예를 들어, 전북이나 강원 지역의 경우, 제조업 기반은 약하고 고령화는 급속히 진행되고 있다. 이 상황에서 지역금융기관은 위험을 회피하기 위해 더욱 가계대출 위주로 돌아서고, 지역기업대출은 줄어든다. 그 결과, 지역경제는 더 위축되고 청년은 떠나는 악순환이 심화된다.

지역금융시스템 부재의 악순환

한국의 지역금융은 사실상 시스템 자체가 부재한 상태라고 할 수 있다. 지방은행은 수도권 집중 자금 흐름 속에서 제 역할을 못하고, 신협, 새마을금고, 농협·수협 등 협동조합 금융기관은 영세성과 제한된 역할로 한계가 있다. 정책금융기관 역시 전국 단위 지원에 치중해, 지역 밀착형 금융의 빈자리를 채우지 못한다. 한 금융위 관계자의 설명에 따르면 "정책금융기관에서 지역에 대한 자금의 공급은 20% 수준에 불과하다"고 한다.

결국 지역경제는 자금 공급 기반을 잃고, 성장 잠재력은 사장된다. 금융이 제 역할을 하지 못하는 지역에서 산업과 고용이 살아남을 수 없다는 점은 이미 곳곳에서 확인되고 있다.

한국 지역금융의 과제

한국 지역금융의 문제점은 크게 세 가지로 요약할 수 있다.

- **지방은행의 수적·질적 축소**: 구조조정 이후 남은 은행들이 본래 기능을 잃었다.
- **시중은행과의 차별성 상실**: 담보 중심·가계대출 위주의 영업 행태로 전락했다.
- **인구구조 변화와 맞물린 악순환**: 인구 유출과 고령화가 심화되며 금융의 지역 역할이 더 축소되었다.

이러한 문제를 방치할 경우, 지방은 단순히 경제적 쇠퇴를 넘어 사회적 공동체 자체가 무너질 위험에 놓인다. 따라서 지역금융을 단순히 은행의 영업 차원에서가 아니라, 국가 균형 발전 전략의 핵심 과제로 인식해야 한다.

5. 해외 우수사례(일본·독일·미국)

왜 해외 사례를 살펴보아야 하는가

한국의 지역금융은 IMF 이후 약화되고, 현재 사실상 '부재 상태'에 가깝다. 그렇다면 다른 선진국들은 어떤 방식으로 지역금융을 유지·강화하며 지역경제를 지탱했을까? 일본, 독일, 미국은 서로 다른 역사와 제도를 지녔지만, 공통적으로 지역에 뿌리내린 금융 시스템을 유지해왔다. 이들의 경험은 한국이 지역금융 재건을 고민하는 데 중요한 힌트를 제공한다.

일본: 64개 지방은행 체제의 지속

일본은 장기 불황에도 불구하고 64개 지방은행 체제를 지켜냈다. 앞서 살펴본 것처럼, 일본 금융청은 도시은행과 지방은행에 차별화된 규제를 적용했다. 도시은행에는 국제 규범에 맞춘 엄격한 건전성 규제를, 지방은행에는 완화된 기준을 적용했다

특히 일본 지방은행들은 관계형 금융(relational banking)을 강화해 지역 중소기업과 함께 성장했다. 시즈오카은행은 지방정부와 협력해 혁신기업을 발굴·지원했고, 히로시마은행은 자동차·조선업 등 지역 주력 산업에 특화된 금융을 제공했으며, 요코하마은행은 디지털화를 선도하며 중소기업 경영컨설팅 서비스를 확대했다.

이처럼 일본은 지방은행을 단순한 금융기관이 아니라, 지역산업 생태계의 파트너로 발전시켰다. 이는 "지역금융이 곧 지역경제"라는 사회적 인식과 정책적 지원이 결합된 결과였다.

독일: 저축은행(Sparkassen)과 협동조합은행의 힘

독일은 세계적으로도 독보적인 지역금융 모델을 갖고 있다. 독일에는 약 370개의 저축은행(Sparkassen)과 수천 개의 협동조합은행이 전국적으로 촘촘히 분포해 있다. 이들은 모두 비영리적·공익적 성격을 지니며, 영업구역을 특정 지역으로 한정한다.

저축은행은 '지역 원칙(Regionalprinzip)'에 따라 다른 지역으로 진출할 수 없고, 해당 지역 주민과 기업만을 대상으로 한다. 따라서 지역에서 모인 예금은 반드시 지역 내 대출로 이어진다. 이 구조 덕분에 독일의 중소기업(Mittelstand)은 안정적인 자금 공급을 받아 세계적 경쟁력을 키울 수 있었다.

예를 들어, 독일 남부의 한 기계 제조업체는 글로벌 금융위기 당시에도 지역 저축은행 덕분에 대출을 유지하며 위기를 넘길 수 있었다. 대형 상업은행이 위험 회피로 대출을 축소했을 때, 지역밀착형 금융기관은 오히려 장기적 신뢰 관계를 근거로 기업을 지원했다. 이 사례는 독일 경제가 위기 속에서도 안정성을 유지한 배경을 잘 보여준다.

미국: 커뮤니티 뱅크와 지역개발금융기관(CDFI)

미국은 금융시장이 세계에서 가장 발달했지만, 동시에 지역 밀착형 금융기관도 강력하게 존재한다. 대표적인 것이 커뮤니티 뱅크(Community Bank)와 지역개발금융기관(CDFI, Community Development Financial Institution)이다.

커뮤니티 뱅크는 자산 규모는 작지만 특정 지역을 기반으로 영업하며, 지역 중소기업과 주민을 주요 고객으로 삼는다. 이들은 대형 은행이 간과하는 틈새 시장을 메우며, 특히 농업·소도시 경제에서 중요한 역할을 한다.

또한 미국 정부는 1990년대부터 CDFI 제도를 도입해, 저소득층과 금융소외지역에 금융 서비스를 제공하는 기관을 육성했다. CDFI는 단순 대출뿐만 아니라 금융교육, 창업 지원, 지역사회 개발 프로젝트 등 다양한 활동을 병행한다. 이는 금융을 통해 지역사회 자체를 재생시키려는 시도로 평가된다.

예를 들어, 미시시피주의 한 소도시에서는 CDFI가 지역 주민을 위한 소규모 창업자금을 제공했고, 이를 통해 커피숍, 식당 같은 지역 상권이 되살아났다. 이처럼 미국은 공공·민간이 결합된 다양한 형태의 지역금융 제도를 운용해왔다.

〈표 5-2〉 각국 정책적 지원과 금융감독체계 비교

국가	정책 지원 특징	금융감독체계 특징	지역금융특성 및 시사점
일본	• 산업재생기구 등 중립적 재생지원기관 도입 • 정부-민간협력 펀드 운영 • 지방은행에 지역밀착형 금융행동계획 강제 적용	• 금융청 주도 지방은행 감독 • 행동계획 준수 의무화	• 중소기업 중심지역경제 재생 • 관민협력 통한 지역기반 강화
독일	• 지방정부 출자 및 지방정부와 저축은행 간 협력 강화 • 공공 임무 중심	• BaFin과 연방은행에 의한 엄격한 감독	• 공공성 기반 지역자금 순환 및 지역경제 활성화 중점
미국	• 커뮤니티 재투자법 등 연방정부 차원의 사회적 책임 강조 • 금융기관 책임 강화	• FDIC, OCC 등의 강력한 연방 감독 • 금융포용 정책 포함	• 맞춤형 금융서비스와 지역사회 개발 • 금융 접근성 증대

세 나라의 공통점

일본, 독일, 미국은 제도적 배경과 경제 구조가 다르지만, 지역금융의 운영 방식에는 세 가지 공통점이 있다.

- **지역성(Locality)**: 지역에서 모인 자금이 반드시 지역으로 환류되도록 제도화했다.
- **관계형 금융(Relationship banking)**: 담보와 신용등급이 부족해도, 장기적 거래 관계와 신뢰를 바탕으로 금융을 제공했다.
- **정책적 지원**: 정부가 제도적으로 지역금융을 인정하고, 도시은행·대형은행과 차별화된 규제와 지원을 마련했다.

한국에 주는 시사점

해외 사례가 던지는 교훈은 분명하다. 지역금융은 단순히 금융시장의 하위 부문이 아니라, 국가경제의 균형 발전을 위한 전략적 자산이다.

일본은 제도적 차별화로 지방은행을 지켰고, 독일은 공익적 금융기관으로 지역경제를 안정시켰으며, 미국은 제도 혁신을 통해 금융소외지역을 지원했다. 반면 한국은 IMF 이후 지역금융을 방치하고 퇴출 대상으로만 취급했다. 따라서 한국도 이제는 지역금융을 다시 국가 정책의 우선순위로 끌어올려야 한다. 지역경제가 살아야 국가경제도 지속 가능하기 때문이다.

6. 지역금융 강화를 위한 정부의 역할

방치된 지역금융의 현실

한국에서 지역금융은 IMF 외환위기 이후 사실상 정책적 사각지대에 놓여왔다. 구조조정 과정에서 지방은행과 지역금융기관이 대거 사라졌지만, 이를 대체할 만한 제도적 장치나 정책적 지원은 마련되지 않았다. 금융당국은 국제 규제 기준(Basel)을 충실히 이행하는 데 집중했을 뿐, 지역금융의 특수성과 필요성은 고려하지 않았다.

그 결과, 지역금융은 방치되었고, 지역경제는 자금 공급 기반을 잃었다. 이제 질문은 분명하다. 정부는 무엇을 해야 하는가?

규제의 차별화와 유연화

첫째, 정부는 지역금융에 대해 시중은행과 다른 규제 체계를 마련해야 한다. 일본이 도시은행과 지방은행에 서로 다른 BIS 자기자본비율 기준을 적용했던 것처럼 한국도 지방은행을 비롯한 지역금융기관에 맞는 차별적·비례적 규제(proportional regulation)가 필요하다.

예를 들어, 담보 위주의 대출 관행을 완화하고, 지역중소기업 대출에 대한 위험 가중치를 낮추는 방식이 가능하다. 이는 단순히 지방은행을 '봐주기' 위한 것이 아니라, 지역경제 전체를 지탱하는 기반을 유지하기 위한 합리적 차별화다.

정책금융기관의 적극적 개입

둘째, 정책금융기관은 지역금융의 공백을 메우는 데 핵심적 역할을 해야 한다. 산업은행(KDB), 기업은행(IBK), 수출입은행 등 중앙 단위의 정책금융기관은 전국적 관점에서 산업정책을 수행해 왔지만, 지역밀착형 기능은 미비하다. 따라서 이들 기관은 지방자치단체와 협력해 지역 전용 금융 프로그램을 운영해야 한다.

예컨대, 특정 지역의 주력 산업(조선·자동차·관광 등)에 특화된 금융 지원을 설계하고, 지역 중소기업이 혁신과 전환을 시도할 때 장기적 자금을 공급하는 방식이다.

또한 미국의 CDFI(지역개발금융기관) 사례처럼 한국도 지역 개발과 금융포용을 전담하는 공공 금융기관을 육성할 필요가 있다. 최근 동남권투자공사 논의는 이 점에서 바람직하다. 금융교육, 창업 지원, 사회적 기업 투자까지 포괄하는 종합적 역할을 수행할 수 있다.

지방정부와의 협력 강화

셋째, 지방정부는 지역금융 활성화의 중요한 파트너가 될 수 있다. 독일의 저축은행(Sparkassen)은 지방정부가 소유·감독하며 지역경제 발전 전략과 긴밀히 연계되어 있다

한국에서도 지방정부가 지역금융기관과 협력해 산업 육성, 창업 지원, 청년 일자리 창출을 위한 금융 프로그램을 설계할 수 있다.

예를 들어, 지자체가 지역 혁신기업을 발굴하고, 지방은행·정책금융기관이 공동으로 자금을 공급하는 형태다. 이 과정에서 지방정부는 정책적 리스크를 보완하고, 금융기관은 보다 적극적으로 자금을 공급할 수 있다.

지역밀착형 비즈니스 모델 지원

넷째, 정부는 지역금융기관이 차별화된 비즈니스 모델을 개발할 수 있도록 제도적·재정적 지원을 해야 한다. 지자체나 지역 공공기관의 금고를 선정할 때 이자율이나 재무건전성 등의 요인보다는 지역산업과 기업과의 관계 및 기여도가 가장 중시되어야 한다.

일본의 지방은행들이 지역 특산품 기업을 지원하거나, 관광산업과 협력해 금융상품을 개발한 사례는 좋은 참고가 될 수 있다. 한국에서도 지역금융기관이 지역산업과 연계된 금융상품 개발을 장려하고 지원한다면, 지방은행은 시중은행과 차별화된 정체성을 회복할 수 있다.

금융생태계 차원의 접근

다섯째, 지역금융을 단순히 은행의 문제가 아니라 금융생태계 차원에서 접근해야 한다. 신협, 새마을금고, 농협·수협 등 협동조합 금융기관, 핀테크 기업까지 포괄해 협력 체계를 구축할 필요가 있다.

예를 들어, 협동조합 금융기관이 가진 지역 네트워크와, 핀테크 기업의 디지털 역량을 결합한다면, 소외된 지역 주민에게 더 쉽고 저렴한 금융 접근을 제공할 수 있다. 이를 위해 정부는 제도적 장벽을 완화하고, 협력 모델을 촉진하는 정책을 마련해야 한다.

지역금융 재건은 국가적 과제

정부와 공공기관의 역할은 분명하다. 규제의 차별화로 지역금융기관의 생존 기반을 마련하고, 정책금융기관이 지역밀착형 기능을 강화하며, 지방정부와 협력해 지역 맞춤형 금융 프로그램을 설계하고, 새로운 비즈니스 모델을 지원해 지역금융이 차별적 정체성을 확보하게 해야 한다.

이는 단순한 금융정책이 아니라, 국가 균형 발전 전략의 핵심 과제다. 지역금융을 재건하지 못한다면, 지방소멸 문제는 가속화될 것이고, 한국 경제의 지속 가능성도 위협받게 될 것이다. 반대로 지역금융을 되살린다면, 금융은 지역과 국가의 미래를 함께 지탱하는 든든한 토대가 될 수 있다.

2부

생산적 금융을 위한 재구성 전략

6장

금융은 무엇을 순환시켜야 하는가?

1. 돈은 돌고 있지만, 어디로 도는가?

한국 사회에서 경제를 설명할 때 흔히 "돈이 돈다"라는 표현이 쓰인다. 주식시장이 활황일 때, 부동산 가격이 치솟을 때, 혹은 가계부채가 늘어날 때마다 이 말은 반복된다. 그러나 이 표현에는 중요한 질문이 빠져 있다. 그 돈은 과연 어디를 돌고 있는가? 무엇을 순환시키고 있는가?

예를 들어 100조 원의 자금이 있다고 가정해보자. 이 돈이 반도체 신기술이나 친환경 에너지 산업에 흘러간다면, 새로운 공장이 세워지고 고용이 창출되며 임금이 올라 소비가 늘어난다. 이 과정에서 생산능력이 높아지고, 경제는 장기적으로 성장한다. 그러나 같은 돈이 아파트 거래에만 몰리면 결과는 전혀 다르다. 부동산 가격은 오르지만 새로운 일자리는 생기지 않는다. 가계부채만 늘어나고 사회적 불평등은 확대된다.

지난 30년간 한국 경제는 점점 더 후자의 길을 걸어왔다. 은행 대출은 기업보다 가계, 특히 주택담보대출에 집중되었다. 그 결과 가계부채는 1990년대 초 GDP 대비 40%에서 2021년과 2022년 105%까지 치솟았다. 금융은 분명히 돌고 있었지만, 그 순환의 고리는 산업과 생산이 아니라 부동산과 자산거래였다.

따라서 오늘날 우리가 직면한 가장 근본적인 문제의식은 이 한 문장으로 요약된다. 금융은 무엇을 순환시켜야 하는가?

이 질문은 단순한 이론적 논쟁이 아니다. 한국 경제의 미래와 직결된 문제다. 이 장에서는 이 질문에 답하기 위해 먼저 케인스와 슘페터의 이론적 통찰을 살펴보고, 한국 금융의 현실을 데이터로 분석한 뒤, 금융적 순환이 남긴 사회적 비용과 국제적 비교를 통해 교훈을 찾는다. 마지막으로 앞으로 금융이 지향해야 할 생산 지향적 기준을 제시한다.

2. 이론적 토대: 케인스와 슘페터의 통찰

케인스(Keynes): 유효수요와 금융의 연결

케인스는 금융이 총수요(total demand)를 형성하는 핵심 요소인 '투자'를 성립시키는 결정적 수단임을 강조했다. 금리가 아무리 낮아도, 기업이 미래에 대한 기대가 없다면 투자는 발생하지 않는다. 이 경우 자금은 실물로 흐르지 못하고, '유동성 함정'이나 단순한 '투기적 수단'에 머물게 된다.

이는 오늘날의 자산 중심 금융 구조를 정확히 예견한 통찰이다. 실제로 현대 금융시장은 생산이나 고용이 아닌 자산 매매와 가격 상승에 집중되어 있으며, 이는 총수요의 취약성과 구조적 저성장의 원인 중 하나로 작용하고 있다. 케인스는 이를 극복하기 위해 공공의 역할, 특히 정부 지출과 정책금융을 통한 유효수요 창출의 중요성을 강조했다. 즉, 금융은 스스로의 논리에만 따라 움직일 경우 실물경제와 단절될 수 있으며, 의도적인 정책적 개입과 방향 설계가 필요하다는 점을 제시한 것이다.

슘페터(Schumpeter): 금융은 혁신을 가능케 하는 힘이다

슘페터는 금융을 단순한 중개나 자금 이동의 수단으로 보지 않았다. 오히려 그는 금융을 "혁신을 실현하는 힘(power to innovate)"이라고 규정했다. 기업가정신(entrepreneurship)은 새로운 생산 방식, 상품, 시장, 공급망 등을 창출하는 창조적 활동이지만, 이 모든 것의 출발점은 '기존 질서를 넘어서는 자금 조달'에서 시작된다고 보았다. 즉, 과거의 실적이나 담보가 아닌 미래의 가능성을 기준으로 자금을 지원할 수 있을 때, 진정한 산업혁신이 가능하다는 것이다. 따라서 금융은 미래 가치를 선도적으로 평가하고, 위험을 감수하면서도 선제적으로 투자할 수 있는 구조를 갖추어야 한다. 이는 오늘날 기술금융, 벤처투자, ESG 금융 등에도 그대로 적용되는 통찰이다.

현대적 논의: 민스키와 금융화 이론

하이먼 민스키(Hyman Minsky)는 금융시장이 본질적으로 불안정하다고 보았다. 경제가 안정된 것처럼 보일 때조차 금융기관은 더 많은 위험을 감수하며 투기적 대출을 확대하고, 결국 위기가 폭발한다고 했다. 그는 이를 "안정은 불안정을 낳는다"라고 표현했다. 한국에서 2000년대 초반 부동산 가격이 안정적 상승세를 보이자 은행이 앞다투어 주택담보대출을 확대했고, 그 결과 가계부채가 급증한 모습은 민스키가 말한 메커니즘과 정확히 일치한다.

또한 그레타 크리프너(Greta Krippner)는 금융화(financialization)를 "이윤이 생산 활동에서가 아니라 금융활동에서 점점 더 많이 창출되는 과정"이라고 정의했다. 한국 기업들이 실물투자 대신 부동산 개발, 금융자산 운용에 더 많은 이윤을 의존하는 것은 전형적인 금융화 현상이다. 엥겔베르트 스톡해머(Engelbert Stockhammer)와 토머스 팰리(Thomas Palley) 같은 포스트케인스학파 학자들도 금융적 순환이 장기 저성장의 구조적 원인임을 강조했다.

3. 한국 금융의 현실: 산업 대신 자산을 순환하다

한국의 금융은 지난 30여 년 동안 눈에 띄게 변화해왔다. 그 변화의 핵심은 금융이 더 이상 산업을 중심으로 순환하지 않고, 가계와 자산거래에 집중되었다는 사실이다. 이는 수치로도 분명히 드러난다. 1990년대 초반만 해도 한국의 가계부채는 GDP의 40% 수준에 불과했다. 당시 은행의 대출은 기업에 흘러가는 비중이 훨씬 높았다. 그러나 외환위기를 기점으로 상황은 급변하였다. 외환위기 이후 은행은 기업대출의 위험을 회피하기 시작했고, 담보가 확실한 주택담보대출을 선호하게 되었다. 그 결과 2000년대 중반에는 가계부채가 GDP 대비 70%를 넘어섰고, 2020년대 들어서는 100%를 초과하였다. 2023년 현재 한국의 가계부채는 GDP 대비 104%에 이르러, OECD 주요 국가 중 최상위권을 기록하고 있다.

부채의 성격을 들여다보면 더 뚜렷하다. 전체 가계부채의 60% 이상이 주택담보대출이며, 전세자금대출까지 포함하면 그 비중은 75%에 달한다. 다시 말해, 한국에서 가계가 빌리는 돈의 4분의 3이 주거와 관련된 대출이다. 반면 기업대출은 전체 금융기관 대출의 25% 내외에 머물고 있다. 금융이 산업적 투자보다는 주택시장으로 흘러들어가고 있다는 사실이 적나라하게 드러난다.

자산 구조의 편중도 문제다. 한국 가계자산에서 부동산이 차지하는 비중은 65% 이상으로 압도적이다. 금융자산은 35%에 불과하다. 이는 선진국과 뚜렷이 대비된다. 미국의 경우 금융자산이 전체 가계자산의 70% 이상, 일본은 60% 이상을 차지한다. 한국은 가계가 부동산에 절대적으로 의존하는 자산구조를 가지고 있기 때문에, 금융이 새로운 산업과 혁신으로 흘러갈 여지가 구조적으로 좁다. 자금은 집값을 높이는 데 묶여 있고, 산업의 생산성 향상에는 기여하지 못한다.

금융기관의 행태 역시 이러한 구조를 강화시켰다. 시중은행들은 상대적으로 안전하고 담보가 확실한 주택담보대출을 중심으로 영업을 확장하였다. 은행의 예대마진은 담보대출을 통해 안정적으로 확보할 수 있었고, 이는 은행이 산업대출보다는 가계대출을 더 선호하는 결과로 이어졌다. 지방은행들 역시 지역 기업에 대한 관계금융보다는 지역 내 부동산 시장과 연계된 대출에 집중하는 경우가 많았다. 보험사들은 부동산 프로젝트파이낸싱(PF)에 참여하며 건설경기와 부동산 시장의 변동에 민감하게 반응하였다. 증권사들 또한 부동산 관련 펀드, 리츠(REITs), 파생상품을 통해 자산시장에 깊이 관여했다. 금융기관 전체가 산업을 살리는 금융보다 부동산 중심의 자산금융에 더 많은 자원을 배분해온 것이다.

기업의 행태도 이러한 구조와 맞물렸다. 대기업들은 외부 차입에 의존하기보다 내부유보를 늘려왔고, 이는 은행 대출에 대한 수요를 줄였다. 실제로 한국 상장기업들의 현금성 자산은 2020년대 들어 사상 최고 수준으로 불어났지만, 투자 증가율은 둔화되었다. 기업들이 투자보다 배당이나 자사주 매입에 더 큰 비중을 두면서, 금융의 산업적 순환은 더욱 약화되었다. 중소기업의 상황은 그 반대였다. 담보력이 부족한 중소기업은 은행 신용에서 소외되었고, 대출을 받더라도 높은 금리를 감수해야 했다. 대기업과 중소기업 간 금리 스프레드는 확대되었으며, 이는 한국 금융이 산업 전반을 고르게 지원하지 못하는 현실을 보여준다.

정책 요인도 무시할 수 없다. 외환위기 이후 정부는 금융을 산업정책에서 분리하였다. 1960~80년대에는 산업은행, 수출입은행 등 정책금융기관이 장기·저리 자금을 공급하면서 중화학공업화와 수출산업 육성을 뒷받침했다. 그러나 외환위기 이후 금융의 주요 목표는 건전성 관리와 시장 안정으로 전환되었다. 금융은 더 이상 산업정책의 도구가 아니었다. 정책금융기관 역시 구조조정과 부실정리 업무에 치중하게 되었다. 그 결과 산업을 위한 장기자금 공급 기능은 크게 약화되었다.

부동산 정책 역시 금융을 자산 중심 순환에 묶어두는 역할을 했다. 정부는 집값 안정을 위해 LTV·DTI 같은 대출 규제를 강화하거나, 경기 부양을 위해 이를 완화하는 정책을 반복했다. 이 과정에서 금융은 산업보다 부동산 가격 안정과 경기 관리의 도구로 사용되었다. 보금자리론, 디딤돌대출, 전세자금대출 등 정책금융 상품도 결국은 가계부채 확대를 뒷받침하는 결과로 이어졌다.

이 모든 변화는 한국 금융의 순환이 산업 대신 자산으로 고착된 과정을 보여준다. 금융이 기업의 혁신적 투자와 고용 창출을 지원하기보다, 가계의 주택 구매와 자산가격 상승을 떠받치는 역할에 머문 것이다. 이러한 구조는 한국 경제의 성장잠재력을 약화시키고, 세대 간 자산격차와 불평등을 심화시키는 토대가 되었다.

4. 금융적 순환의 사회적 비용과 국제 비교

한국 금융의 순환이 산업 대신 자산에 갇히면서 경제와 사회는 여러 방면에서 심각한 비용을 치르게 되었다. 이러한 비용은 단순히 숫자로 표현되는 경제지표에 그치지 않는다. 성장잠재력의 약화, 불평등 심화, 세대 갈등과 정치적 양극화, 나아가 저출산 문제까지 광범위하게 연결되어 있다. 여기에 더해 국제적 사례와 비교하면, 금융이 무엇을 순환시키느냐가 한 국가의 운명을 어떻게 바꾸는지 더욱 뚜렷하게 드러난다.

첫째, 저성장의 고착화

금융이 산업 대신 자산을 순환할 때 가장 먼저 나타나는 결과는 성장잠재력의 약화이다. 산업적 순환이 정상적으로 작동하면 금융은 기업의 설비투자, 연구개발, 신산업 창출로 이어진다. 그 과정에서 생산성이 향상되고, 장기 성장률은 유지된다. 그러나 금융적 순환이 지배하면, 돈은 자산가격을 높이는 데에만 쓰인다. 생산능력은 정체되고, 고용 창출도 제한된다.

한국은 바로 이러한 과정을 겪고 있다. 2000년대 초반만 해도 한국의 잠재성장률은 4~5% 수준으로 평가되었다. 그러나 2020년대 들어 OECD와 IMF는 한국의 잠재성장률을 2% 초반대로 전망하고 있다. 이는 단순히 인구 고령화와 노동력 감소 때문만은 아니다. 기업투자가 부진하고, 혁신적 산업에 충분한 자금이 공급되지 못했기 때문이다.

대기업들은 막대한 사내유보금을 쌓아두었지만, 이를 신성장 분야에 과감하게 투자하지 않았다. 금융시스템은 이런 자금을 산업적 순환으로 유도하는 데 실패했고, 오히려 가계대출과 부동산 담보대출에 치중했다. 중소기업은 담보 부족으로 신용공급에서 배제되었고, 결과적으로 혁신의 싹은 자라지 못했다.

저성장은 단순한 성장률의 문제가 아니다. 잠재성장률 하락은 미래 세대가 누릴 수 있는 기회의 총량이 줄어든다는 것을 의미한다. 성장잠재력이 낮아지면 고용은 불안정해지고, 임금 상승은 제한된다. 그 결과 청년층은 '성장 없는 사회'에서 살아가야 한다. 이는 다시 소비 위축으로 이어져, 경제의 악순환을 고착화한다. 금융적 순환이 만든 저성장의 비용은 현재 세대뿐 아니라 미래 세대에게도 전가되는 것이다.

둘째, 불평등과 세대 갈등의 심화

금융적 순환의 또 다른 비용은 불평등의 확대와 세대 갈등의 심화다. 자산가격 상승은 자산을 이미 보유한 계층에만 이익을 준다. 무주택 청년층은 소득을 아무리 모아도 집값 상승 속도를 따라잡지 못한다.

한국은행·통계청의 〈가계금융복지조사〉(2024)에 따르면, 30대 이하 가구주 중 부모로부터 증여·상속을 받은 비율은 30% 수준에 불과하다. 나머지 대다수 청년층은 순전히 자신의 소득으로 자산을 축적해야 하는데, 이는 현실적으로 불가능에 가깝다. 2000년대 초반만 해도 평균 임금 근로자가 5~6년 저축하면 서울에 집을 살 수 있다는 계산이 가능했지만, 2020년대에는 15년 이상이 걸린다. '벼락거지'라는 신조어가 등장한 것은 이러한 현실을 반영한다.

세대별 자산격차는 숫자로도 뚜렷하다. 통계청 자료에 따르면, 60대 이상 가구의 평균 순자산은 20·30대 가구의 6배 이상이다. 자산 불평등은 단순히 소득 차이가 아니라 출발선 자체의 차이를 만든다. 청년층은 부모의 자산 지원 여부에 따라 삶의 궤적이 갈린다. 이로 인해 사회적 이동성이 약화되고, 계급 고착화가 가속화된다.

불평등과 세대 갈등은 삶의 선택에도 영향을 준다. 청년층은 결혼과 출산을 미루거나 포기한다. 주거 불안정과 자산 격차가 가장 큰 이유다. 따라서 금융적 순환은 단순히 자산시장의 문제가 아니라, 한국의 저출산 문제와도 직결된다. 금융이 부동산 가격을 끌어올리고 청년층의 자산 형성을 가로막는 동안, 사회 전체는 인구구조적 위기라는 더 큰 비용을 떠안게 된다.

셋째, 정치적 불안정과 사회적 양극화

금융적 순환은 정치적 안정성에도 심각한 영향을 미쳤다. 한국에서 부동산 문제는 경제를 넘어 정치의 최대 쟁점으로 자리 잡았다. 집값의 등락은 단순한 경제 현상이 아니라 정권의 성패를 좌우하는 결정적 요인으로 작용했다.

참여정부 시기에는 집값 상승 억제를 위한 강력한 규제가 시행되었지만, 그 과정에서 강남과 비강남의 자산 격차는 오히려 심화되었다. 문재인 정부 시기에도 부동산 정책은 핵심 정치 쟁점이었고, 20여 차례가 넘는 대책에도 불구하고 집값은 급등했다. 이러한 경험은 금융정책이 곧 부동산 정책으로 인식되도록 만들었고, 국민들은 정부의 성패를 자산시장과 직결시켰다.

정치적 양극화도 심화되었다. 자산을 보유한 집단은 규제를 반대하며 시장 자유화를 요구했고, 무주택 가구와 중산층은 규제 강화를 지지했다. 금융적 순환은 자산 보유 여부에 따라 이해관계를 갈라놓았고, 이는 곧 정치적 입장과 정당 지지로 연결되었다. 결국 금융적 순환은 단순한 경제 현상이 아니라 정치 체계 전반을 흔드는 힘으로 작용한 것이다.

국제 비교를 통해 보면 이 현상은 더욱 선명하다. 미국에서는 2008년 금융위기 이후 주택을 잃은 중산층이 정치적 불만 세력이 되었고, 이는 티파티(Tea Party) 운동과 트럼프 지지층으로 이어졌다. 영국에서는 금융화와 지역 간 불평등이 브렉시트 국민투표에서 중요한 배경으로 작용했다. 한국에서도 자산시장에 갇힌 금융이 정치적 불안정을 증폭시키는 메커니즘이 똑같이 나타나고 있는 셈이다.

국제 비교: 미국, 일본, 독일, 영국

미국은 금융적 순환의 위험을 가장 극적으로 보여준 사례다. 1980년대 이후 금융 자유화가 본격화되면서, 은행은 규제의 틀을 벗어나 새로운 대출 상품을 공격적으로 만들어냈다. 특히 2000년대 초반 저금리 기조 속에서 서브프라임 모기지가 급속히 확대되었다. 이 대출은 담보가 취약한 저신용 계층에게까지 공급되었으며, 그 자체로는 고위험 상품이었다. 그러나 금융기관은 이를 대규모로 증권화하여 파생상품으로 재가공했고, 전 세계 투자자에게 팔았다. 주택담보대출이 국제 금융상품으로 전환되면서, 미국의 금융적 순환은 전 세계적 차원으로 확산되었다.

결과는 잘 알려져 있다. 주택 가격 상승이 멈추자 담보가치가 붕괴했고, 서브프라임 대출은 대규모 부실로 전환되었다. 금융기관들은 연쇄적으로 파산 위기에 몰렸고, 2008년 리먼브러더스 파산은 글로벌 금융위기의 도화선이 되었다. 미국의 사례는 금융적 순환이 산업과 생산으로 이어지지 않을 때, 그것이 얼마나 폭발적인 파국으로 번질 수 있는지를 보여준다. 또한 주목해야 할 점은 위기 이후에 미국 사회의 양극화가 심화되었다는 것이다. 집을 잃은 중산층과 서민층은 정치적 불만 세력이 되었고, 이는 Tea Party 운동과 이후 트럼프 집권으로 이어졌다. 금융적 순환이 단지 경제의 문제가 아니라 사회와 정치 질서를 뒤흔든 것이다.

일본

일본은 장기침체의 사례다. 1980년대 후반 일본은 저금리정책과 엔고 완화 대책 속에서 대규모 유동성을 공급했다. 금융은 산업보다 부동산과 주식시장으로 몰려들었고, 도쿄 땅값은 세계에서 가장 비싼 수준에 이르렀다. 그러나 거품은 1990년대 초반에 붕괴했다. 자산가격이 급락하자 은행들은 대규모 부실채권을 떠안았고, 금융기관의 건전성 위기는 신용경색으로 이어졌다. 일본 정부는 대규모 재정지출과 제로금리정책으로 대응했지만, 금융이 다시 산업적 순환으로 돌아가지는 못했다. 그 결과 일본은 "잃어버린 20년"이라는 표현이 생길 만큼 오랜 기간 저성장에 머물렀다. 이 사례는 금융적 순환이 붕괴하면, 그 비용이 단기간에 끝나는 것이 아니라 장기적 침체로 이어질 수 있음을 보여준다. 한국 역시 2000년대 이후 자산시장 중심의 금융 구조를 강화해왔다는 점에서, 일본의 전철을 밟을 위험을 안고 있다.

독일

독일은 대조적 사례다. 독일은 금융자유화와 세계화의 압력 속에서도 산업적 순환을 유지하는 제도적 장치를 지켜왔다. 독일부흥은행(KfW)은 여전히 중소기업 지원, 에너지 전환, 환경 프로젝트 등 국가적 산업정책과 긴밀히 연결된 자금을 공급한다. 슈파카센(Sparkassen)과 협동조합은행은 지역기업과 장기적 관계를 맺으며, 산업적 투자에 안정적으로 자금을 공급해왔다. 이 구조 덕분에 독일은 2008년 글로벌 금융위기 이후에도 비교적 빠른 회복을 이룰 수 있었다. 금융이 자산거래보다 산업과 혁신을 순환시킬 때, 경제와 사회가 얼마나 안정적으로 성장할 수 있는지를 보여주는 긍정적 모델이다.

영국

영국은 또 다른 극단을 보여준다. 1980년대 대처 정부 시기, 금융 자유화와 '빅뱅(Big Bang)'으로 불린 런던 금융시장의 개혁은 영국을 세계 금융 중심지로 만들었다. 금융 부문은 급속히 팽창했고, 런던은 세계 자본이 모여드는 허브가 되었다. 그러나 금융의 팽창은 산업과 연결되지 않았다. 영국 제조업은 쇠퇴했고, 런던과 지방의 경제적 격차는 커졌다. 자산과 금융에 의존하는 성장모델은 계층 간 격차와 지역 불평등을 심화시켰고, 이는 결국 정치적 균열로 이어졌다. 브렉시트 국민투표는 그 결과물 중 하나였다. 금융화가 사회적 결속을 약화시키고 정치적 분열을 키운다는 점에서 영국은 한국이 반면교사로 삼아야 할 사례다.

국제 비교의 시사점

이 국제 비교는 금융이 어떤 경로로 순환하느냐에 따라 국가의 미래가 달라진다는 점을 명확히 보여준다. 미국과 일본은 금융이 자산에만 머무를 때 발생하는 위기와 장기침체의 위험을 보여준다. 영국은 금융화가 사회적 불평등과 정치적 분열을 확대하는 과정을 보여준다. 반대로 독일은 금융이 산업을 순환할 때, 안정성과 포용을 유지하면서도 글로벌 경쟁력을 강화할 수 있음을 증명한다.

한국은 현재 자산 중심 금융순환에 깊이 빠져 있다. 이 길을 그대로 간다면 일본식 장기침체와 미국·영국식 불평등 확대라는 이중의 위험을 동시에 겪을 수 있다. 따라서 지금 필요한 것은 금융을 다시 산업적 순환으로 돌리는 제도적 개혁이다. 금융이 기업 혁신, 중소기업 투자, 청년층 자산 형성, 지역경제 활성화로 흐르도록 만드는 것이야말로 저성장과 불평등, 정치적 불안정을 동시에 극복하는 길이다.

5. 생산지향적 금융순환의 기준

앞선 논의를 통해 우리는 한 가지 사실을 분명히 확인할 수 있었다. 금융이 무엇을 순환시키느냐가 국가 경제와 사회의 성격을 결정한다는 것이다. 금융이 산업과 혁신을 순환시키면 새로운 성장 동력이 만들어지고, 고용과 소득이 늘며, 사회적 안정이 확보된다. 그러나 금융이 자산과 부동산을 순환시키면 불평등이 확대되고, 세대 갈등이 심화되며, 정치적 불안정까지 초래된다.

케인스는 화폐가 결코 중립적이지 않음을 강조하며, 저축이 자동적으로 투자로 이어지지 않는다고 지적했다. 그는 화폐가 생산으로 흐를 때만이 선순환이 가능하다고 보았다. 슘페터는 은행의 신용창조를 '경제의 심장'이라 표현하며, 혁신을 촉발하는 힘으로 이해했다. 이들의 통찰은 오늘날에도 유효하다. 한국 금융은 지난 20년간 자산 중심의 순환에 갇히면서 산업적 순환의 고리를 잃어버렸다. 그 결과 저성장이 고착화되고, 세대 간 자산 격차가 확대되었으며, 정치적 양극화가 심화되었다.

국제 비교 역시 같은 교훈을 준다. 미국과 일본은 금융이 자산 중심으로 흐를 때 위기와 장기침체에 빠졌음을 보여주었다. 영국은 금융화가 사회적 불평등과 정치적 분열을 어떻게 심화시키는지를 극명하게 드러냈다. 반대로 독일은 금융이 산업과 지역에 뿌리를 두고 순환할 때, 위기 속에서도 안정과 경쟁력을 유지할 수 있음을 입증했다. 한국이 지금 선택해야 할 길은 명확하다.

그렇다면 생산지향적 금융순환의 기준은 무엇인가? 첫째, 금융은 혁신적 투자와 생산능력 확충을 우선적으로 지원해야 한다. 단기적 수익을 좇는 자산거래가 아니라, 장기적 성장 잠재력을 키우는 자금 공급이 필요하다. 둘째, 금융은 사회적 포용과 기회 균등을 보장해야 한다. 청년층과 중소기업이 금융에서 배제되지 않고, 자산 축적의 첫 단계를 밟을 수 있도록 설계되어야 한다. 셋째, 금융은 지역경제와 산업생태계를 함께 순환시켜야 한다. 수도권과 대기업 중심의 자금 흐름을 넘어서, 지역과 중소기업에도 균형 있게 자금이 공급되어야 한다.

이러한 기준은 단순한 이상이 아니라 실질적 대안의 방향이다. 금융이 생산을 순환하도록 제도를 설계하고, 정책금융기관과 민간금융이 역할을 분담하며, 규제 체계를 자산 편중에서 혁신과 산업 지원으로 재조정해야 한다. 그래야만 금융은 다시 산업과 사회의 심장으로서 기능할 수 있다.

결국 이 장에서 던진 질문—"금융은 무엇을 순환시켜야 하는가?"—의 답은 명확하다. 금융은 산업과 혁신, 고용과 소득, 그리고 사회적 안정을 순환시켜야 한다. 이것이야말로 한국이 저성장과 불평등의 덫을 벗어나 새로운 도약을 이루는 길이며, 이 책 2부 '생산적 금융을 위한 재구성 전략'의 출발점이다.

7장

산업과 금융의 분리: 원인과 귀결

1. 1990년대 이후의 전환점

한국 경제에서 금융과 산업의 관계는 오랫동안 긴밀하게 얽혀 있었다. 1960~1980년대의 고도성장기는 정부 주도의 산업정책과 금융정책이 맞물려 돌아가던 시기였다. 금융은 단순한 중개 기능을 넘어, 특정 산업을 육성하고 새로운 성장 동력을 만드는 국가적 수단이었다. 산업은행, 수출입은행, 중소기업은행과 같은 정책금융기관은 장기·저리의 자금을 공급하며 중화학공업화와 수출산업 발전을 뒷받침했다. 은행 대출의 방향은 정부가 정하는 산업정책과 밀접하게 연결되었고, 이로 인해 금융은 곧 산업적 순환의 통로가 될 수 있었다.

그러나 1990년대 후반 외환위기는 이 관계를 근본적으로 뒤

흔들었다. 위기를 계기로 한국은 금융시스템을 전면적으로 재편해야 했고, 그 과정에서 산업과 금융의 유기적 연결은 끊어졌다. 국제통화기금(IMF) 관리체제하에서 시행된 구조조정과 금융자유화는 금융을 '건전성 유지'와 '시장 자율'이라는 틀 안에 가두었다. 이전까지 산업정책과 금융정책이 하나의 축으로 움직였다면, 이제는 금융은 건전성 규율을 따르는 독립적 영역이 되었고, 산업정책은 시장에 맡겨야 한다는 논리가 지배하게 되었다.

이 전환은 단순히 정책의 변화가 아니었다. 금융의 성격 자체가 달라졌다. 은행은 더 이상 위험을 감수하며 기업에 장기자금을 공급하는 기관이 아니라, 단기적 수익을 추구하고 리스크를 최소화하는 상업적 금융기관으로 자리 잡았다. 기업 역시 금융을 혁신 투자나 산업 확장보다는, 주로 단기 자금 조달이나 자산 운용의 수단으로만 활용하게 되었다. 그 결과 금융은 산업을 순환하는 고리를 점점 잃어버렸고, 대신 자산시장을 순환하는 고리로 고착화되었다.

1990년대 이후 한국 경제의 가장 큰 특징은 바로 이 지점에 있다. 산업과 금융이 분리되면서 경제의 성장 패러다임도 변했다. 과거에는 금융이 산업을 밀어올리는 동력이었다면, 이제 금융은 오히려 산업을 제약하거나, 산업과 무관하게 자산을 부풀리는 기능으로 작동하기 시작했다. 이러한 변화는 저성장, 불평등, 세대 갈등, 정치적 불안정 등 오늘날 한국 사회가 직면한 구조적 문제와 직결된다.

따라서 이 장의 과제는 명확하다. 왜 1990년대 이후 산업과 금융이 분리되었는가? 그 구조적 원인을 세계화, 금융자유화, 산업정책의 후퇴, 그리고 부동산 중심 금융 구조의 고착이라는 여러 측면에서 차례대로 해부하는 것이다. 이를 통해 한국 금융이 산업적 순환을 잃어버린 경로를 밝히고, 앞으로의 재구성 논의를 위한 토대를 마련하고자 한다.

2. 세계화와 금융자유화: 한국의 구조적 취약성과 결과

1990년대 중반 이후 한국 금융의 자유화는 두 개의 굵직한 전환점을 거쳤다. 하나는 1996년 OECD 가입을 앞두고 내부적으로 추진된 금융·자본시장 자유화였고, 다른 하나는 1997년 외환위기와 그에 따른 IMF 구제금융 조건이었다. 전자는 정치·외교적 목표가 앞선 '내부적 선택'이었다면, 후자는 국제 규율을 수용할 수밖에 없었던 '외부적 강제'였다. 이 두 흐름은 상호 맞물리며 한국 금융의 성격을 근본적으로 바꿔놓았다. 금융은 더 이상 산업정책을 뒷받침하는 도구가 아니었고, 오히려 국제 건전성 규율과 글로벌 자본 흐름에 종속된 영역으로 전환되었다. 문제는 당시 한국의 산업 구조와 금융감독 체계가 이를 흡수하거나 완충하기에 턱없이 취약했다는 점이었다.

OECD 가입과 내부적 금융자유화

김영삼 정부가 집권 초기부터 내세운 국가적 기조는 '세계화'였다. 이는 단순한 구호가 아니라 한국 경제가 더 이상 보호주의에 머물지 않고, 국제 자본·상품·노동의 흐름 속에서 경쟁하겠다는 선언이었다. 그 결정적 이정표가 1996년 12월 OECD 가입이었다. 한국은 아시아 국가 가운데 일본을 제외하고 가장 먼저 OECD에 가입한 나라가 되었다. 이는 한국이 더 이상 '개도국'이 아닌, 선진국 클럽의 일원임을 대외적으로 과시하는 사건이었다.

그러나 OECD 가입은 단순한 정치적 상징을 넘어 실질적 조건을 요구했다. 특히 금융·자본시장의 자유화가 핵심이었다. 정부는 1993년 금융자율화 종합계획을 세우고, 1995년부터 본격적으로 금리 자유화와 외환관리 완화, 자본시장 개방을 추진했다.

첫째, 금리 자유화는 1991년 기업자금 대출금리부터 시작해 1995년에는 대부분의 예금·대출 금리가 시장금리에 의해 결정되도록 바뀌었다. 이는 한국 금융시스템이 처음으로 정부 통제에서 벗어나 '시장 논리'를 받아들인 조치였다.

둘째, 외환관리 완화도 중요한 변화였다. 외국환은행 지정제가 폐지되면서 기업들은 자유롭게 해외차입을 할 수 있게 되었고, 이로 인해 단기 외화부채가 급증했다. 1993년 말 430억 달러 수준이던 단기 외채는 1996년 말 650억 달러 이상으로 불어났다.

셋째, 외국인 투자 규제 완화가 뒤따랐다. 주식시장에서 외국인 투자 한도가 단계적으로 확대되었고, 채권시장도 점진적으로 개방되었다.

문제는 이러한 자유화가 경제 내부의 준비와 균형 속에서 진행된 것이 아니라, 'OECD 가입'이라는 정치·외교적 목표를 위해 서둘러 추진되었다는 점이다. 산업적 기반은 여전히 취약했다. 한국 경제는 반도체·자동차·조선 등 일부 대기업 주력 산업에 과도하게 의존하고 있었고, 중소기업은 대기업 하청구조에 묶여 자생력이 약했다. 고부가가치 서비스업은 미비했고, 내수 기반도 취약했다. 자본 조달 역시 은행 차입에 절대적으로 의존했고, 주식·채권을 통한 직접 금융은 걸음마 단계였다.

즉, 한국 산업은 금융자유화로 발생할 수 있는 자본시장 변동성과 외부 충격을 흡수하거나 완충할 다층적·균형적 구조를 갖추지 못한 상태였다. 이는 이후 외환위기의 도화선이 되었다.

IMF 구제금융과 급격한 자유화

1997년 외환위기는 이러한 취약성을 한꺼번에 드러냈다. 태국 바트화 폭락으로 시작된 아시아 금융위기가 한국으로 번지자, 단기 외채에 의존하던 한국 기업과 금융기관은 순식간에 유동성 위기에 빠졌다. 1997년 말 단기 외채는 외환보유액을 훨씬 웃돌았고, 외국인 투자자들은 급격히 자금을 회수했다. 원·달러 환율은 한 달 만에 900원대에서 1,700원대로 폭등했다.

결국 한국 정부는 IMF에 구제금융을 요청했다. IMF는 약 580억 달러 규모의 지원을 약속하는 대신, 전례 없는 구조조정을 요구했다. 구제금융 조건의 핵심은 세 가지였다.

첫째, 자본시장 전면 개방이다. 외국인 주식·채권 투자 규제가 철폐되었고, 국내 은행·기업에 대한 외국인 지분 인수도 허용되었다. 이로 인해 외국계 금융기관과 투자자본이 한국 시장에 대거 진입했다.

둘째, 금융감독체계 개혁이다. IMF는 은행·보험·증권을 각각 따로 감독하던 체제를 비효율적이라고 보고, 금융감독 일원화를 요구했다. 1998년 금융감독위원회가 출범하면서 한국 금융시스템은 국제적 규율에 맞춰 재편되었다.

셋째, 부실 금융기관 정리였다. 수십 개 종합금융사와 은행이 퇴출당했고, 살아남은 은행들도 대규모 구조조정을 거쳐야 했다. 한보·기아 사태로 촉발된 대기업 부실은 금융권의 연쇄 부실을 불렀고, 이는 곧 대량 해고와 사회적 충격으로 이어졌다.

이러한 급격한 개방과 구조조정은 한국 금융의 성격을 완전히 바꾸었다. 과거에는 정부의 산업정책과 긴밀히 연계되었던 금융이 이제는 건전성 유지와 국제 규율 준수라는 잣대에 따라 움직이게 된 것이다. 은행들은 더 이상 위험을 감수하며 장기산업자금을 공급하지 않았다. 대신 단기적 수익성과 리스크 관리에 몰두했다.

BIS 규제와 국제 건전성 기준

IMF 프로그램 속에서 도입·강화된 또 하나의 중요한 변화는 BIS 자기자본비율 규제였다. 은행이 위험가중자산 대비 최소 8% 이상의 자기자본을 보유해야 한다는 국제적 규율은, 한국 은행의 대출 행태를 근본적으로 바꿔놓았다.

핵심은 위험가중치의 차별이었다. 주택담보대출에는 35%의 위험가중치가 부여(최근에는 15%까지 낮아짐)된 반면, 기업·중소기업대출에는 100%가 적용되었다. 이는 동일한 금액을 대출할 경우, 은행이 주택담보대출을 실행하는 편이 자기자본 부담이 훨씬 적다는 의미였다. 당연히 은행들은 담보가 확실한 주택담보대출로 쏠렸고, 위험도가 높은 기업대출은 축소되었다.

그 결과 가계부채는 폭발적으로 증가했다. 1990년대 초 GDP 대비 40% 수준이던 가계부채는 2000년대 중반 70%, 2020년대에는 100%를 넘어섰다. 반면 혁신기업과 중소기업은 신용공급에서 점점 배제되었다. BIS 규제는 한국 금융을 자산 중심 순환에 고착시키는 제도적 장치로 작동했다.

자본시장 개방과 단기자본 선호

IMF 체제 이후 한국은 자본시장을 급속히 개방했다. 외국인 투자자의 국내 주식 보유 비중은 1992년 5%에 불과했으나, 2004년에는 40%를 돌파했다. 채권시장에도 외국인 자금이 대거 유입되었다. 그러나 이 자금은 본질적으로 단기적 성격이 강했다.

2008년 글로벌 금융위기 때 외국인 자본은 순식간에 빠져나갔고, 원화 환율은 급등했으며, 주식시장은 폭락했다. 2020년 코로나19 팬데믹 때도 비슷한 현상이 반복되었다. 단기자본의 유출입은 금융시장의 불안정을 확대했고, 금융기관은 장기적 산업금융보다는 단기적 유동성 관리와 글로벌 투자자의 선호에 맞춘 자산운용을 강화할 수밖에 없었다.

결국 한국 금융은 점점 더 '글로벌 자본'을 의식하는 구조로 변했다. 이는 금융이 산업과의 관계를 더욱 소홀히 하고, 자산시장과 단기 수익에 집중하는 결과를 낳았다.

금융기관의 행태 변화

이러한 변화 속에서 금융기관의 성격 자체가 달라졌다. IMF 이전의 은행은 정부 산업정책에 따라 특정 산업에 장기 대출을 공급하거나 관계금융을 수행했다. 그러나 IMF 이후 은행은 건전성과 수익성을 최우선하는 상업적 금융기관으로 변모했다.

대출 심사는 기업의 성장 가능성보다 담보와 신용등급에 의존하게 되었고, 장기적 위험을 감수하는 산업금융은 자취를 감췄다. 은행의 대출 포트폴리오는 기업금융에서 가계부동산금융으로 이동했다. 지방은행·보험사·증권사 역시 부동산 프로젝트파이낸싱

(PF)과 단기 자산운용에 몰두했다. 금융기관은 산업을 키우기보다 부동산과 자산시장에서 안정적인 수익을 추구했다.

3. 산업과 금융의 분리라는 구조적 귀결

이 모든 과정을 종합하면, 1990년대 이후 세계화와 금융자유화는 한국에서 산업과 금융의 연결을 근본적으로 끊어놓았다. OECD 가입을 위한 내부적 자유화는 정치적·외교적 목표가 앞선 선택이었고, IMF 구제금융 조건은 외부적 강제였다. BIS 규제와 자본시장 개방은 금융을 자산 편중 구조로 고착시켰고, 금융기관은 상업적 수익성에 몰두했다.

그러나 그 시점의 한국 산업은 이를 흡수하거나 완충할 내구성을 갖추지 못했다. 특정 대기업에 의존한 산업 구조, 중소기업과 서비스업의 취약성, 은행 차입 중심의 자금 조달 방식, 미비한 자본시장 기반은 모두 금융자유화의 충격을 고스란히 실물경제로 전가시켰다. 그 결과 한국 금융은 산업적 순환에서 이탈해 자산 중심 순환에 고착되었고, 이는 저성장·불평등·가계부채 위기의 토대가 되었다.

8장

산업·금융순환의 재구성 가능성

1. 한국의 역사적 경험에서 얻는 교훈

1990년대 이후 한국은 금융자유화와 세계화의 흐름 속에서 산업과 금융의 분리를 경험했다. 이는 단순히 정책적 실패가 아니라, 국제적 규율과 국내 구조적 취약성이 맞물려 만들어낸 결과였다. 그러나 이 과정은 동시에 소중한 교훈을 남겼다. 한국이 다시 산업과 금융의 균형적 관계를 회복하기 위해서는 과거의 경험을 냉철히 성찰하고, 해외 사례에서 얻을 수 있는 통찰을 종합해야 한다. 이 절에서는 먼저 역사적 교훈을 정리하고, 이어서 한국이 구축할 수 있는 가능한 체제의 방향성을 제시한다.

　1990년대 이후 한국의 금융자유화와 세계화의 과정은 단순한 제도 개혁이 아니라, 경제 체질과 사회 구조 전반을 뒤흔든 거대한 전환이었다. 그 과정에서 드러난 경험은 오늘날 한국이 금융과 산업의 균형을 재구성하려는 논의에서 반드시 짚어야 할 역사적 교훈을 제공한다. 특히 한국 경제가 직면했던 위기와 제도적 변화는 국제적 규율과 국내 구조적 한계가 얽히며 나타난 결과였다는 점에서, 단순히 정책 선택의 문제가 아니라 구조적 맥락을 이해하는 것이 중요하다. 여기서는 세 가지 핵심 교훈을 중심으로 한국의 경험을 구체적으로 살펴본다.

정치·외교적 목표가 경제적 내실을 앞섰을 때의 위험

1996년 한국의 OECD 가입은 국가적 위상을 한 단계 끌어올린 상징적 사건이었다. 그러나 이 결정은 국내 산업 기반과 금융제도가 충분히 준비되지 않은 상태에서 추진된 측면이 컸다. 당시 정부는 '선진국 클럽' 진입을 통해 정치적·외교적 입지를 강화하려 했지만, 실제로는 금융·자본시장의 조기 개방을 의미했다.

이 과정에서 단기 외채 의존은 급격히 증가했다. 외국계 은행과 단기 차입에 과도하게 의존하면서 한국 금융기관들은 외화 유동성 위험에 취약해졌다. 당시 국내 은행들은 자체적인 리스크 관리 체계를 갖추지 못한 채 국제 자본 유입에 의존했으며, 기업들은 만기구조가 짧은 차입을 통해 과잉투자를 이어갔다. 그 결과, 1997년 외환위기는 단순한 환율 불안이 아니라, 준비되지 않은 자유화와 구조적 취약성이 결합하여 폭발한 위기였다.

이 경험은 국가적 위상 제고라는 정치·외교적 목표가 산업 기반 강화나 금융감독 제도 정비보다 우선시될 경우, 경제 전반이 치명적 위기에 노출될 수 있음을 잘 보여준다. 즉, 개방의 속도와 범위는 국내 경제의 흡수 능력과 균형을 맞춰야 한다는 점이 중요한 교훈이다.

IMF 조건부 개혁이 가져온 구조적 제약

1997년 외환위기 이후 한국은 IMF 구제금융을 수용하며 대규모 구조개혁을 단행했다. 단기 유동성 위기 극복에는 효과가 있었지만, 장기적으로 한국 금융의 성격을 근본적으로 바꿔놓았다.

IMF 프로그램의 핵심에는 BIS 자기자본비율 규제와 국제회계기준 도입이 있었다. 이는 국제 금융시장에서 신뢰를 회복하는 데 필수적이었지만, 동시에 은행들이 장기·고위험 산업대출을 회피하게 만드는 강력한 유인으로 작용했다. 특히 중소기업대출은 높은 위험가중치로 인해 은행의 부담이 커졌고, 대신 담보가 확실한 부동산·가계대출이 선호되었다. 결과적으로 산업금융은 위축되고, 한국 금융은 점차 자산시장 중심으로 이동하게 되었다.

또한 자본시장 개방 확대는 국내 금융기관들을 글로벌 자본 흐름에 더욱 종속시켰다. 외국인 투자자금의 유입과 유출은 주식·채권시장을 통해 실물경제에 직접적인 충격을 가했고, 국내 금융정책은 자율성을 상당 부분 상실하게 되었다. 한국이 위기 극복을 위해 받아들인 국제적 규율은 단기적으로는 불가피했을지 모르나, 장기적으로는 산업과 금융의 결합을 약화시키는 구조적 제약으로 작동했다.

산업 구조의 취약성이 금융 충격을 증폭시킨 사례

한국 산업은 전통적으로 소수 대기업에 대한 높은 의존도를 특징으로 했다. 1990년대 당시에도 반도체·조선·자동차 등 일부 제조업이 수출과 고용을 주도했지만, 중소기업의 자생력은 여전히 취약했고 서비스업과 내수 기반은 미비했다. 이러한 편중 구조는 금융 충격이 발생했을 때 경제 전반으로 빠르게 전이되는 통로가 되었다.

예를 들어, 외환위기 당시 대기업들은 외화표시 단기차입에 의존했는데, 환율 급등과 외화 유동성 경색이 발생하자 이들의 부채 부담은 급격히 증가했다. 은행들은 대기업 부실을 흡수하지 못했고, 이는 곧 중소기업과 가계로 파급되었다. 만약 한국 경제가 보다 다층적이고 균형 잡힌 산업 구조—즉, 다양한 중소기업, 내수 기반 서비스업, 지식집약 산업이 공존하는 구조—를 갖추고 있었다면, 금융 충격의 일부는 흡수되거나 완화될 수 있었을 것이다.

따라서 산업의 다변화와 자생력 강화가 금융 안정의 핵심 조건이라는 점이 분명해졌다. 금융 충격을 흡수할 수 있는 완충 장치가 산업 내부에 존재하지 않는다면, 어떤 위기도 곧 국가 전체의 위기로 증폭될 수밖에 없다.

종합적 시사점

한국의 경험은 금융과 산업이 분리될 때 경제가 얼마나 취약해질 수 있는지를 명확히 보여준다. 정치·외교적 목표가 경제적 현실보다 앞서면 위기가 발생하고, 국제적 규율을 무비판적으로 수용하면 산업금융은 위축되며, 산업 구조가 다층적이지 못하면 금융충격은 증폭된다.

이 세 가지 교훈은 오늘날 한국이 산업과 금융의 균형적 관계를 회복하려는 논의에서 반드시 고려해야 할 토대다. 즉, 자율성과 전략성을 확보한 개방, 산업적 특수성을 반영한 제도 설계, 다층적 산업 구조 육성이 없다면, 한국은 다시 한번 외부 충격에 휘둘리는 불안정한 체제를 반복할 위험이 크다.

2. 해외 사례에서의 교훈

한국의 경험을 더 분명하게 이해하기 위해서는 해외 주요국들이 어떻게 금융과 산업의 관계를 유지·발전시켜 왔는지를 살펴볼 필요가 있다. 특히 독일, 일본, 미국은 각기 다른 제도적 배경과 정책적 선택 속에서 산업금융의 결합을 유지하거나 새로운 방식으로 재구성하였다. 이 세 가지 사례는 한국이 직면한 과제를 풀어 나가는 데 중요한 비교 기준을 제공한다.

독일의 산업금융 모델: 은행 중심 체제와 장기 자금 공급

독일은 오랫동안 은행 중심의 금융체제(Bank-based system)를 유지해왔다. 주식시장 중심의 영미식 금융과 달리, 은행이 기업과의 관계금융을 통해 장기적인 자금 공급을 담당했다. 이 과정에서 대형 상업은행(Commerzbank, Deutsche Bank 등), 지역 공공은행인 슈파카센(Sparkassen), 그리고 공공투자은행 독일부흥은행(KfW)이 핵심적 역할을 수행했다.

특히 슈파카센과 독일부흥은행(KfW)은 단순한 금융기관을 넘어 산업정책의 집행 도구였다. 슈파카센은 지역 중소기업(Mittelstand)과 긴밀한 관계를 맺고, 장기·저리 대출을 제공하여 지역 경제의 안정적 성장을 뒷받침했다. 독일부흥은행(KfW)은 제2차 세계대전 이후 독일 재건을 지원하는 과정에서 설립되어, 이후 에너지 전환, 디지털 인프라 구축, 중소기업 혁신 등에 장기 투자 자금을 공급해왔다.

흥미로운 점은, 독일 역시 BIS 규제와 같은 국제적 규율을 적용받았음에도 불구하고, 지역은행과 정책금융을 통해 산업적 순환을 유지할 수 있었다는 사실이다. 이는 국제 규율 속에서도 제도적 융통성과 정책적 차별화가 가능하다는 점을 보여준다. 한국처럼 기계적으로 국제 기준을 수용한 경우와 달리, 독일은 자국의 산업적 특수성과 제도적 전통을 살려 규제를 조정했다는 점에서 시사점이 크다.

일본: JFC 중심의 정책금융 다층 구조와 포괄적 산업·사회금융 모델

일본은 1990년대 버블 붕괴라는 대규모 금융위기를 겪었지만, 지역금융과 정책금융을 결합하여 산업적 기반을 일정 부분 유지했다. 일본의 지역은행(Regional banks)은 버블 붕괴 이후 부실채권에 시달렸지만, 정부는 강도 높은 구조조정보다는 점진적 정리와 정책적 지원을 택했다. 그 결과, 오늘날에도 64개 지방은행 체제가 대체로 유지되고 있다.

또한 일본은 정책금융기관(Japan Finance Corporation, Development Bank of Japan 등)을 통해 산업 전환을 적극 지원했다. 특히 신산업 육성, 에너지 효율화, 중소기업 혁신 지원 등에서 정책금융은 중요한 자금 공급 통로가 되었다.

주목할 점은 BIS 자기자본비율 규제를 적용할 때, 도시은행(메가뱅크)과 지역은행에 차별적 기준을 적용했다는 것이다. 도시은행에는 엄격한 규율을 적용하여 국제 신뢰를 유지했지만, 지역은행에는 보다 완화된 기준을 허용함으로써 중소기업과 지역산업에 자금이 공급될 수 있는 여지를 남겨두었다. 이 같은 접근은 한국이 IMF 위기 이후 모든 은행에 일률적으로 규율을 적용했던 것과 대조적이다. 일본의 사례는 산업과 금융의 최소한의 연결을 유지하려는 정책적 노력이 있었다는 점에서 시사성을 가진다.

미국의 자본시장 중심 체제와 혁신금융

미국은 전통적으로 자본시장 중심의 금융체제(Market-based system)를 발전시켜왔다. 은행이 중심이었던 독일이나 일본과 달리, 기업 자금 조달의 상당 부분이 주식·채권시장과 벤처캐피털을 통해 이루어진다.

특히 실리콘밸리의 성장은 미국 금융의 독특한 장점을 잘 보여준다. 벤처캐피털과 사모펀드, 그리고 나스닥을 중심으로 한 혁신기업 상장시장은 위험을 분산시키면서도 새로운 산업을 적극 지원했다. 예컨대 애플, 구글, 테슬라와 같은 기업들은 은행 대출이 아니라 자본시장에서의 모험자본 유입 덕분에 성장할 수 있었다.

물론 미국 금융은 단기적 자본 이동과 투기적 버블의 위험을 내포했다. 2000년대 닷컴버블과 2008년 글로벌 금융위기는 자본시장 중심 체제가 가진 구조적 취약성을 드러낸 대표적 사례였다. 그러나 동시에 미국은 파산법, 증권거래 규제, 공적 보증제도 등 제도적 장치를 통해 위험을 관리하면서 산업혁신과 금융을 연결하는 생태계를 발전시켰다. 즉, 단기적 불안정성과 장기적 혁신 지원이 병존하는 복합적 체제를 구축한 것이다.

세 나라의 경험 종합

세 나라의 경험은 한국에 여러 교훈을 준다. 독일의 경우, 은행 중심 관계금융과 정책금융의 결합을 통해 산업적 기반을 안정적으로 지원했다. 일본은 완화된 규율과 지역금융 유지 전략을 통해 산업과 금융의 최소한의 연결을 지켰다. 미국은 자본시장 중심 체제의 장점을 살려 혁신기업의 성장을 촉진했다.

즉, 금융과 산업을 연결하는 방식은 제도적 전통과 국가적 상황에 따라 달라질 수 있다. 중요한 것은 국제 규율의 기계적 수용을 피하고, 자국의 산업·지역적 특수성을 반영한 제도 설계를 하는 것이다. 해외 사례는 한국이 산업금융을 재구성하는 과정에서 "다른 길이 가능하다"는 점을 보여주는 중요한 증거다.

3. 한국이 얻어야 할 정책적 시사점

해외 주요국들의 경험과 한국의 역사적 경험을 교차해 볼 때, 오늘날 한국이 금융과 산업의 균형적 관계를 회복하기 위해 얻어야 할 시사점은 분명하다. 그것은 단순한 제도적 수정이 아니라, 금융시스템의 성격과 산업정책의 방향을 동시에 재설계해야 한다는 점이다. 한국은 IMF 이후 국제 규율을 그대로 받아들였고, 금융 안정성 위주의 정책 기조를 지나치게 강조하면서 산업금융의 기능을 소홀히 했다. 그 결과 금융은 자산시장에 머물렀고, 산업은 충격을 흡수할 장치를 마련하지 못한 채 불안정성을 키워왔다. 이러한 과거의 한계를 극복하기 위해 최소한 세 가지 차원의 정책적·제도적 교훈을 도출할 수 있다.

국제 규율의 기계적 수용을 피해야 한다

첫 번째 시사점은 국제 금융규율을 무비판적으로 수용하는 태도를 지양해야 한다는 것이다. 한국은 IMF 위기 이후 BIS 자기자본비율 규제, 국제회계기준(IFRS) 도입, 자본시장 자유화 등 일련의 개혁을 거의 그대로 도입했다. 이러한 제도들은 국제적 신뢰를 회복하는 데는 효과적이었지만, 산업금융의 축소라는 부작용을 낳았다.

　독일과 일본의 사례는 다른 길이 가능함을 보여준다. 독일은 BIS 규제를 수용하면서도 슈파카센과 독일부흥은행(KfW) 같은 제도를 통해 산업적 자금 공급을 보장했고, 일본은 도시은행과 지역은행에 차별적 규율을 적용해 지역산업과 중소기업의 자금 공급을 유지했다. 반면 한국은 모든 은행에 동일한 규율을 적용했고, 그 결과 중소기업대출은 축소되고 가계·부동산 대출이 급증하는 왜곡이 심화되었다.

　따라서 한국은 국제적 규율을 수용하되, 이를 자국의 산업 구조와 지역적 특수성에 맞게 조정할 수 있는 제도적 장치를 마련해야 한다. 이는 국제 규율을 거부하거나 배제하자는 것이 아니라, 융통성과 전략성을 발휘해 '선택적 수용'을 해야 한다는 의미다. 국제 규율을 자국 경제의 장기 발전 전략에 부합하도록 변형·재해석하는 능력이 필요하다.

정책금융의 역할을 재정립해야 한다

두 번째 시사점은 정책금융의 위상을 보조적 역할에서 핵심적 축으로 끌어올려야 한다는 것이다. 한국은 산업은행, 수출입은행, 기술보증기금 등 정책금융기관을 보유하고 있으나, IMF 이후 금융시스템의 전반적 기조가 '건전성 위주'로 흐르면서 이들 기관은 점차 주변적 역할로 밀려났다.

그러나 독일의 독일부흥은행(KfW), 일본의 정책투자은행(Development Bank of Japan), 미국의 중소기업청(SBA) 사례는 정책금융이 단순히 시장 실패를 보완하는 역할을 넘어, 산업 구조 전환과 혁신을 선도하는 역할을 할 수 있음을 보여준다. 한국의 정책금융기관도 단순히 은행 대출을 보완하는 존재가 아니라, 산업과 금융을 다시 연결하는 핵심 축으로 재정립되어야 한다. 예컨대, 녹색 전환, 디지털 전환, 지역 혁신산업 지원 등 국가적 전략 과제에 장기 자금을 공급하는 기능을 강화해야 한다.

이를 위해서는 정책금융기관의 자본 확충, 투자 기능 강화, 민간 금융과의 협력 구조 설계가 필요하다. 동시에 정책금융이 단기 수익성보다는 장기적 산업 생태계 조성에 초점을 맞추도록 제도적 뒷받침이 요구된다.

다층적 산업 구조를 육성해야 한다

세 번째 시사점은 금융 충격을 흡수할 수 있는 산업적 완충 장치를 마련하기 위해 다층적이고 균형 잡힌 산업 구조를 육성하는 것이다. 한국은 여전히 소수 대기업과 특정 제조업(예: 반도체, 자동차, 조선 등)에 지나치게 의존하고 있으며, 서비스업, 지식집약 산업, 내수 기반 산업은 상대적으로 취약하다. 이러한 편중은 외부 충격이 발생할 때 경제 전반의 불안정을 증폭시킨다.

따라서 한국은 중소기업과 스타트업, 내수 서비스업, 창의적·지식집약적 산업이 성장할 수 있는 제도적·금융적 토대를 강화해야 한다. 독일의 미텔슈탄트(Mittelstand, '강소기업'으로 잘 알려진 독일의 중소기업)처럼 장기적 관계금융을 통해 중소기업이 안정적으로 성장하고, 일본의 지역은행처럼 지역 기반의 산업이 금융 지원을 받는 구조가 필요하다. 금융이 산업 전반의 다층적 구조와 연결되어 있을 때만, 충격이 특정 부문에 집중되지 않고 분산될 수 있다.

여기에는 금융만이 아니라 교육, 노동시장, 지역 균형발전 정책이 결합되어야 한다. 산업의 다층화와 자생력 강화는 단순한 경제정책이 아니라 국가 시스템 전반의 과제라는 점에서, 산업정책과 금융정책의 긴밀한 결합이 무엇보다 중요하다.

국제 규율 – 정책금융 – 산업 구조를 묶어내는 전략

이 세 가지 시사점은 상호 분리된 과제가 아니다. 국제 규율의 융통적 수용은 정책금융 강화와 맞물려야 하고, 정책금융의 강화는 다층적 산업 구조 육성과 연결되어야 한다. 다시 말해, 한국이 금융과 산업의 균형적 순환을 회복하려면 국제 규율 – 정책금융 – 산업 구조를 하나의 유기적 체계로 묶어내는 전략이 필요하다.

만약 이러한 방향 전환이 이루어지지 않는다면, 한국은 여전히 금융이 자산시장 중심으로 머물고 산업은 외부 충격에 취약한 상태에서 벗어나지 못할 것이다. 그러나 과거의 교훈과 해외 사례를 바탕으로 제도를 재설계한다면, 한국 역시 금융과 산업이 상호 보완적으로 순환하는 체제를 구축할 수 있을 것이다.

4. 지향해야 할 생산적 금융체제의 방향

앞서 살펴본 역사적 경험과 해외 사례, 그리고 그로부터 도출한 시사점을 토대로 할 때, 오늘날 한국이 지향해야 할 체제는 분명하다. 그것은 산업과 금융이 다시 순환적으로 연결된 생산적 금융체제다. 이 체제는 금융이 단순히 자산가격 변동을 확대하거나 단기 수익을 추구하는 데 머무르는 것이 아니라, 산업의 혁신과 고용 창출, 지역 균형 발전에 기여하는 구조를 의미한다. 이를 위해서는 몇 가지 구체적 방향이 필요하다.

정책금융의 전략적 강화

첫 번째 방향은 정책금융기관의 전략적 강화이다. 한국산업은행(KDB), 수출입은행, 기술보증기금 등은 IMF 위기 이후에도 존재했지만, 점차 금융시스템 전체에서 보조적 역할로 축소되었다. 그러나 이제 이들 기관은 단순한 보완재가 아니라 장기 산업자금 공급의 중심축으로 자리매김해야 한다.

예를 들어, 독일의 KfW는 에너지 전환(Energiewende)과 디지털 인프라 투자에서 핵심 역할을 했고, 일본의 정책금융기관들은 지역산업 전환과 중소기업 지원을 담당했다. 한국 역시 녹색 전환, 디지털 전환, AI·반도체·바이오와 같은 전략산업 육성, 그리고 지역혁신산업 지원에서 정책금융의 역할을 강화할 필요가 있다.

이를 위해서는 정책금융기관의 자본 확충, 투자 기능 강화, 민간 금융과의 협력적 분담 구조가 필요하다. 나아가 정책금융은 단기 수익성보다는 국가적 전략과 산업 생태계 조성에 초점을 맞춰야 한다. 이것이 가능할 때 금융은 단순한 시장 보완재가 아니라, 산업정책의 동반자가 될 수 있다.

규율의 차별적 적용

두 번째 방향은 금융 규율의 차별적 적용이다. IMF 위기 이후 한국은 BIS 자기자본비율 규제를 기계적으로 모든 은행에 동일하게 적용했다. 그 결과 중소기업·혁신투자 대출은 고위험으로 분류되어 위축되고, 반대로 부동산담보대출은 저위험으로 간주되어 확대되었다. 이는 금융의 산업적 기능을 심각하게 훼손했다.

앞으로는 국제 규율을 기계적으로 수용하기보다는, 산업적·사회적 효과에 따라 위험가중치를 차별화하는 접근이 필요하다. 예를 들어, 혁신산업 투자, 스타트업·중소기업대출에는 낮은 위험가중치를 부여하고, 투기적 부동산 대출에는 높은 위험가중치를 적용하는 방식이다. 일본이 지역은행에 완화된 규율을 적용하여 지역산업을 지원한 것처럼, 한국도 산업·지역적 특수성을 고려한 제도 설계가 가능하다.

이러한 차별적 규율은 단기적으로 금융기관의 이익을 제약할 수 있지만, 장기적으로는 산업 성장과 금융 안정성을 동시에 확보하는 효과를 낳는다. 금융이 다시 산업과 연결되기 위해서는 규율의 유연성과 선택성이 핵심적이다.

다양한 자본 조달 경로 구축

세 번째 방향은 다양한 자본 조달 경로를 활성화하는 것이다. 현재 한국 기업들은 여전히 은행 차입에 과도하게 의존하고 있다. 이는 금융 충격에 취약성을 높이고, 기업 성장의 유연성을 제한한다.

이를 극복하기 위해 주식시장, 벤처캐피털, 사모펀드, 크라우드 펀딩 등 다양한 자본 조달 경로를 제도적으로 확립할 필요가 있다. 미국의 실리콘밸리는 자본시장을 통한 모험자본 공급 덕분에 혁신기업이 성장할 수 있었고, 유럽은 유럽투자은행(EIB)과 같은 공공투자기관을 통해 민간 금융을 보완했다. 한국도 자본시장을 산업혁신과 연결하는 다층적 금융생태계를 마련해야 한다.

또한 기업들이 은행 차입 일변도에서 벗어나 장기적 투자와 위험 분산이 가능한 다양한 선택지를 가질 때, 산업은 금융 충격을 더 잘 흡수할 수 있다. 즉, 자본 조달 경로의 다변화는 곧 산업·금융순환의 안전판이다.

지역금융과 산업금융의 결합

네 번째 방향은 지역금융과 산업금융의 결합이다. 일본의 지역은행과 독일의 슈파카센 사례는 금융이 지역 기반 산업을 뒷받침할 수 있음을 보여준다. 한국은 1997년 위기 이후 지방은행 상당수가 사라지거나 대형 금융그룹에 흡수되면서 지역 금융망이 크게 약화되었다. 이는 지역산업과 중소기업이 자금 조달에서 취약해지는 결과를 낳았다.

앞으로는 지역금융기관을 단순한 상업은행이 아니라, 관계금융(relationship banking)의 주체로 재정립해야 한다. 지역금융은 대규모 거래 중심의 시중은행과 달리, 지역 기업과 장기적 관계를 맺고 산업적 특수성을 이해하며 자금을 공급할 수 있다. 또한 디지털 금융과 결합하면, 지역금융은 비용 부담을 줄이면서도 맞춤형 금융을 제공할 수 있다.

한국이 균형 잡힌 산업·금융순환 체제를 구축하려면, 지역금융을 다시 활성화하고 이를 국가적 산업정책과 연결하는 전략이 필요하다.

한국이 지향해야 할 생산적 금융체제

위의 네 가지 방향은 상호 보완적이다. 정책금융이 전략적으로 강화되더라도 규율이 기계적으로 적용된다면 효과가 제한적일 것이고, 규율이 차별적으로 적용되더라도 다양한 자본 조달 경로와 지역금융의 결합이 뒷받침되지 않으면 산업과 금융의 순환은 완결되지 못한다.

따라서 한국이 지향해야 할 생산적 금융체제는 하나의 종합적 설계로 접근해야 한다. 금융은 단순히 자산시장에 머무르지 않고, 산업혁신·고용·지역발전을 뒷받침하는 순환 구조로 재편되어야 한다. 이것이 가능할 때, 한국 경제는 저성장과 불평등의 덫에서 벗어나 새로운 도약의 길을 열 수 있을 것이다.

9장

민간금융의 산업지향 전환 가능성

1. 민간금융의 구조적 제약 요인

1990년대 이후 한국 금융은 산업적 순환에서 벗어나 자산 중심의 순환에 고착되었다. 은행은 담보가 확실한 주택담보대출에 치중했고, 증권사와 보험사 역시 부동산 프로젝트파이낸싱(PF)과 단기 금융상품에 몰두했다. 그 결과 민간금융은 산업을 뒷받침하기보다 오히려 산업과 분리된 독립적 영역으로 성장했다. 그렇다면 과연 민간금융은 스스로 방향을 바꿔, 다시 산업과 연결되는 생산적 금융으로 전환할 수 있을까? 이 질문은 한국 경제가 저성장의 덫에서 벗어날 수 있는가와 직결되는 문제다.

    민간금융이 산업과 다시 연결되어 생산적 금융으로 전환할 수 있을지를 논하기 위해서는, 우선 현재 그것을 가로막는 구조적 제약을 면밀히 파악해야 한다. 한국의 민간금융은 지난 20년간 자산시장 중심의 순환에 깊이 뿌리내렸고, 그 배경에는 단순히 금융기관들의 보수적 성향만이 아니라 국제 규율, 제도적 구조, 시장의 불균형한 발전이 자리하고 있다. 이를 건전성 규율의 제약, 수익성 논리의 제약, 자본시장 구조의 한계라는 세 측면에서 살펴볼 수 있다.

건전성 규율의 제약: 국제 기준과 국내 현실의 괴리

한국의 민간금융을 제약하는 가장 큰 요인은 국제 금융규율의 기계적 적용이다. 1997년 외환위기 이후 IMF 관리체제 아래에서 한국은 바젤(Basel) 협약에 따른 BIS 자기자본비율 규제, 국제회계기준(IFRS), 스트레스 테스트 등 일련의 건전성 규율을 빠른 속도로 도입했다. 이 조치들은 금융기관의 부실을 막고 국제적 신뢰를 확보하는 데 기여했지만, 동시에 산업금융의 기능을 위축시키는 강력한 제약으로 작동했다.

BIS 규제는 대출의 위험도를 위험가중치(risk weight)로 반영하도록 설계되어 있다. 이때 주택담보대출은 담보 가치가 확실하다는 이유로 낮은 위험가중치(예: 35%)가 적용되고, 기업대출이나 특히 중소기업대출에는 높은 위험가중치(예: 100% 이상)가 부과된다(바젤2 기준). 한국의 경우 BIS 기준에 비춰보더라도 낮은 위험가중치(15%)를 주택담보대출에 적용했음이 최근 드러났다. 결국, 동일한 1억 원의 대출을 실행하더라도, 은행 입장에서는 기업대

〈표 9-1〉 Basel III의 산업금융을 억제하는 구조 비교

구분	Basel III에서 선호	산업 정책 측면에서 필요한 자산
부동산담보대출	위험가중치 낮음	실물 생산과 무관
정부 채권	위험가중치 0%	산업활성화에 기여 낮음
기업대출 (스타트업, 중소기업)	위험가중치 높음	구조 전환·일자리 창출 핵심
장기 프로젝트 투자	유동성 낮고 자본 부담 큼	인프라·기술 투자에 필수

출보다 주택담보대출이 훨씬 더 유리하다. 이는 금융기관이 자본 효율성을 추구하는 상황에서 '산업대출 기피, 가계대출 선호'라는 구조적 행태를 낳는다.

국제회계기준(IFRS) 또한 마찬가지다. 예상손실충당금 제도 (CECL, ECL)는 미래 손실 가능성을 미리 반영하도록 요구한다. 이는 기업·혁신대출과 같이 불확실성이 큰 자산의 회계상 부담을 가중시키는 반면, 안정적 담보를 가진 부동산 대출은 상대적으로 유리하다. 여기에 금융당국의 정기적 스트레스 테스트가 더해지면, 은행은 위험이 큰 산업금융 부문을 자연스럽게 축소할 수밖에 없다.

흥미로운 점은, 독일과 일본도 동일한 국제 규율을 적용받았지만, 자국 상황에 맞게 이를 조정했다는 것이다. 이미 언급했던 것처럼, 독일은 슈파카센과 KfW를 통해 기업대출을 지원했고, 일본은 지역은행에 대해 BIS 비율을 완화하여 중소기업대출이 유지될 수 있도록 했다. 반면 한국은 IMF 관리체제하에서 규율을 '글로벌스탠다드'로 받아들였고, 이로 인해 산업금융의 축소를 막

을 제도적 여지가 거의 없었다. 이는 건전성 규율이 단순한 금융 안정 장치가 아니라, 산업금융 전환을 가로막는 제도적 벽이 될 수 있음을 잘 보여준다.

왜 Basel III은 기업대출을 고위험자산으로 간주하는가?

1. Basel 규제의 역사적 배경

Basel 규제는 20세기 후반, 대형 국제 은행들의 안정성을 확보하기 위해 제정되었다. 이 규제의 초점은 주로 선진 경제국들의 금융기관에 맞춰졌으며, 이들 국가에서 주택금융(특히 주택담보대출)시장이 은행 시스템에서 중요한 부분을 차지하고 있었다. 미국과 영국 같은 국가들에서는 주택담보대출이 상대적으로 낮은 리스크를 가진 자산으로 간주되었다. 이는 안정적인 주택시장과 부동산 담보의 가치 덕분이었다. 이런 역사적 배경은 Basel 규제 체계에 반영되었고, 주택담보대출에 대해 더 유리한 자본 요구사항이 설정되게 되었다. 반면, 기업대출은 경기 사이클에 따라 변동성이 크고 더 위험한 자산으로 간주되어 더 높은 자본 요구사항이 적용되었다.

2. 선진 경제국들의 정치적 영향

Basel 위원회는 미국, 영국, 유럽 등의 선진 경제국들의 금융시스템에 큰 영향을 받는다. 이들 지역은 잘 발달된 주택금융시장을 보유하고 있으며, 부동산은 주요 자산군으로 취급된다. 그 결과, Basel 규제는 이러한 국가들의 금융 구조를 반영하여 주택담보 자산에 대해 더 유리한 자본 요구 사항을 두는 방향으로 설계되었다. 반면 기업대출은 기업 경영의 변동성과 경기순환에 따라 리스크가 더 크다고 여겨져, 상대적으로 높은 자본 요구 사항이 부과되었다. 이러한 정치적 역학으로 Basel 규제는 개발도상국이나 산업금융에 유리하지 않은 방식으로 설계되게 되었다.

3. 금융화와 글로벌 자본 흐름

글로벌 경제에서 금융화가 진행되면서, 특히 1980~1990년대에는 산업 투자보다 금융자산이 더 중요한 자산군으로 떠오르게 되었다. Basel 규제는 금융화가 진행되던 시점에서 설계되었으며, 주택담보대출과 같은 상대적으로 안전한 자산에 대해 더 유리한 자본 요구 사항을 두어 은행들이 이를 보유하도록 했다. 이는 주택담보대출과 같은 금융자산에 대해 안정성을 확보하는 방향으로 금융시스템을 설계한 결과였으며, 생산적인 산업 부문에 대한 투자보다는 부동산 중심으로 자금을 유도하게 되었다. 따라서 Basel 규제는 은행들이 산업 부문이나 중소기업(SME)에 대출을 하려는 인센티브가 적어지도록 만들었고, 이는 결국 주택담보 대출에 대한 의존도를 높이고, 산업금융에 대한 불리한 편향을 강화하는 결과를 초래했다.

수익성 논리의 제약: 위험 대비 수익의 불균형

민간금융이 산업금융으로 전환하기 어려운 두 번째 이유는, 금융기관의 본질적 속성인 수익성 추구 논리 때문이다. 은행·증권사·보험사 등 민간금융기관은 모두 주주의 이익을 극대화해야 하는 상업적 조직이다. 따라서 대출이나 투자의 위험-수익 구조를 고려했을 때, 부동산·가계대출에 집중하는 것이 훨씬 더 합리적인 선택이 된다.

주택담보대출은 담보가 확실하고, 채권 회수 가능성이 높으며, 상대적으로 짧은 기간 안에 안정적인 이자 수익을 창출할 수 있다. 반면, 혁신기업이나 중소기업대출은 불확실성이 크고, 회수까지 오랜 시간이 걸리며, 실패 확률도 높다. 예컨대 기술 스타트업의 경우 상용화 단계까지 최소 수년이 소요되며, 성공 여부조차 불투명하다. 이 상황에서 민간금융이 자발적으로 산업금융을 확대할 유인은 극히 낮다.

한국의 경우, 금융기관들이 글로벌 대형 투자은행처럼 다양한 국제 포트폴리오를 운영할 역량이 부족하다는 점이 제약을 더 심화시킨다. 국내 시장에 의존해야 하는 상황에서 은행과 증권사는 안정적 수익을 확보하려고 필연적으로 가계·부동산 부문에 집중한다. 이렇게 형성된 '위험 대비 수익률(Risk-return ratio)의 불균형'(위험은 낮으면서 수익률은 높은 투자기회가 있을 때 발생하는 시장 불균형 상태)은 민간금융이 구조적으로 산업금융을 회피하게 만든다.

이 문제는 주주이익 극대화라는 기업지배구조와도 밀접하게 연결된다. 단기성과 압박을 받는 금융기관 경영진은 장기적으로 불확실성이 큰 산업금융보다는, 당장 손익계산서에 반영되는 자산금융을 선호한다. 그 결과 금융기관의 전략적 방향은 장기 산업투자가 아닌 단기 수익 추구로 귀결된다. 이는 민간금융의 산업적 기능을 약화시키는 가장 강력한 내적 제약 중 하나다.

자본시장 구조의 한계: 인내자본의 부재

세 번째 제약은 자본시장 구조의 불균형이다. 민간금융이 산업혁신을 지원하려면 은행 대출만으로는 부족하다. 벤처캐피털, 사모펀드, 연기금, 보험사 등 장기지향적 투자자들이 다양한 형태의 자본을 공급해야 한다. 그러나 한국 자본시장은 여전히 단기 거래와 차익 실현 중심으로 작동하며, 장기 산업금융을 뒷받침할 기반이 취약하다.

1990년대 말 코스닥 시장은 벤처 붐과 함께 기업 자금 조달 창구 역할을 했지만, 거품 붕괴 이후 불안정성이 커지고 신뢰를 상실했다. 사모펀드(PEF) 시장은 제도적으로 성장했지만, 여전히 구조조정이나 단기 회수 전략에 집중하는 경우가 많아 장기 혁신투자를 뒷받침하기 어렵다. 연기금과 보험사 같은 대형 기관투자자들은 법적 규제와 수익률 압박으로 인해 상대적으로 안정적이고 유동성이 높은 자산(국공채, 부동산, 블루칩 주식)에 편중되어 있다.

이로 인해 한국 금융시장은 미국이나 독일과 달리 '인내자본(patient capital)'이 부족하다.

미국의 경우, 실리콘밸리 벤처캐피털 네트워크와 나스닥 상장제도가 결합해 혁신기업에 대규모 장기자본을 공급했다. 독일은 은행과 기업의 관계금융을 통해 장기 대출과 지분투자를 병행하며 미텔슈탄트(Mittelstand, 독일의 중소기업을 일컫는 말)를 지원했다. 그러나 한국은 이와 같은 장기투자 생태계를 제대로 구축하지 못했고, 그 결과 민간금융은 산업혁신보다는 단기적 자산거래에 몰두하게 되었다.

세 가지 이유의 종합

결국 한국 민간금융이 산업금융으로 전환하지 못하는 이유는, 단순히 금융기관들이 보수적이거나 혁신 의지가 부족해서가 아니다. 그것은 국제 규율의 편향성, 수익성 중심의 경영 논리, 장기투자 기반의 취약성이라는 구조적 요인에서 비롯된다. 이러한 제약은 서로 맞물려 작동하면서, 민간금융이 스스로 산업금융으로 회귀할 가능성을 현저히 낮추고 있다.

따라서 민간금융의 전환 가능성을 논의하기 위해서는 이 세 가지 제약을 전제해야 한다. 국제 규율을 조정하거나, 수익 구조를 바꾸는 정책적 유인, 장기투자 기반을 확충하는 제도적 장치가 마련되지 않는다면, 민간금융이 자발적으로 산업금융에 나설 가능성은 매우 낮다. 다시 말해, 구조적 제약을 이해하는 것은 단순한 현실 진단이 아니라, 전환을 설계하는 출발점이 된다.

2. 전환을 가능케 하는 조건

민간금융이 산업과 다시 연결될 가능성은 낮아 보이지만, 그렇다고 완전히 불가능한 것은 아니다. 금융의 성격은 제도적 설계, 정책적 유인, 사회적 합의, 그리고 기술 변화에 따라 달라질 수 있다. 실제로 과거에도 금융은 국가와 사회가 어떤 목표를 설정하고, 이에 맞는 유인과 규칙을 설계하느냐에 따라 성격이 크게 바뀌어 왔다. 따라서 민간금융이 산업금융으로 전환할 가능성은 정책적·제도적 개입, 시장 환경 변화, 그리고 기술 혁신이라는 세 가지 조건이 충족될 때 열리게 된다.

정책적 유인: 규율 조정과 보완 장치의 힘

첫째, 정책적 유인은 민간금융의 행태를 바꿀 수 있는 핵심적 조건이다. 은행과 증권사, 보험사는 본질적으로 이윤을 추구하는 상업적 조직이지만, 정부가 규제와 인센티브를 어떻게 설계하느냐에 따라 산업금융으로 향하는 동기를 가질 수 있다.

예를 들어, 위험가중치 차등 조정은 금융기관의 대출 포트폴리오를 바꾸는 직접적인 수단이다. 부동산담보대출의 위험가중치를 높이고, 중소기업·혁신기업대출의 위험가중치를 낮추면 은행 입장에서 기업대출이 더 유리한 선택이 된다. 실제로 일본은 지역은행에 대해 BIS 비율을 완화하고, 중소기업대출을 장려하는 제도를 운용함으로써 민간금융의 자금 공급을 유도했다.

또한 세제 혜택과 보증제도 확대도 중요한 수단이다. 미국에서는 벤처캐피털 투자에 대한 세제 혜택이 민간자본의 혁신금융 유입을 크게 늘렸다. 한국에서도 기술보증기금, 신용보증기금 등이 스타트업과 중소기업대출의 위험을 완화하는 장치로 활용되고 있다. 그러나 현재는 보완적 성격에 머물고 있으며, 이를 구조적 전환의 핵심 장치로 격상할 필요가 있다.

즉, 정책적 유인은 단순한 단기 유인책이 아니라, 민간금융의 구조적 행태를 산업 중심으로 재편하는 제도적 힘이 될 수 있다.

시장 환경 변화: 혁신투자의 사회적 합의

둘째, 시장 환경의 변화 또한 민간금융의 전환을 가능하게 한다. 한국 경제가 저성장 국면에서 벗어나기 위해서는 혁신투자가 필수적이라는 점에 사회적 합의가 형성될 때, 금융기관들도 단순히 부동산 대출에 의존하기보다는 새로운 투자처를 모색할 수밖에 없다.

예컨대, 2000년대 이후 한국 사회에서는 "성장은 더 이상 인구와 자산가격 상승만으로는 유지되지 않는다"는 인식이 점차 확산되고 있다. 이 과정에서 ESG·녹색금융은 단순한 유행이 아니라 글로벌 금융의 새로운 표준으로 자리 잡았다. 유럽연합(EU)은 탄소중립을 위한 금융 분류체계(EU Taxonomy)를 도입했고, 한국도 K-택소노미를 도입하면서 녹색금융의 방향성을 제시했다. 이러한 국제적 흐름은 금융기관들에게 새로운 전략적 압력으로 작용한다.

또한 기후위기, 인구구조 변화, 디지털 전환과 같은 메가트렌드는 자본이 흘러갈 새로운 투자처를 제공한다. 만약 한국 사회가 "부동산은 더 이상 안정적 수익의 원천이 될 수 없다"는 인식을 공유하게 된다면, 금융기관들도 자연스럽게 산업금융, 특히 혁신산업에 자본을 배분하려는 동기를 가질 것이다.

디지털 전환: 정보 비대칭 해소와 새로운 금융기술

셋째, 디지털 전환은 민간금융의 제약을 완화할 수 있는 기술적 기반을 제공한다. 과거 민간금융이 산업대출을 꺼렸던 이유 중 하나는 정보 비대칭이었다. 중소기업이나 스타트업은 재무제표가 불투명하고, 담보 자산이 부족하며, 미래 성장 가능성을 평가하기 어렵다는 문제가 있었다.

그러나 핀테크와 빅데이터 기술, 인공지능 기반 신용평가 모형의 발전은 이러한 한계를 점차 극복하고 있다. 예컨대, 전자상거래 데이터를 기반으로 한 매출 분석, SNS 활동을 활용한 소비자 반응 평가, 공급망 데이터 분석 등을 통해 기업의 신용도를 정밀하게 측정할 수 있다. 이는 과거라면 '대출 불가'로 분류되던 기업에게도 금융 접근성을 열어준다.

또한 블록체인 기반 자산 토큰화, 크라우드 펀딩, P2P 대출 플랫폼 등 새로운 금융기술은 자본 조달 경로를 다변화시키고 있다. 이러한 변화는 민간금융이 과거보다 더 많은 정보를 바탕으로 산업금융에 참여할 수 있는 기회를 확대한다. 디지털 전환은 단순한 기술혁신을 넘어, 금융과 산업의 연결을 복원할 수 있는 플랫폼적 기반이 된다.

세 가지 요인의 결합

민간금융의 전환 가능성은 단순히 '금융기관의 의지'나 '시장 자율'에 달려 있지 않다. 그것은 정책적 유인, 시장 환경 변화, 기술적 혁신이라는 세 가지 요인이 결합할 때만 현실화될 수 있다.

- 정책적 유인은 규율과 인센티브를 조정하여 금융기관의 행태를 바꾸는 힘이다.
- 시장 환경 변화는 사회적 합의를 통해 금융의 전략적 방향을 수정하게 만든다.
- 디지털 전환은 정보 비대칭을 해소하여 산업금융 참여의 현실적 가능성을 높인다.

이 세 가지 조건이 동시에 작동할 때만, 민간금융은 단순히 자산시장에 머무르지 않고 산업과 다시 결합할 수 있다. 다시 말해, 전환은 구조적 제약과 제도적 기회 사이의 긴장 관계 속에서만 가능하다.

3. 해외 사례에서의 시사점

민간금융의 전환 가능성을 논의할 때 해외 사례는 중요한 참고가 된다. 한국과 마찬가지로 자산 중심 금융과 산업 중심 금융의 긴장 관계를 겪었던 국가들이 어떻게 금융을 재구성했는지를 살펴보는 것은, 한국이 처한 현실을 이해하고 대안을 설계하는 데 유용하다. 특히 미국, 독일, 일본의 경험은 제도적 다양성과 역사적 맥락 속에서 민간금융이 산업과 결합할 수 있는 가능성을 보여준다.

미국: 자본시장 중심 체제와 혁신금융의 역할

미국은 전통적으로 은행보다 자본시장이 발달한 나라다. 기업의 자금 조달에서 주식·채권 발행이 큰 비중을 차지했고, 벤처캐피털과 사모펀드 같은 민간투자자들이 혁신기업을 뒷받침했다.

특히 실리콘밸리의 사례는 민간금융이 산업혁신을 어떻게 뒷받침할 수 있는지를 잘 보여준다. 벤처캐피털은 단순히 자본을 공급하는 것을 넘어, 기업 경영에 참여하고 네트워크를 연결하며, 실패를 용인하는 투자 문화를 형성했다. 이러한 제도적·문화적 기반 덕분에 구글, 애플, 페이스북, 테슬라 같은 기업들이 성장할 수 있었다.

미국의 경험은 몇 가지 중요한 점을 시사한다. 첫째, 세제 혜택과 정부 보증제도는 민간자본이 혁신기업에 투자할 수 있도록 중요한 유인을 제공했다. 둘째, 파산법과 증권거래 규제 같은 제도적 장치는 투자 실패의 비용을 사회적으로 분산시켜 모험자본을 활성화시켰다. 셋째, 연기금과 대학기금 같은 장기 투자자들이 벤처투자에 참여하면서 인내자본(patient capital)의 역할을 수행했다.

물론 미국식 모델은 단기 투기와 버블 형성이라는 문제도 안고 있었다. 닷컴버블(2000년)이나 글로벌 금융위기(2008년)는 자본시장 중심 체제의 불안정성을 드러냈다. 그러나 제도적 장치를 통해 위험을 관리하면서, 미국은 여전히 민간금융이 산업혁신과 연결되는 생태계를 유지할 수 있었다.

독일: 은행 기반 관계금융과 미텔슈탄트(Mittelstand)의 성장

독일은 은행 중심의 금융체제를 유지하면서 민간금융이 산업을 뒷받침하는 구조를 만들어왔다. 그 핵심은 관계금융(Relationship banking)과 다층적 금융 네트워크였다.

대형 상업은행, 지역의 슈파카센(Sparkassen), 협동조합은행,

그리고 정책금융기관 KfW는 각각 다른 역할을 맡으면서도 산업과 긴밀히 연결되었다. 슈파카센은 지역 중소기업(Mittelstand)의 장기적 파트너로서 단순한 대출 제공을 넘어, 기업 경영에 조언을 하고 위기 시 재무구조조정을 지원했다. KfW는 재건금융을 넘어서 에너지 전환, 디지털 인프라, 신산업 육성 등 장기 프로젝트에 자금을 공급했다.

이 과정에서 민간금융과 공공금융이 결합하는 혼합형 모델이 발전했다. 민간 상업은행도 기업의 장기 성장에 참여하면서 지분 투자와 대출을 병행했다. 이는 금융이 단기 수익만을 추구하지 않고, 산업과 장기적 이해관계를 공유할 수 있음을 보여준다.

독일의 경험은 한국에 두 가지 시사점을 준다. 첫째, 관계금융의 제도화가 중요하다. 단순히 담보 중심 대출이 아니라, 기업의 성장 과정 전반을 지원하는 금융관행이 자리 잡아야 한다. 둘째, 정책금융과 민간금융의 결합은 산업금융을 활성화하는 핵심 메커니즘이다. 한국도 정책금융기관과 민간금융을 이분법적으로 나누기보다, 상호 보완적 구조를 설계할 필요가 있다.

일본: 지역금융과 정책금융의 연계

일본은 1990년대 버블 붕괴 이후 장기 불황을 겪었지만, 지방은행 체제를 유지하고 정책금융을 결합하여 민간금융의 산업적 기능을 일정 부분 보존했다.

일본의 지방은행은 대도시권 은행과 달리, 지역 중소기업과 장기적 관계를 형성했다. 일본 정부는 BIS 비율 등 건전성 규제를 도시은행보다 완화하여, 지방은행이 중소기업대출을 계속 유지할 수 있도록 했다. 또한 정책금융기관(Japan Finance Corporation, Development Bank of Japan 등)은 민간금융과 연계해 산업 전환을 지원했다.

  일본의 사례는 특히 한국에 유용한 비교점을 제공한다. 한국은 IMF 위기 이후 지방은행의 상당수가 사라지거나 대형 금융그룹에 흡수되면서 지역 기반 금융망이 약화되었다. 반면 일본은 지역금융을 체계적으로 보호하고, 이를 산업정책과 연계하여 활용했다. 그 결과, 민간금융이 단순히 수익만을 추구하지 않고 지역산업을 지원하는 경로를 유지할 수 있었다.

세 나라의 경험 종합

세 나라의 경험은 민간금융의 전환 가능성을 보여주면서도, 그 조건이 국가별 제도와 사회적 합의에 따라 달라진다는 점을 분명히 한다.

  미국은 모험자본과 자본시장 제도를 통해 민간금융이 혁신산업과 결합할 수 있음을 보여주었다. 독일은 관계금융과 공공-민간 결합 모델을 통해 민간금융이 장기 산업성장에 기여할 수 있음을 입증했다. 일본은 규율 차별화와 지역금융 보호를 통해 민간

금융이 중소기업과 지역산업을 뒷받침할 수 있음을 보여주었다.

이 세 가지 사례가 공통적으로 시사하는 것은, 민간금융이 자발적으로 산업금융으로 전환하는 경우는 드물며, 제도적 설계와 정책적 유도가 반드시 필요하다는 점이다. 즉, 민간금융의 전환은 자연발생적 결과가 아니라, 정책적·사회적 노력의 산물이다.

4. 민간금융 전환을 위한 4가지 핵심 과제

민간금융의 전환 가능성을 논할 때, 한국의 맥락은 특별하다. 외환위기 이후 한국 금융은 가계·부동산 중심으로 구조화되었고, 산업금융은 정책금융기관의 일부 영역에 제한적으로 남아 있을 뿐이다. 따라서 민간금융이 다시 산업과 결합하기 위해서는 단순히 시장 자율에 맡겨서는 안 되며, 제도적 설계와 사회적 합의를 통해 방향을 재정립해야 한다. 이를 위해 네 가지 핵심 과제를 제시할 수 있다.

위험가중치 차등 적용: 산업대출에 대한 제도적 유인

첫째, 위험가중치 차등 적용은 민간금융을 산업금융으로 유도하는 가장 직접적인 수단이다. 현재 한국의 은행들은 BIS 자기자본비율 규제하에서 주택담보대출에 유리하고, 기업대출에는 불리한 구조적 유인을 받고 있다. 이 불균형을 교정하지 않는다면, 민간금융이 산업금융으로 자발적으로 움직일 가능성은 극히 낮다.

따라서 정책당국은 규율을 조정하여, 주택담보대출의 위험가중치를 높이고 혁신기업·중소기업대출의 위험가중치를 낮추는 방식을 적용할 필요가 있다. 예를 들어, 일본은 지역은행에 대해 BIS 비율 규제를 완화해 중소기업대출이 가능하도록 했고, 유럽은 '중소기업 지원 요인(SME Supporting Factor)'을 도입해 위험가중치를 낮춘 바 있다. 한국도 산업정책과 연계하여 금융 규율을 재설계해야 한다.

이 조정은 단순히 산업금융을 장려하는 차원이 아니라, 금융자산의 편중 구조를 교정하는 역할을 할 수 있다. 다시 말해, 금융이 자산시장의 확대 재생산에서 벗어나, 산업적 가치 창출로 유도되는 제도적 출발점이 된다.

정책적 보완장치: 위험 분담 메커니즘의 구축

둘째, 민간금융이 산업금융에 진입하려면 정책적 보완장치가 필수적이다. 아무리 위험가중치를 낮추더라도, 기업대출은 본질적으로 불확실성이 크다. 이를 민간금융에 전적으로 떠넘길 경우, 금융기관은 여전히 보수적 행태를 유지할 수밖에 없다.

따라서 정부는 신용보증, 기술보증, 정책적 위험분담 제도를 확대해야 한다. 현재 한국에는 신용보증기금, 기술보증기금이 존재하지만, 이들이 주로 단기적 안전망으로 기능하는 데 그친다. 이를 넘어 민간금융의 구조적 전환을 유도하는 전략적 장치로 격상해야 한다. 예컨대, 정부가 일정 비율의 손실을 보전해주는 "공동부담형 보증제도"를 확대하거나, 혁신산업 투자에 대한 부분보증을 제공할 수 있다.

이러한 위험 분담 메커니즘은 단순히 민간금융의 부담을 덜어주는 것이 아니라, 금융기관이 산업금융에 참여할 수 있는 최소한의 심리적·제도적 안전망을 제공한다는 데 의의가 있다.

산업금융 상품 개발: 금융의 다양성과 혁신

셋째, 민간금융이 산업금융으로 전환하기 위해서는 금융상품의 다양성과 혁신이 필요하다. 현재 한국의 민간금융 상품은 부동산 담보대출, 프로젝트 파이낸싱, 단기 금융상품에 집중되어 있다. 이 구조로는 산업혁신을 뒷받침하기 어렵다.

따라서 장기 대출, 지분투자, 메자닌(Mezzanine) 금융, 프로젝트 채권 등 산업적 순환에 적합한 금융상품을 적극적으로 개발해야 한다. 예컨대, 독일 은행들은 중소기업의 성장을 지원하기 위해 대출과 지분투자를 병행하는 방식을 발전시켰고, 미국 벤처캐피털은 지분투자를 통해 기업의 장기 성장을 지원했다. 한국도 이러한 사례를 참고해 산업혁신과 금융을 연결할 수 있는 상품을 제도적으로 장려할 필요가 있다.

특히 ESG·녹색금융, 디지털 전환 금융, 청년 창업금융과 같은 새로운 성장 분야에 특화된 금융상품은 금융기관이 산업금융에 참여할 수 있는 진입로를 제공할 수 있다.

사회적 합의 형성: 금융의 공공적 기능에 대한 인식

넷째, 가장 중요한 조건은 사회적 합의의 형성이다. 금융이 단순히 자산을 불리는 사적 이익의 도구가 아니라, 산업·고용·혁신을 뒷받침하는 공공적 기능을 수행해야 한다는 사회적 인식이 확산될 때, 민간금융의 전략적 방향도 바뀔 수 있다.

한국 사회는 오랫동안 '부동산 투자=안정적 자산 형성'이라는 인식에 사로잡혀 있었고, 금융기관들도 이 수요에 맞추어 상품을 공급했다. 그러나 저성장·고령화·불평등 심화라는 구조적 문제 앞에서, 더 이상 자산시장 중심 금융은 지속 가능하지 않다는 사회적 합의가 형성되고 있다.

이 과정에서 금융의 역할을 재정의하는 공론장이 필요하다. 금융이 단순히 수익을 극대화하는 조직이 아니라, 국가적 전략 과제를 지원하는 '생산적 순환의 주체'라는 인식이 자리 잡을 때, 민간금융도 산업금융으로 전환할 명분과 압력을 갖게 된다.

정리하면, 한국에서 민간금융이 산업금융으로 전환하기 위해서는 네 가지 조건이 필요하다.

- 위험가중치 차등 적용을 통해 규율의 구조적 불균형을 교정해야 한다.
- 정책적 보완장치를 마련해 민간금융의 위험 부담을 완화해야 한다.
- 산업금융 상품 개발을 통해 금융기관이 산업과 연결될 수 있는 경로를 넓혀야 한다.
- 사회적 합의 형성을 통해 금융의 공공적 기능을 재정의해야 한다.

이 네 가지는 상호 보완적 관계에 있다. 규율을 바꿔도 사회적 합의가 없다면 금융은 여전히 자산시장으로 향할 것이고, 새로운 금융상품이 개발되어도 위험 분담 장치가 없다면 금융기관은 참여를 주저할 것이다. 따라서 제도적 설계와 사회적 합의를 결합한 종합 전략이 필요하다.

5. 구조적 한계와 비판적 성찰

민간금융의 전환 가능성은 일정한 조건 아래에서 열릴 수 있지만, 동시에 냉철하게 인식해야 할 구조적 한계도 분명하다. 금융이 본질적으로 자본주의 체제 속에서 어떤 성격을 띠고 있는지를 이해하지 못한다면, 민간금융의 전환 논의는 과도한 낙관론에 빠질 위험이 있다. 따라서 전환을 논하면서도 반드시 병행되어야 할 것은 구조적 한계에 대한 성찰과 제도적 보완의 필요성이다.

민간금융의 본질적 속성: 수익 추구와 위험 회피

민간금융은 본질적으로 사적 이익을 극대화하는 조직이다. 은행, 증권사, 보험사는 모두 주주의 이익을 보호해야 하고, 단기적 성과를 중시하는 지배구조를 가지고 있다. 이런 속성은 금융이 일정 수준 이상 사회적으로 필요한 역할을 수행하기 어렵게 만든다.

특히 산업금융은 수익이 불확실하고 회수 기간이 길다. 혁신기업에 대한 대출이나 투자는 실패 확률이 높고, 성공하더라도 성과가 나타나기까지 수년이 걸린다. 반대로 부동산담보대출이나 단기 금융상품은 안정적이고 빠른 수익을 제공한다. 이 불균형 속에서 민간금융이 자발적으로 산업금융을 확대할 가능성은 언제나 제한적일 수밖에 없다. 따라서 민간금융의 전환은 자발적 결단이 아니라 제도적 개입의 결과로만 가능하다.

국제 규율의 지속적 압력

민간금융이 산업금융으로 전환하기 어렵게 만드는 또 다른 요인은 국제 금융규율의 압력이다. 바젤 규제(BIS), 국제회계기준(IFRS), 글로벌 신용평가사들의 평가 기준 등은 모두 금융의 안정성을 최우선으로 두고 설계되어 있다.

문제는 이 규율이 산업금융보다 자산금융을 선호하는 방향으로 작동한다는 점이다. 앞서 살펴본 것처럼 주택담보대출은 낮은 위험가중치를 적용받는 반면, 중소기업·혁신기업대출은 높은 위험가중치가 부과된다. IFRS의 예상손실충당금 제도 또한 불확실성이 큰 산업금융에 불리하게 작용한다. 글로벌 투자자들은 단기 수익성과 건전성을 중시하며, 이는 국내 금융기관들에게 압박으로 전가된다.

따라서 한국에서 민간금융이 전환하려면, 단순히 국내 차원의 제도 조정뿐만 아니라 국제 규율의 유연한 해석과 차별적 적용이 필요하다. 일본이 도시은행과 지역은행에 서로 다른 규율을 적용했던 것처럼, 한국도 자국 경제의 특수성을 반영할 수 있는 제도적 창구를 확보해야 한다.

구조적 불균형과 정책 개입의 불가피성

민간금융이 산업금융으로 전환하기 위해서는 구조적 불균형을 보정하는 정책 개입이 불가피하다. 건전성 규율, 수익성 논리, 자본시장 한계라는 세 가지 제약은 서로 맞물려 작동한다. 따라서 어느 한 요소만 바꾼다고 해서 근본적 전환이 일어나지 않는다.

예를 들어, 위험가중치를 낮추더라도 사회적 합의가 없다면 금융은 여전히 단기적 수익을 좇을 것이다. 새로운 금융상품을 개발해도 보증제도가 없으면 은행은 참여를 주저할 것이다. 결국 민간금융의 전환은 규율 조정 – 정책 보완 – 시장 혁신 – 사회적 합의가 동시에 작동할 때만 가능하다. 이는 단기적 캠페인으로는 이룰 수 없는, 구조적·장기적 과제다.

비판적 성찰: 낙관론의 위험

민간금융 전환 논의에서 경계해야 할 것은 과도한 낙관론이다. "민간금융도 스스로 산업금융으로 돌아올 것"이라는 기대는 현실과 거리가 멀다. 역사적으로 민간금융은 자산시장의 안정성과 단기적 수익을 추구해왔고, 이는 단순한 선택의 문제가 아니라 체제적 속성에 뿌리내린 행태였다.

따라서 민간금융의 전환은 자율적 변화가 아니라, 정책적 개입과 사회적 압력의 산물임을 분명히 인식해야 한다. 전환 가능성을 강조하는 논의가 오히려 민간금융의 본질적 제약을 가리는 수단이 되어서는 안 된다. 즉, "전환은 가능하다"는 주장과 함께 반드시 "그러나 구조적 제약을 해소하지 않으면 전환은 불가능하다"는 조건부 인식이 병행되어야 한다.

종합적 평가

민간금융의 전환 가능성은 단순히 금융기관의 의지 문제를 넘어, 자본주의 체제 속에서 금융이 어떤 위치를 차지하는가라는 근본적 질문과 맞닿아 있다. 현재의 구조적 제약 속에서 민간금융은 스스로 산업금융으로 나아가기 어렵다. 그러나 정책적 유인, 규율의 차별적 적용, 위험 분담 장치, 사회적 합의가 결합된다면 일정한 조건 아래에서 전환은 가능하다.

따라서 중요한 것은 민간금융을 무조건 억누르거나 단기적 캠페인에 의존하는 것이 아니라, 산업과 금융의 순환을 회복시키는 장기적 제도 설계다. 만약 이러한 구조적 접근이 결여된다면, 민간금융은 계속해서 자산시장에 머물 것이고, 한국 경제는 저성장과 불평등의 덫에서 벗어나기 어려울 것이다.

10장

정책금융기관의 역할

1. 왜 정책금융기관이 필요한가?

오늘날 우리가 살아가는 자본주의 경제에서 금융은 단순히 돈을 빌려주고 이자를 받는 거래의 수단에 그치지 않는다. 금융은 경제의 구조와 방향을 결정짓는 보이지 않는 핵심적인 인프라로 작동한다. 기업이 공장을 세우고, 일자리가 생기며, 사람들이 소득을 얻고 소비를 하고, 다시 그 돈이 투자로 이어지는 순환이 제대로 돌아가려면 반드시 금융의 뒷받침이 필요하다. 금융의 흐름이 산업의 순환을 더 튼튼하게 엮어줄 때, 경제는 비로소 지속적인 성장을 이어갈 수 있다.

하지만 오늘날의 금융은 점점 성격이 달라지고 있다. 은행과 금융기관은 단기적인 이익을 좇고, 담보가 확실한 거래, 부동산이나 주식 같은 자산을 사고파는 금융거래에 더 집중하는 모습이 뚜렷하다. 그 결과, 미래 성장의 원천이 될 장기적이고 불확실성이 큰 생산 투자 분야는 점점 소외되고 있다. 자금을 가장 필요로 하는 혁신기업이나 새로운 산업은 민간금융의 '보수적 눈높이'에 맞지 않아 외면당하기 쉬운 것이다. 바로 이 틈새를 메우는 존재가 정책금융기관이다. 정책금융기관은 시장이 스스로 제공하지 못하는 장기·저리·고위험 자금을 공급해서 경제의 순환에 숨을 불어넣는다. 민간금융이 꺼려하는 영역을 뒷받침하며, 산업순환을 강화하는 전략적 장치로 자리 잡는 것이다.

경제학의 여러 이론적 전통에서도 이 역할은 일찍이 강조돼 왔다. 대표적인 예가 조지프 슘페터다. 그는 《경제발전의 이론》(독일어 초판 1911, 영어판 1934)에서 금융을 혁신의 불씨를 제공하는 동력으로 규정했다. 그의 문제의식은 분명했다. 경제발전은 어떻게 이루어지는가? 이에 대한 답으로, 슘페터는 기업가가 새로운 결합, 즉 이전에는 없던 방식으로 자원을 묶어 새로운 가치를 창출하려면 신용이 뒷받침돼야 한다고 강조했다. 은행은 단순히 돈을 빌려주고 돌려받는 조정자가 아니라, 혁신적 기업가가 새로운 생산적 결합을 가능하게 하도록 힘(신용)을 창출하는 기관이라는 것이다.

그러나 현실 속 민간은행들의 선택은 다르다. 그들은 안정적이고 되돌려받기 확실한 대출을 우선시한다. 미래가 불확실한 혁신의 길에 위험을 감수하며 자금을 빌려주는 일은 좀처럼 하지 않는다. 이때 정책금융은 바로 슘페터가 말한 '혁신금융'의 공급자로서 등장한다. 민간이 감히 뛰어들지 않는 영역에서 자금을 공급하고, 그 자금을 통해 혁신적 시도가 가능해지며, 결국 경제가 역동적으로 성장해 나가도록 돕는 것이다.

슘페터가 말하는 새로운 결합

- **새로운 결합(new combination)**: 슘페터 혁신론의 핵심개념. 슘페터는 경제발전을 단순한 점진적 축적이 아니라 '정지균형 상태(static equilibrium)'를 깨뜨리는 혁신적 변화로 보았다. 이때 기업가가 수행하는 가장 중요한 역할은 자원을 기존의 방식과는 다른 형태로 재배치하는 것, 즉 새로운 결합(new combination)을 창출하는 것이다.

  슘페터는 5가지 유형의 '새로운 결합'을 제시하였는데 ① 새로운 재화나 서비스의 생산 ② 새로운 생산방법의 도입 ③ 새로운 시장의 개척 ④ 새로운 공급원(자원·원재료)의 확보 ⑤ 새로운 산업조직의 형성(예: 독점이나 카르텔 형성)이 그것이다. "새로운 결합을 실현한다"는 것은 기존 자원의 조합을 단순히 반복하는 것이 아니라, 기존에는 존재하지 않던 생산방식·시장·조직 형태를 만들어내는 것을 의미한다. 그런데 슘페터가 은행의 '신용창출(credit creation)'을 강조한 이유는, 이러한 새로운 결합은 대개 기업의 내부자금만으로는 불가능하기 때문이다. 혁신적 시도는 위험이 크고, 기존 투자자들이 보수적으로 자금을 운용할 경우 쉽게 자금이 모이지 않는다. 따라서 은행이 신용을 새로 창출하여 기업가에게 제공해야만, 혁신적 시도가 실행 가능해진다는 것이다. 이점에서 슘페터는 은행을 단순히 자금을 빌려주는 중개자가 아니라, 새로운 생산적 결합을 가능하게 하는 힘(power)을 만들어내는 존재로 보았다.

슘페터의 '새로운 결합(new combination)' 개념을 한국 경제 사례와 연결해서 생각해보자. 우선, 새로운 재화·서비스 생산의 사례로 반도체 산업을 예로 들 수 있다. 1980년대 한국 기업들이 메모리 반도체 생산에 뛰어들었을 때, 당시 국내에는 관련 기술·자본 기반이 취약했다. 하지만 정부의 정책금융(산업은행, 수출입은행) 지원과 민간의 모험적 투자 덕분에 세계시장에 새로운 재화를 공급할 수 있었고, 이는 곧 글로벌 경쟁력으로 이어졌습니다. 이는 '새로운 결합'이 기존에는 없던 재화의 생산으로 실현된 대표적 사례다. 슘페터가 말한 "새로운 재화의 생산(the production of goods that have not been produced before)"은 꼭 세계 최초를 의미하는 건 아니다. 그보다는 기존에 그 나라(또는 특정 경제 주체)가 만들지 못했던 재화를 처음으로 생산해내는 행위를 뜻한다.

새로운 생산방법의 도입 사례는 한국의 조선산업의 예를 생각해볼 수 있다. 현대조선소가 1970년대 영국 기술을 도입해 대규모 조립식 건조방식을 적용했을 때, 이는 단순 모방이 아니라 생산방식의 혁신적 결합이었다. 당시 국내 경험 부족을 극복하기 위해 외국 기술과 국내 인력을 결합하고, 정책금융이 초기 대규모 투자 자금을 뒷받침했다. 이후 한국은 조선 세계 1위 국가로 성장했다.

새로운 시장 개척의 사례는 휴대폰·스마트폰 산업을 생각할 수 있다. 삼성전자와 LG전자가 1990~2000년대에 휴대폰, 이후 스마트폰 시장에 진출했을 때, 이는 전통 가전과는 다른 완전히 새로운 글로벌 시장을 개척한 사례였다. 초기에는 막대한 R&D 투자와 해외 마케팅 자금이 필요했는데, 산업은행 등 정책금융이 일부 뒷받침했다.

새로운 공급원 확보는 해외 자원개발과 관련해 생각해볼 수 있다. 한국석유공사, 한국광물자원공사, 대기업들이 해외에서 원유·광물자원을 확보하려 했던 시도들은, 단순 수입 의존 구조에서 벗어나 새로운 공급원 확보를 위한 '결합'으로 볼 수 있다. 수출입은행의 해외 프로젝트 금융이 여기에 결합했다.

새로운 산업조직 형성으로 벤처·스타트업 생태계를 생각해보자. 1990년대 말 벤처붐과 최근 유니콘 스타트업 성장 과정에서, 단일 기업이 아니라 벤처캐피털, 기술보증기금, 정부 창업펀드 등이 함께 얽혀 새로운 산업조직 구조를 형성했다. 이는 슘페터가 말한 산업조직의 새로운 결합이 현대적으로 나타난 사례라고 할 수 있다.

경제학 교과서에서 자주 등장하는 신고전파 성장모형은 "장기적으로 경제의 성장률을 결정하는 것은 기술진보"라고 설명한다. 하지만 그렇다고 해서 자본 축적의 중요성을 부정하는 것은 아니다. 특히 성장의 초기 단계에서는 기계와 설비, 인프라와 같은 물적 자본이 빠른 추격 성장을 가능하게 하는 핵심 동력이 된다.

이후 이론은 한 걸음 더 나아간다. 내생적 성장모형은 기술진보를 더 이상 외부에서 '하늘에서 떨어지는 선물'처럼 주어진 것으로 보지 않는다. 대신 사람들의 교육과 훈련을 통한 인적자본, 기업의 연구개발(R&D), 그리고 사회 전체의 지식 축적을 통해 경제 내부에서 스스로 만들어낼 수 있다고 강조한다.

문제는 이러한 투자들이 단기 수익을 보장하지 않는다는 점이다. 인적자본, 연구개발, 지식 같은 무형 투자들은 회수기간이 길고 불확실성이 크다. 그렇기 때문에 민간금융기관의 '근시안'으로는 충분히 뒷받침되지 못하는 경우가 많다. 여기에서 정책금융기관의 역할이 부각된다. 이들이 장기적이고 대규모의 자본 형성을 지원한다면, 단순히 기업 한두 곳을 돕는 것을 넘어 경제 전체의 성장 경로를 한 단계 끌어올릴 수 있다.

폴 로머가 내생적 기술변화 모형을 통해 보여주었던 것처럼, 지식의 축적은 스스로 새로운 지식을 낳으며 경제를 성장으로 이끈다. 또 로버트 루카스가 제시한 인적자본 성장모형 역시, 교육과 훈련 같은 장기적 투자가 경제의 핵심 동력임을 뚜렷이 보여준다. 이처럼 이론적으로도 분명하다. 기술, 지식, 교육이라는 무형자산에 과감히 투자하는 일이야말로 성장의 원천이며, 이를 가능하게 하는 정책금융의 존재는 경제 발전을 위한 필수 장치로 정당화된다.

이론만 놓고 보면 정책금융은 다소 추상적으로 느껴질 수 있다. 하지만 우리의 일상 가까이에도 그 역할은 또렷하게 드러나 있다.

예를 들어 많은 대학생들이 경험하는 학자금대출제도가 그렇다. 한국장학재단은 정부의 출연을 바탕으로, 학생들에게 등록금을 정책금융 형태로 빌려준다. 특히 '소득연계형 학자금 상환제도(ICL)'는 돈을 빌린 학생이 졸업 후 즉시 갚는 부담을 지는 대신, 일정 소득 수준 이상이 될 때부터 차근차근 상환하도록 설계되어 있다. 장기적이고 불확실성이 큰 '인적자본 투자'의 대표적 리스크를 정부가 금융을 통해 흡수해주는 것이다.

또 다른 사례는 청년 창업 지원이다. 중소벤처기업부, 창업진흥원, 신용보증기금 등은 아직 담보 능력이 부족한 청년들에게도 과감히 보증과 융자를 제공한다. 민간금융기관이 꺼리는 위험을 떠안으면서도, 새로운 아이디어와 도전을 뒷받침하는 것은 정책금융의 상징적인 역할이라 할 수 있다.

더 나아가 직업훈련과 고용 관련 정책금융도 있다. 고용노동부와 산업인력공단은 '취업 후 학자금 상환제', '근로자 직업능력개발훈련 지원금', '재취업자금대출'과 같은 제도를 운영하며, 개인이 새로운 일자리를 찾거나 직업 능력을 기를 수 있도록 돕는다. 특히 기술 변화와 산업 구조 재편이 빠른 시대에는 개인이 능력을 키워 노동시장에 다시 안착하는 일이 경제 전반의 성장을 위해 꼭 필요하다. 이 과정에서 금융이 단순히 돈을 빌려주는 행위를 넘어, 사람의 역량을 키우는 투자로 기능하고 있는 것이다.

정리하면, 학자금대출에서 창업 지원, 직업훈련 금융까지, 정책금융은 단순한 '자금 공급'이 아니라 국민 개개인의 잠재력을 끌어내는 역할을 한다. 기술과 지식, 교육에 대한 투자가 곧 경제 성장의 밑거름이라는 성장 이론의 메시지가, 이렇게 일상적인 금융 제도를 통해 구체적으로 살아 움직이고 있는 셈이다.

정책금융이 필요한 이유는 단지 "좋은 일을 하자"는 명분 때문만은 아니다. 경제학에서 말하는 시장실패 역시 중요한 이론적 근거로 작동한다. 시장이 스스로 제 역할을 다하지 못하는 지점에서 정부와 정책금융이 개입할 필요성이 생기는 것이다.

첫째는 정보 비대칭 문제다. 은행이나 투자자가 차입자의 실제 위험 수준이나 사업의 성장 가능성을 완벽히 알 수 없을 때, 민간금융은 본능적으로 조심스럽게 굴게 된다. 그 결과 대출을 아예 줄이거나 금리를 높여 위험을 전가한다. 이럴 경우 담보 능력이 부족한 혁신기업이나 창업기업은 자금 조달에서 벽을 마주한다. 하지만 정책금융기관은 전문적인 평가나 보증 제도를 통해 민간이 쉽게 판단하기 어려운 부분을 보완해준다. 그 결과 좋은 아이디어와 잠재력을 가진 기업이 기회를 잡을 수 있게 된다.

둘째는 외부효과의 문제다. 어떤 사업은 투자자 개인에게 돌아오는 수익보다 사회 전체에 미치는 이익이 훨씬 더 크다. 예를 들어 신재생에너지, 사회간접자본, 기초연구개발 같은 프로젝트는 사회적 편익은 막대하지만, 당장 사업자가 얻을 수 있는 수익은 제한적이다. 그래서 민간 자본만으로는 투자가 원활히 이뤄지기 어렵다. 이때 정책금융이 필요한 이유가 분명해진다. 정책금융은 사회 전체의 수익률을 고려해 자금을 공급하고, 그 결과 사회적 후생을 높이는 역할을 한다.

셋째는 자본시장 불완전성이다. 특히 한국처럼 은행이 중심이 되는 금융 구조에서는 큰 벤처 캐피털 시장이나 장기 채권시장이 충분히 발달하지 못한 경우가 많다. 그 결과 신용등급이 낮거나 증시 접근성이 약한 기업들은 장기자금을 조달하기 어렵다. 정책금융기관은 이런 제약을 풀어내기 위해 채권 발행을 지원하거나, 프로젝트 파이낸스 구조를 설계하고, 다양한 정책성 보증을 제공한다.

이렇듯 정보 비대칭, 외부효과, 자본시장의 불완전성 — 경제학 교과서에서 말하는 대표적인 세 가지 시장실패는 현실에서도 여전히 강력하게 작동한다. 그리고 바로 그 틈새를 메우는 것이 정책금융이다. 시장이 닿지 못하는 영역을 채워줌으로써 경제 전체의 역동성을 다져주는 것이다.

발전국가론이 보여주는 역사적 경험 속에서도 그 중요성은 분명히 드러난다. 일본의 고도성장기를 분석한 찰머스 존슨은 통상산업성(MITI)과 일본개발은행(JDB)의 결합을 주목했다. 그는 산업정책이 실제로 힘을 발휘할 수 있었던 배경에 정책금융이 있었음을 밝힌 것이다. 단순한 행정 지침만이 아니라, 국가가 전략적으로 선정한 산업에 장기자금을 공급하고, 기술개발과 수출을 금융적으로 연결하는 메커니즘이었기에 빠른 성장이 가능했다.

한국의 경험도 크게 다르지 않다. 1960~80년대 산업화 과정에서 정부는 산업은행과 수출입은행 같은 정책금융기관뿐 아니라 농협·수협 등 협동조합 금융기관까지 적극적으로 동원했다. 목표는 분명했다. 중화학공업화를 추진하고, 수출산업을 집중적으로 육성하는 것이었다. 전략산업 선정 → 장기자금 공급 → 수출 및 기술개발 지원이라는 일련의 구조는 발전국가가 구사한 전형적인 금융 메커니즘이었다. 이를 통해 정책금융은 단순히 민간금융의 부족한 부분을 메우는 보조 수단이 아니라, 국가경제 발전 전략의 핵심 축으로 자리매김할 수 있었다.

그러나 1990년대 이후 세계적으로 금융자유화와 민영화가 확산되면서 정책금융의 역할은 일시적으로 축소되는 듯 보였다. 시장 기능을 중시하는 분위기 속에서 국가 주도의 금융 개입은 구시대적인 것으로 평가되기도 했다. 하지만 2008년 글로벌 금융위기는 상황을 바꿔놓았다. 민간금융만으로는 갑작스러운 위기에 대응하고 산업 구조 전환을 감당하기 어렵다는 사실을 온 세상이 깨달은 것이다. 위기 이후 정책금융이 다시금 재조명된 것은 결코 우연이 아니었다.

오늘날의 과제 역시 그때보다 덜하지 않다. 기후위기에 대응하는 에너지 전환, 디지털 전환의 촉진, 공급망 재편의 전략적 관리 등은 모두 장기적이고 불확실성이 크기 때문에 민간 자본이 쉽게 나서지 않는다. 이처럼 '새로운 도전'의 전면에는 언제나 정책금융이 필요하다. 과거 발전국가 시절에 산업화와 수출을 지탱했던 것처럼, 오늘날 정책금융은 또 다른 방향에서 국가경제의 혁신과 전환을 떠받치는 존재로 부상하고 있는 것이다.

정책금융의 필요성은 경제사상의 전통에서도 흥미로운 관점으로 확인할 수 있다. 이 사상은 자본의 흐름을 크게 두 가지 경로로 나눈다. 하나는 산업순환으로, 생산과 고용이 늘어나고, 사람들이 소득을 얻어 소비하며, 그 돈이 다시 생산에 재투자로 이어지는 선순환을 의미한다. 다른 하나는 금융순환이다. 이는 주식이나 부동산과 같은 자산 거래, 투기를 통한 이윤 추구가 중심이 되는 흐름을 뜻한다.

이 두 흐름은 각기 다른 성격과 경제에 미치는 영향이 다르다. 산업순환은 경제를 실질적으로 움직이는 '성장의 엔진'이라 할 수 있지만, 금융순환은 때로는 실물경제와 무관하게 자산가격만 부풀리는 부정적 측면도 있다. 그래서 신용과 금융 자원이 어느 쪽으로 흐르느냐가 경제 활력과 고용, 나아가 성장에 큰 영향을 미친다.

이 점은 존 메이너드 케인스도 《화폐론(A Treatise on Money)》(1930)에서 일찍이 지적했다. 그는 "신용은 두 개의 길을 따라 흐를 수 있다. 하나는 산업적 활동을 지탱하는 길이고, 다른 하나는 금융 활동에 그치는 길이다. 만약 신용이 산업적 순환으로 흘러가지 못하면, 실업은 늘고 생산은 정체된다"고 말했다.

즉, 돈이 금융거래 속에서 돌기만 하고 실물경제로 흘러들어가지 못한다면 경제는 활력을 잃게 된다는 뜻이다. 바로 이 지점에서 정책금융의 역할이 중요해진다. 자본이 산업순환으로 흘러가도록 방향을 잡아주고, 금융이 단순한 자산시장의 회전에 머무르지 않고 생산과 고용으로 이어지도록 돕는 힘, 그것이 정책금융의 존재 이유인 셈이다.

2000년대 이후 한국 경제에서는 금융 자유화와 부동산 자산화가 진행되면서, 2010년대에는 금융시장에서 금융순환의 비중이 압도적으로 커졌다. 반면, 생산과 고용, 재투자 등 실물경제를 움직이는 산업순환을 뒷받침하는 자금의 흐름은 상대적으로 줄어들었다. 이로 인해 산업 현장의 활력은 점차 약화되었다.

이런 상황에서 정책금융기관은 매우 중요한 역할을 맡게 된다. 민간금융이 부동산과 단기 대출에 집중하는 동안에도, 정책금융은 장기간에 걸쳐 혁신적인 산업 프로젝트에 필요한 자금을 공급함으로써 산업순환의 선순환을 촉진한다.

따라서 정책금융기관이 존재하는 이유는 단지 더 많은 자금을 공급하는 데 있지 않다. 진짜 핵심은 자금이 어디로, 어떤 흐름을 따라 움직일지 방향을 잡는 데 있다. 산업순환을 복원하고 강화하는 금융 구조를 설계하는 일은 민간금융의 힘만으로는 한계가 크다. 그래서 정책금융이라는 제도적 장치를 통해서만 가능하다.

정책금융은 단순히 시장실패를 보완하는 역할을 넘어, 경제 전체의 구조를 산업순환 중심으로 재편하는 중요한 전략적 촉매제다. 저성장 국면에 접어든 한국 경제가 금융순환 위주의 구조를 넘어서 지속 가능한 성장 경로로 나아가려면, 정책금융의 이론적 기반을 재확인하고 그 역할을 더욱 강화하는 일이 무엇보다 절실하다.

2. 정책금융기관의 유형과 기능

정책금융기관은 각국의 역사적 경험, 경제 구조, 제도적 환경에 따라 다양한 형태로 설계되어 왔다. 그러나 공통적으로 이들 기관은 민간금융의 한계를 보완하고, 특정한 정책 목표를 달성하기 위한 금융 공급을 담당한다는 점에서 유사하다. 이를 이해하기 위해서는 우선 정책금융기관을 기능과 설립목적에 따라 구분하고, 각 유형이 산업순환 과정에서 어떻게 작동하는지를 살펴볼 필요가 있다. 본 절에서는 개발은행, 수출입은행, 중소기업·창업금융기관, 전문·기술금융기관, 지역금융기관이라는 다섯 가지 유형을 중심으로 그 기능과 사례를 체계적으로 살펴본다.

정책금융기관은 각국의 역사적 경험, 경제 구조, 그리고 제도 환경에 따라 다양한 모습으로 등장했다. 하지만 공통점은 분명하다. 이들 기관은 민간금융이 감당하기 어려운 영역을 보완하며,

특정한 국가 정책 목표를 달성하기 위해 필요한 금융을 공급하는 역할을 맡는다는 점이다.

이런 점을 더 잘 이해하려면, 정책금융기관을 그 기능과 설립 목적에 따라 나누고, 각 유형이 산업순환 과정에서 어떻게 작용하는지 살펴볼 필요가 있다. 여기서는 다섯 가지 대표 유형, 즉 개발은행, 수출입은행, 중소기업과 창업금융기관, 전문·기술금융기관, 그리고 지역금융기관을 중심으로 각 기능과 실제 사례를 체계적으로 설명한다.

먼저, 개발은행은 가장 전통적이고 핵심적인 정책금융기관 유형이다. 이 기관들은 장기적이고 대규모 자금을 공급해 산업 구조 전환, 전략산업 육성, 그리고 사회기반시설 구축을 지원한다. 대표적으로는 독일의 KfW, 중국의 국가개발은행, 그리고 한국의 산업은행이 있다. 이들 기관은 정부 보증을 바탕으로 채권을 발행하거나 정부 자금을 활용해 낮은 금리로 장기 대출을 제공한다.

산업화 초기에는 철강, 조선, 전력과 같은 기간산업에 자금을 집중했으며, 최근에는 기후변화 대응을 위한 녹색 전환, 디지털 인프라 구축, 반도체 등 첨단산업 지원으로 그 범위가 확대됐다. 그동안 개발은행은 생산 투자의 초기 단계에 막대한 자본을 투입함으로써 민간 투자의 '마중물' 역할을 해왔다.

특히 개발은행의 강점은 장기 자금을 안정적으로 공급하고, 그 과정에서 발생하는 위험을 감수할 수 있는 구조에 있다. 이는 산업순환의 출발점인 생산과 투자 단계를 든든히 받쳐('생산·투자 단계의 안정성'), 이후 고용과 소득, 소비로 이어지는 연쇄 작용을 가능하게 만든다.

산업적 순환이란, 생산에 필요한 자금이 투입되어 투자가 이루어지고, 그로 인해 설비, 기술, 인프라가 확충되는 과정을 말한다. 이 투자 활동은 새로운 재화와 서비스의 생산으로 이어진다. 생산이 확대되면 노동력에 대한 수요가 증가하여 고용이 창출되고, 이에 따라 노동자와 기업은 소득을 얻게 된다. 이 소득은 다시 소비로 연결되어 수요를 발생시키며, 이러한 소비가 기업의 매출로 이어진다. 결국 기업은 발생한 수익을 다시 생산 확대와 혁신을 위한 재투자로 활용하게 된다. 이렇게 투자 → 생산 → 고용 → 소득 → 소비 → 재투자가 반복되며 선순환 고리가 형성되는 것이 산업적 순환이다.

'생산·투자 단계의 안정성'이 특히 중요한 이유는 산업순환의 시작점이 바로 이 단계이기 때문이다. 만약 이 단계가 불안정하거나 원활하게 작동하지 않으면, 이후 고용, 소득, 소비로 이어지는 경제의 연쇄적 연결 고리가 끊기게 된다. 구체적으로, 투자가 줄어들면 생산도 감소하고, 이에 따라 고용이 줄면서 가계 소득이 위축된다. 소득이 줄어들면 소비도 감소하여 기업의 매출이 떨어지고, 결국 재투자마저 부진해지는 악순환이 반복된다. 반면, 생산과 투자가 안정적으로 유지되면 고용이 꾸준히 확보되고, 가계 소득이 안정되어 소비와 수요가 지속된다. 이는 다시 기업의 재투자로 이어지며 산업순환의 선순환 구조를 만들어낸다. 다시 말해,

산업순환의 첫 단계인 생산과 투자가 튼튼해야만 그 이후의 경제 활동도 연쇄적으로 원활하게 돌아갈 수 있는 것이다.

수출입은행은 국가의 대외 무역과 해외 진출을 지원하는 전문 금융기관이다. 이 기관은 무역금융, 수출보증, 해외 프로젝트 파이낸스, 투자보험 등 다양한 금융 서비스를 제공하여 기업들이 국제 무대에서 겪는 환율 변동, 정치적 불안정, 신용 위험과 같은 어려움을 완화한다. 대표적으로 미국의 수출입은행(EXIM Bank), 일본의 일본국제협력은행(JBIC), 그리고 한국수출입은행이 있다.

예를 들어, 한국수출입은행은 조선, 플랜트, 자원개발 분야의 대규모 프로젝트에 장기간 고위험 금융을 제공하여, 민간은행이 감당하기 힘든 거래를 지원한다. 이러한 수출입금융은 산업순환의 한 축인 생산된 재화가 해외시장으로 확장되는 과정을 힘 있게 뒷받침하며, 국가 경제가 외화를 확보하고 성장 잠재력을 높이는 데 중요한 역할을 한다.

중소기업과 창업기업을 지원하는 정책금융기관은 경제에서 매우 중요한 역할을 담당한다. 이들 기관은 담보가 부족하거나 신용도가 낮아 민간은행으로부터 자금을 받기 어려운 기업들에게 보증과 장기대출을 제공해 금융 접근성을 높여준다. 대표적인 예로 한국의 신용보증기금과 기술보증기금, 기업은행, 일본의 일본정책금융공고(Japan Finance Corporation, JFC), 미국의 중소기업청(Small Business Administration, SBA)이 있다. 특히 기술보증기금은 기술평가를 통해 무형자산을 기반으로 한 기업도 자금을 지원할 수 있는 체계를 구축했으며, 미국의 SBA는 정부가 대출의 일정 비율을 보증하여 민간은행이 중소기업대출에 적극 나서도록 유도한다. 이들 기관은 산업생태계의 다양성을 유지하고 혁신의 씨앗이 자랄 수 있는 기반을 마련하는 동시에, 산업순환의 건강성을 높이는 데 핵심적 역할을 수행한다.

전문·기술금융기관은 녹색산업, 환경, 에너지, 기술혁신 등 특정 분야를 집중 지원하도록 설계된 기관들이다. 대표적으로 영국의 그린투자은행, 프랑스의 공공부문투자은행(Bpifrance), 그리고 한국의 환경산업육성자금 등이 있다. 이들은 사회적 수요는 높지만 민간금융이 선뜻 참여하지 않는 영역에 자금을 공급한다. 녹색전환과 기후변화 대응, 첨단기술 연구개발은 사회 전체의 미래에 결정적인 영향을 미치지만, 단기 수익성이 낮아 민간금융의 관심이 상대적으로 부족하다. 따라서 이러한 분야에서 정책금융의 적극적인 개입이 필수적이다. 전문·기술금융기관은 산업순환 과정 중 혁신과 업그레이드 단계에서 핵심적인 역할을 수행한다.

지역금융기관은 지역 균형 발전과 지방 경제 활성화를 목표로 하는 금융기관이다. 대표적인 예로 일본의 지방은행과 정책금융공고, 미국의 지역사회개발금융기관(CDFI), 그리고 한국의 농업정책보험금융원과 지방 정책기금이 있다. 이 기관들은 특정 지역 내 중소기업뿐 아니라 농업, 어업, 관광업 등 지역 특화 산업을 지원하며, 지방의 고용 창출과 인구 유지를 돕는다. 이를 통해 산업순환의 공간적 균형을 맞추고, 수도권에 집중된 경제력을 분산시키며 지역경제의 자립과 지속 가능한 발전에 중요한 역할을 담당한다.

한국과 일본은 정책금융기관과 지역은행을 바라보는 관점에서 차이를 보인다. 한국에서는 정책금융기관을 법적으로 국가가 설립하거나 정부가 주요 재원을 출자한 공적 금융기관으로 정의한다. 예를 들어 산업은행, 수출입은행, 기업은행, 주택금융공사, 신용보증기금, 기술보증기금, 농업정책보험금융원 등이 여기에 속한다. 반면, BNK부산은행, BNK경남은행, 전북은행, 광주은행 등 지역은행은 민간 상업은행으로 분류되며, 당연히 정책금융기관에 포함되지 않는다. 이는 한국 지역은행이 상업성을 우선하며, 정부가 특정 정책 목표인 지역 균형 발전이나 특수 산업 육성을 위해 은행을 직접 설립하거나 역할을 부여하지 않는다.

이에 비해 일본은 조금 다른 시각을 가진다. 일본의 지역은행(地方銀行)은 법적으로는 민간 상업은행이지만, 일본 금융청(FSA)과 정부가 지역 균형 발전과 중소기업 지원을 위해 이들 지역은행에 정책적 임무를 적극 부여해왔다. 특히 1990년대 이후 장기 불황 속에서 도시은행과 달리 지역은행에게는 완화된 BIS 자기자본비율 규제(4% 기준)가 적용되었고, 구조조정을 최소화하며 지역경제 유지와 고용 안정의 역할을 강조했다. 이 때문에 일본 내 학계나 보고서에서는 지역은행을 사실상 정책적 기능을 수행하는 '준(準)정책금융기관'으로 간주하기도 한다. 정부가 관여한다는 의미보다 민간 시중은행과 달리 정부가 해야 할 기능을 대신 수행한다는 점을 중시하고 지원한다는 뜻이다.

이러한 차이는 정책금융기관을 어떻게 정의하느냐에 따른다. 한국은 '정책금융기관'을 법적·제도적 범위 내의 공적 기관에 한정하는 좁은 의미로 보지만, 일본은 민간은행이라도 정부의 정책 목표를 수행하는 기능을 강조할 경우 광의의 정책금융기관 범주에 포함하는 경향이 있다. 이로 인해 정부와 지역은행의 관계도 다르다. 한국은 1997년 IMF 위기 이후 시중은행과 지방은행 모두에게 동일한 규제를 적용하며 지역은행을 별도의 정책 금융 틀에서 보호하지 않았다. 반면 일본은 장기 불황 속에서도 지방은행을 '지역경제 유지 장치'로 보호하고, 정책적으로 활용하였다.

또한 한국은 정책금융을 공적 기관에 집중해 설계했기 때문에 지방은행의 정책 기능이 제한적인 반면, 일본은 일본정책금융공고 같은 공적 금융기관 외에도 지역은행 자체를 정책금융의 일부로 인정해 지역경제 지원에 중요한 역할을 부여하고 있다.

이처럼 한국과 일본은 정책금융기관과 지방은행을 바라보는 법적·제도적 정의와 실제 정책적 기능 측면에서 차이를 보이며, 이는 각국의 금융 체계와 지역경제 정책 방향 차이를 반영한다.

앞서 살펴본 다섯 가지 유형의 정책금융기관은 각기 고유한 역할을 맡고 있지만, 공통적으로 산업순환의 특정 단계에 필요한 자금을 공급함으로써 경제 전체의 안정성과 지속성을 높인다. 개발은행은 생산과 투자의 초기 단계에서 대규모 자금을 공급하고, 수출입은행은 해외 시장 확대를 지원한다. 중소기업과 창업금융기관은 산업 생태계의 다양성을 유지하는 역할을 수행하며, 전문·기술금융기관은 혁신과 산업의 업그레이드 단계에서 중요한 자금을 제공한다. 지역금융기관은 산업순환의 공간적 균형을 확보해 수도권 집중을 완화하고 지방 경제를 활성화한다.

이처럼 정책금융기관들은 단일 기능에 머무르지 않고, 다층적이고 상호 보완적인 네트워크를 형성하여 산업순환의 모든 고리를 지원할 수 있도록 설계되는 것이 이상적이다.

종합해 보면, 정책금융기관은 민간금융이 가진 한계를 보완하는 동시에, 산업정책과 사회정책의 목표를 실현하는 중요한 금융적 도구 역할을 한다. 민간금융이 단기적 이익과 위험 회피에 집중하는 반면, 정책금융은 장기적 시각과 사회적 가치를 중시하며 이를 통해 산업순환을 더욱 강화하고 경제의 지속 가능한 성장을 촉진한다. 한국 경제가 구조적 전환과 저성장 문제를 극복하기 위해서는 정책금융기관의 유형별 기능을 재점검하고, 시대 변화와 새로운 과제에 맞춰 그 역할을 확장해 나가는 것이 매우 중요하다.

3. 한국 정책금융기관의 현재 모습과 역할

한국 정책금융, 그 시작과 성장 이야기

전후 복구와 산업화 초석(1950~1960년대 초반)
1950년대 초, 한국전쟁 이후 한국 경제는 심각한 자본 부족과 재건의 과제에 직면해 있었다. 당시 민간금융기관들은 자본력이 매우 약했고, 위험 감수 능력도 부족하여 단기 상업자금 공급에만 머무는 실정이었다. 이런 상황에서 정부는 산업 재건과 경제 발전을 지원할 장기 자금 공급 기관이 필요하다는 판단을 내리고, 1954년 4월 한국산업은행(KDB)을 설립하였다. 산업은행은 석탄, 전력, 시멘트 등 기초 산업에 집중적으로 자금을 공급하며, 당시 전체 은행 대출에서 차지하는 비중이 매우 높아 한국 경제의 산업자금 대부분이 산업은행을 통해 집중 지원되었다고 볼 수 있다.

1960년대에 들어서는 박정희 정부가 수출주도형 성장 전략을 채택함에 따라, 1967년 한국수출입은행(KEXIM)이 설립되었다. 수출입은행은 수출 금융, 해외 차관 도입, 국제 금융 거래 등을 전담하며, 한국 기업들의 세계 시장 진출을 적극 지원하는 역할을 맡았다. 이로써 한국 경제가 세계 무대에 본격적으로 나아가고, 수출주도 성장 전략이 금융 측면에서 탄탄한 기반을 갖추게 되었다.

이처럼 전후 복구기와 산업화 초기 단계에서 산업은행과 수출입은행은 각각 장기 산업자본 공급과 해외시장 확장을 지원하는 핵심 금융기관으로 자리 잡으며 한국 경제 발전의 중추적 역할을 수행했다.

고도성장기(1970~1980년대)

1970년대에 들어서면서, 정부는 중화학공업화라는 국가발전 전략을 본격 추진했다. 이 시기 정책금융기관의 역할은 더욱 커졌다. 한국산업은행은 포항제철(현 포스코), 현대조선소, 울산석유화학단지 등 대규모 설비투자 프로젝트에 장기 자금을 집중 공급했다. 이로써 한국의 산업 기반을 튼튼히 다지고 고도성장을 견인했다. 수출입은행 역시 해외 플랜트 건설과 선박 수출 금융을 적극 지원하면서 수출 증가를 뒷받침했다. 정책금융은 정부의 산업정책을 실질적으로 집행하는 핵심 수단이었다.

또한 중소기업의 금융 접근성을 높이기 위해 1976년에는 신용보증기금이 설립되었으며, 1989년에는 기술보증기금이 만들어졌다. 이 기관들은 담보력이 부족한 중소기업과 첨단 기술 기반 기업이 은행 대출을 받을 수 있도록 보증 제도를 통해 지원함으로써 민간금융의 한계를 보완했다. 결과적으로 1970~80년대의 정책금융은 중화학공업 육성과 수출 확장을 견인하는 견실한 금융 기반을 제공하며, 한국 경제 고도성장의 초석을 다지는 중요한 역할을 했다.

1970년대 중화학공업화가 본격화되던 시기에 중소기업은행(IBK)도 중소기업 금융 지원의 핵심 기관으로 자리 잡았다. 1961년에 설립된 기업은행은 중소기업이 담보력 부족 등으로 민간금융 시장 접근이 어려운 현실을 반영해, 맞춤형 금융서비스와 장기 대출을 제공하는 데 집중했다. 이로 인해 산업 전반의 성장뿐 아니라 신용보증제도와 연계하여 중소기업의 금융 접근성 확대에 큰 역할을 했다.

기업은행은 산업은행과 수출입은행과 함께 국가의 산업정책을 금융적으로 뒷받침하며, 중화학공업과 수출주도 성장 전략 속에서 중소기업 생태계의 버팀목으로서 상호 보완적인 기능을 수행하였다. 이러한 역할은 한국 경제 고도성장의 튼튼한 금융 기반을 이루는 데 중요한 밑거름이 되었다.

구조조정기(1997년 외환위기 이후)

1997년 외환위기는 한국 금융시스템 전반에 큰 충격을 안겼으며, 정책금융기관들도 대대적인 변화를 겪었다. 많은 시중은행이 파산하거나 구조조정을 경험했고, 민간금융은 위험 자산에 대한 대출을 극도로 줄였다. 이 가운데 산업은행과 수출입은행은 대기업 부실을 정리하고 전략산업을 선별 지원하는 데 중요한 역할을 맡으며 단순한 자금 공급을 넘어 산업 구조 재편의 핵심 주체로 부상했다.

또한 신용보증기금과 기술보증기금은 위기 상황에서 중소기업의 연쇄 부도를 막기 위해 대규모 보증을 확대하며 민간금융의 공백을 메웠다. 중소기업은행(IBK) 역시 이 시기에 중소기업 금융 지원에 총력을 다했다. 외환위기로 어려움에 빠진 중소기업을 위해 맞춤형 대출과 금융 지원을 확대했으며, 정부 출자기관에서 더 시장화된 구조로 전환하는 과정을 겪었다. 위기 속에서도 IBK는 중소기업 금융 생태계의 안전판 역할을 하면서 한국 경제 회복에 기여했다.

이처럼 1997년 이후 구조조정기 정책금융기관들은 금융위기 극복과 산업 재편에 중심적 역할을 수행하며 한국 경제의 안정적 재도약을 뒷받침했다.

글로벌 금융위기 및 코로나19 대응기(2008년~2020년대 초반)

2008년 글로벌 금융위기가 닥치자, 민간금융은 해외자금 경색과 위험 회피로 크게 위축되었다. 이때 정책금융기관들은 신속히 개입하여 기업과 금융시장에 필요한 유동성을 공급하는 데 앞장섰다. 산업은행은 대기업을 위한 유동성 지원과 회사채 매입을 통해 금융시장의 안정을 도모했고, 수출입은행은 수출기업에 긴급 외화 자금을 제공하여 수출 활력을 유지하도록 도왔다. 코로나19 팬데믹 기간에도 정책금융기관들은 피해 업종과 기업을 대상으로 긴급자금을 지원하며 경제 충격 완화에 기여했다.

디지털 녹색 전환(2020년대 이후)

2020년대에 들어서는 기후위기와 디지털 전환이라는 새로운 도전에 직면하면서, 산업은행은 녹색금융과 ESG 투자, 디지털 인프라 금융에 투자를 확대하고 있다. 수출입은행 또한 해외 그린 프로젝트 지원을 강화하는 등 친환경 분야에 힘쓰고 있다. 그러나 현재까지는 이들 신성장 분야에 대한 정책금융의 지원 규모가 아직 제한적이라는 평가가 많다.

최근 정부 정책에서는 AI 전환과 기술주도 성장을 새로운 경제 발전 전략으로 제시하고 있으며, 정책금융기관의 역할도 이에 맞춰 재정립되고 확대될 전망이다. 이처럼 정책금융기관은 금융위기 극복과 경제 구조 혁신, 지속 가능한 성장 동력 확보에 핵심적인 역할을 계속해 나가고 있다.

한국 경제를 움직이는 정책금융기관들: 현황과 역할

한국산업은행(KDB)

한국산업은행은 한국 정책금융의 대표 기관으로, 대규모 장기자금 공급과 산업 구조 전환 지원을 핵심 임무로 수행해왔다. 1954년 설립 이후 1960~80년대 기간산업과 전략산업 육성에 집중하며 국가 산업화 과정에서 중추적 역할을 했다. 1997년 외환위기 이후에는 부실 기업의 구조조정과 금융시장 안정을 위한 중추적 역할을 맡아 산업 구조 재편에 기여했다. 최근에는 벤처·혁신금융과 녹색 전환 프로젝트, ESG 투자 등 신성장 분야에도 자금을 공급하며 산업 경쟁력 강화를 지원하고 있다. 다만 대기업 중심의 자금 배분 구조가 여전하다는 비판도 존재한다.

2024년 한 해 동안 총 87.9조 원의 자금을 공급하며 반도체, AI, 이차전지 등 첨단전략산업에 대한 투자에 집중하였고, 지역 균형발전을 위해 지역 투자 금융본부를 신설해 지역 전통산업의 디지털·녹색 전환도 적극 지원하고 있다.

한국수출입은행(KEXIM)

1976년에 설립된 한국수출입은행은 무역금융과 해외 투자를 전문적으로 지원하는 정책금융기관이다. 조선, 플랜트, 자원개발 등 대규모 프로젝트에 필요한 금융을 공급하며 한국 기업들의 세계 시장 진출을 뒷받침해왔다. 특히 신흥국 인프라 건설과 해외 플랜트 사업에서 민간은행이 꺼리는 높은 리스크를 감수하며 금융을 제공, 국가 경제의 외화 획득과 수출 경쟁력 강화에 기여했다.

수출입은행은 대외경제협력기금(EDCF)과 남북협력기금 등을 운용하며 경제 협력과 특수 정책 지원도 담당하고 있고, 2020년대에는 글로벌 공급망 안정화와 해외 친환경 그린 프로젝트 등 신성장 분야로 지원 영역을 넓히는 중이다. 그러나 한편으로는 대기업 위주 편중이 심하고, 환경·사회적 지속 가능성을 충분히 고려하지 못했다는 지적이 따른다.

이중 신흥국 인프라 건설 프로젝트는 개발도상국에서 도로, 항만, 공항, 발전소, 철도와 같은 대규모 인프라를 건설하는 사업을 의미한다. 이러한 프로젝트들은 대규모 자본이 필요하고, 투자금을 회수하기까지 오랜 시간이 걸린다. 뿐만 아니라 정치적 불안정과 환율 변동 같은 위험도 크기 때문에 민간은행들은 대출이나 투자를 쉽게 결정하지 못하는 경우가 많다.

이때 한국수출입은행, 일본의 JBIC, 미국의 EXIM과 같은 정책금융기관이 나서서 장기 저리 자금을 지원하거나 보증과 보험을 제공함으로써 위험 부담을 분담한다. 이로 인해 민간은행들도 이러한 사업에 참여할 수 있는 기반이 마련된다.

결국 민간금융이 꺼리는 위험을 정책금융기관이 떠안아 주면서, 프로젝트가 실제로 추진될 수 있는 구조가 만들어지는 셈이다. 프로젝트가 진행되면, 한국의 건설사, 플랜트 회사, 장비 제조업체 등이 참여해 해외 수주를 받고, 이들이 외화로 대금을 지급받으며 외화 수익을 올린다. 이러한 과정은 국가의 외화 획득 증대와 경상수지 개선으로 이어져 국가 경제에도 긍정적인 영향을 미친다.

정리하면, 신흥국 인프라 건설 프로젝트는 높은 위험 때문에 민간은행 단독으로는 자금을 조달하기 어렵다. 하지만 정책금융기관이 위험을 분담해주고 금융 지원을 하면, 민간 참여가 촉진되고, 해외 인프라 수주가 확대되어 한국 기업이 외화를 벌어들이는 선순환 구조가 형성된다. 즉, 정책금융 → 민간 참여 촉진 → 해외 인프라 수주 → 외화 획득이라는 연결 구조가 만들어지게 된다.

기업은행

한국의 중소기업은행(IBK)은 정책금융기관이면서도 상당 부분 시장화된 특성을 지닌 독특한 금융기관이다. 1961년 정부 출자로 설립되어 중소기업 지원을 주된 목표로 삼지만, 일부 주식을 상장하며 수익성도 중요하게 고려하고 있다. 이로 인해 다른 전형적인 공적 금융기관과 달리 민간 시중은행과의 경쟁 구도 속에서 운영되고 있다.

특히 중소기업대출 시장에서 높은 점유율을 유지하며, 제조업 등 생산적 산업에 집중적으로 자금을 공급하는 데 앞장서고 있다.

경기 둔화와 내수 부진 속에서도 맞춤형 대출 상품과 포용금융 전략으로 중소기업과 소상공인의 금융 접근성을 지속적으로 높이고 있으며, ESG 경영과 녹색 전환 지원에도 적극 참여하고 있다.

그러나 중소기업 중심 대출의 특징상 부실 위험이 상대적으로 클 수 있어, 건전성 관리가 중요한 과제로 남아 있다. 동시에 해외 진출 확대와 글로벌 채권 발행 등을 통해 시장 경쟁력과 재무 안정성을 강화하는 노력도 병행되고 있다.

이처럼 기업은행은 공적 정책 목표를 수행하면서도 시장 경쟁에 적극 참여하는 '하이브리드' 성격을 띠고 있으며, 한국 중소기업 금융 생태계의 핵심 축으로 중요한 역할을 담당하고 있다.

신용보증기금과 기술보증기금

신용보증기금(신보)과 기술보증기금(기보)은 중소기업과 혁신기업이 은행 대출을 받을 수 있도록 보증 서비스를 제공하는 정책금융기관이다. 신보는 성장 잠재력이 있지만 담보력이 부족한 중소기업에 보증을 제공해 금융 접근성을 높이고, 경영 지도와 신용 정보 관리까지 수행하며 중소기업의 안정적 성장을 돕는다. 2020년대에는 코로나19 위기 대응을 위해 소상공인 특례보증을 강화하는 등 위기극복에도 핵심 역할을 했다.

기술보증기금은 기술평가 제도를 도입해 무형자산 기반의 기술중소기업에 대한 금융 지원을 확대했다. 기술 혁신과 사업성을 평가해 우수 기술 기업에 보증을 제공함으로써, 민간금융이 쉽게 접근하지 못하던 신기술 기업의 자금 조달을 원활하게 한다.

다만 두 기관 모두 보증 확대가 부실 위험 증가로 이어질 가능성과, 보증 심사 과정에서 지나치게 보수적인 태도로 혁신기업 지원에 소극적이라는 한계도 지적된다.

한국주택금융공사(HF)

한국주택금융공사는 장기·고정금리 주택담보대출 상품인 보금자리론과 적격대출을 공급하여 변동금리 위주의 가계부채 구조를 완화하는 데 기여했다. 이를 통해 가계부채의 안정성과 주거복지 향상에 도움을 주었다. 또한 주택연금 제도를 운영해 고령층의 안정적 노후소득 확보를 지원한다. 다만, 부동산 중심 금융 강화에 기여했다는 측면에서 비판할 수 있다.

농업정책보험금융원과 농·수협 정책금융

농업정책보험금융원은 농업·수산업 생산자금 대출과 재해보험 운영, 정책자금 운용 및 감독을 담당한다. 농·수협 등 지역 기반 금융기관과 협력해 농어촌의 경제 기반 유지와 지역 고용 보호에 기여한다. 하지만 자금 규모가 제한적이고, 장기적 구조적 지속가능성이 낮다는 점이 한계로 지적된다. 이들 기관은 농어민의 소득 안정과 농산어촌 지역 발전을 위한 정책금융의 중요한 축으로 자리 잡고 있다.

종합 평가와 향후 과제

한국의 정책금융기관들은 산업순환의 각 단계에서 서로 다른 방식으로 중요한 역할을 수행해왔다. 산업은행과 수출입은행은 생산 투자와 시장 확대 단계에서 중추적 역할을 했으며, 신용보증기금과 기술보증기금은 혁신 도모와 중소기업 금융 기반 강화를 지원했다. 주택금융공사는 가계의 소비 안정성을 높여 경기 변동에 완충 역할을 했고, 농·수협 정책금융은 지역경제와 고용 균형 발전의 보완책으로 기능했다.

그럼에도 불구하고 한국 정책금융은 몇 가지 구조적 한계에 직면해 있다. 첫째, 자금 공급이 개발 및 수출 금융에 지나치게 치우쳐 혁신 금융과 지역 금융의 비중이 상대적으로 낮아 산업순환의 균형 있는 지원이 부족하다. 둘째, 정책금융기관 간 역할 중복과 경쟁이 발생하여 협력체계가 미흡하다. 셋째, 민간금융과의 협력 구조가 충분히 제도화되어 있지 않아 공동대출이나 위험 분담과 같은 협업이 제한적이다. 넷째, 단기 실적 중심의 운영이 장기적이고 고위험 투자를 저해하여 산업순환을 강화하는 데 한계가 있다.

따라서 한국 정책금융이 지속 가능하고 균형 잡힌 경제성장을 지원하기 위해서는 혁신·녹색·지역금융 중심으로 포트폴리오를 재구성하고, 기관 간 기능 조정 및 통합을 통해 효율성을 높이며, 민간금융과의 협력 체계를 강화하는 것이 절실하다. 또한 성과 평가도 단기 재무지표가 아닌 산업순환 기여도와 장기 경제적 효과 중심으로 전환해야 한다. 이러한 변화가 이루어질 때, 정책금융은 단순한 위기 대응 도구를 넘어 산업순환을 견인하고 지속 가능한 성장의 전략적 촉매로 자리매김할 수 있을 것이다.

4. 해외 주요국 정책금융기관 비교

해외 주요국 정책금융기관들은 각기 독특한 역사적 배경과 금융 시스템 구조 그리고 정부와 시장 간 관계에 따라 다양한 형태로 발전해왔다. 독일은 은행 중심의 금융 구조 속에서 민간금융과의 협력을 제도화한 모델을 보여준다. 일본은 발전국가 전통에 따라 위기 대응과 산업금융을 병행하는 체계를 구축했다. 미국은 발달한 자본시장을 바탕으로 보증과 보험 중심의 위험 분담형 정책금융을 운영하며, 중국은 국가 전략에 따라 대규모 직접대출을 중심으로 정책금융을 실행한다. 한국은 정책금융 재설계를 위해 이러한 다양한 모델을 면밀히 비교하고 장단점을 종합적으로 검토할 필요가 있다.

독일의 KfW(Kreditanstalt für Wiederaufbau)는 1948년 마셜플랜 자금을 운용하기 위해 설립되었다. 초기 재건 금융 역할을 넘어 현재는 중소기업 지원, 에너지 전환, 디지털 인프라, 환경 프로젝트 등 국가 장기 과제에 핵심적인 역할을 담당한다. KfW의 가장 큰 특징은 민간은행과의 공동대출(co-financing) 구조다. 직접 최종 차입자에게 대출하기보다 민간은행을 통해 자금을 공급하며, 민간은행이 고객과의 관계를 유지한다. 이 체계는 정책금융이 민간금융을 대체하는 것이 아니라 활성화하는 메커니즘으로 기능하게 한다.

또한 AAA 신용 등급과 연방정부 보증을 바탕으로 대규모 채권 발행을 통해 안정성과 저금리를 확보한다. KfW는 산업 정책과 환경 정책을 동시에 추진하는 독일 경제의 핵심 축으로 자리 잡았다. 예를 들어 재생 에너지 지원 프로그램은 민간 기업 투자와 연계되어 독일이 에너지 전환을 선도하는 데 기여했다. 한국에 주는 시사점은 민간과의 연계 구조 제도화, 장기 채권을 통한 안정적 자금 조달, 국가 전략과 금융 정책의 긴밀한 결합 경험을 참고하는 것이다.

일본은 발전국가 전통에 따라 정책금융기관이 산업 정책과 밀접히 연결되어 있다. 일본정책투자은행(DBJ)과 일본국제협력은행(JBIC)이 대표적이다. DBJ는 1951년 일본개발은행으로 출발하여 산업 설비와 기술 개발을 지원했고, 지금은 산업 구조조정, 재해 대응, 지역 개발, 환경 금융 등을 담당한다. 자연재해가 빈번한 일본에서는 재난 직후 DBJ가 긴급 금융을 공급해 산업 기반 붕괴를 막는다.

JBIC는 1999년 설립된 국제 공공금융기관으로 해외 투자와 대외 경제 협력을 지원하며, 일본 기업의 해외 자원 확보, 인프라 건설, M&A 자금 지원에 핵심적 역할을 한다. 이 모델의 강점은 위기 대응과 산업금융을 제도적으로 분리 전문화해, 평상시에는 해외 인프라 프로젝트, 자원 개발, 수출 촉진 등 일본의 국제적 경제 교류와 관련된 프로젝트에 중점을 둔다. 하지만 위기 상황에서 JBIC는 전 세계적 금융위기나 글로벌 경제 불확실성이 커질 때, 일본 기업들이 해외에서 자금을 조달하는 데 어려움을 겪을 수 있기에, 위험을 감수하고 자금을 공급하는 역할을 한다. 특히 해외 프로젝트에서 민간 기업들이 자금을 구하기 어려운 상황에서, JBIC는 긴급하게 필요한 자금을 지원함으로써 일본 경제의 대외적 안정성을 확보하는 데 기여한다. 한국이 참고할 만한 위기 대응 제도의 모범 사례다.

미국은 세계 최대 자본시장 보유국답게, 직접대출보다 보증과 보험을 통한 위험 분담에 중점을 둔다. 미국수출입은행(EXIM)과 중소기업청(SBA)이 대표적 기관이다. EXIM은 1934년 설립되어 수출 기업에 금융과 보험을 제공하며, 특히 신흥국 등 고위험 시장에서 민간은행의 대출 참여를 정부 보증을 통해 유도한다. SBA는 중소기업대출 보증, 벤처 캐피털, 재난 복구 금융을 지원한다. 이 모델은 민간 주도와 정책금융의 위험 분담이 조화를 이루며 창업과 혁신기업의 시장 진입, 중소기업 생태계 다양성 확보를 돕는다. 다만, 대규모 장기 산업 프로젝트 직접 지원에는 한계가 있다. 한국에는 보증·보험 중심의 민간 활성화 메커니즘 확대가 시사점이다.

중국은 국가 전략 중심의 대규모 직접대출 모델을 채택하고 있다. 국가개발은행(CDB)과 중국수출입은행이 대표적 기관으로, 인프라, 전략 산업, 일대일로 프로젝트 등 국가 전략에 맞춘 대규모 자금을 직접 공급한다. 국채 수준 신용 등급의 채권 발행으로 막대한 자금을 조달하며 세계 최대 규모의 정책금융기관으로 평가받는다. 중국수출입은행은 무역 금융과 해외 투자를 담당하며 중국 기업의 글로벌 진출과 개발도상국 인프라 건설에 기여한다. 이 모델은 국가 전략과 금융이 거의 일체화되어 있어 대규모 투자를 신속히 추진할 수 있으나, 과잉 투자와 부채 의존, 해외 정치 리스크 등의 부작용도 내포하고 있다. 한국은 국가 전략과 금융정책 결합 사례를 참고하되 견제 장치 마련이 필요하다.

종합해 보면, 독일은 민간 연계형으로 공동대출과 채권 조달이 특징이며, 일본은 위기 대응과 산업금융을 병행하면서 재난 및 전략산업 지원을 체계화했다. 미국은 위험 분담형으로 보증과 보험 중심의 민간 촉진 모델을 운영하고, 중국은 국가 주도형으로 대규모 직접대출 구조를 갖추고 있다. 한국은 직접대출 비중이 높아 중국형과 유사하지만 민간금융과의 협력이 부족해 독일과 미국 모델의 강점을 배워야 하고, 일본처럼 위기 대응 기능을 제도화할 필요가 있다.

한국에 대한 주요 시사점으로는 첫째, KfW처럼 민간 연계 구조를 제도화하여 공동대출로 민간금융을 활성화해야 한다. 둘째, DBJ나 JBIC처럼 재난과 금융위기에 대응할 수 있는 별도의 금융

체계를 구축해 위기 대응 기능을 강화해야 한다. 셋째, SBA와 EXIM 모델을 참고해 보증과 보험 중심의 위험 분담 장치를 확대해 민간 참여를 촉진해야 한다. 넷째, 국가 전략과 금융 정책을 긴밀히 연계하되 중국식 과잉 투자와 부채 의존을 막기 위한 균형 유지 장치를 반드시 갖춰야 한다.

5. 정책금융기관과 민간금융의 관계: 세 가지 모델과 현황

한국 금융시스템에서 정책금융기관과 민간금융기관 간의 관계 설정은 단순한 역할 분담을 넘어, 자금이 어떻게 유통되고 산업순환이 강화될지를 결정하는 중요한 문제다. 민간금융은 위험 관리와 수익성 확보에 집중해 담보 중심, 단기 대출 위주로 자금이 흐르는 경향이 있다. 반면 정책금융기관은 사회적 가치가 크지만 민간금융이 관심 가지기 어려운 영역, 즉 정보 비대칭과 장기 불확실성이 높은 분야에 자금을 공급하며 시장의 공백을 채운다.

　이 관계에 따라 결과가 크게 달라진다. 만약 정책금융이 민간금융을 대체하는 역할만 한다면, 단기적으로 유효할 수 있으나 장기적으로는 민간 참여가 위축되고 산업순환 강화 효과가 감소할 위험이 있다. 반면 정책금융이 민간금융을 보완하며 위험 분담과 레버리지 역할을 수행한다면, 제한된 자원으로도 훨씬 큰 효과를 낼 수 있다. 따라서 정책금융과 민간금융의 바람직한 상호관계 설정은 산업과 금융순환의 재구성을 위한 핵심 과제다.

정책금융과 민간금융의 관계 모델은 크게 세 가지로 나누어진다. 첫째, 보완형 모델은 정책금융이 민간이 기피하는 영역에 집중해 민간금융을 보완하는 구조다. 독일 KfW의 공동대출 구조와 한국의 신용보증기금·기술보증기금을 예로 들 수 있다. 그러나 우리나라 보완형 모델은 보증 심사 보수성 등으로 혁신 지원이 제한적이다.

둘째, 경쟁형 모델은 정책금융기관이 민간과 동일 영역에 진출해 경쟁하는 구조다. 한국 산업은행과 수출입은행이 대기업 운영자금과 외화 대출을 직접 제공하는 경우가 대표적이다. 이는 단기적 자금 조달 안정에 도움이 되지만, 장기적으론 민간금융 약화와 정책금융 자원 낭비를 초래할 수 있다.

셋째, 연계형 모델은 공동대출, 위험분담, 보증·보험 등으로 정책금융과 민간금융이 협력하는 구조다. 미국 SBA 보증 제도가 대표적이며, 한국의 보증기관들도 일부 유사하나 대규모 프로젝트나 혁신 투자는 여전히 제한적이다.

한국 정책금융의 현황을 보면, 직접대출 중심 구조가 고착화되어 민간금융과 경쟁하며 보완·연계 효과는 미미하다. 민간금융의 산업순환 기피와 정책금융의 단독 부담이 결합돼 산업순환 강화가 제한적이다. 또한 민간 투자 유인을 촉진할 세제 혜택·리스크 분담·금리 우대 등 인센티브 설계도 부족하며, 정책금융 성과 평가 역시 단기 지표에 치우쳐 장기 산업 투자를 저해한다.

해외 사례와 비교하면 독일은 공동대출로 보완·연계형을 확립했고, 일본은 위기 대응과 산업금융을 상황별 분리해 효율을 높였다. 미국은 보증·보험을 통한 민간 위험 분담과 참여 확대 모델이고, 중국은 국가 주도 대규모 직접대출 구조를 갖는다. 한국은 중국형에 가깝지만 민간 연계는 미약해 정책금융이 단독 위험 부담의 한계에 봉착해 있다.

개선 방향으로는 보완형과 연계형 관계 모델로 전환, 민간 투자 유인 설계, 성과 평가 개편, 산업 정책과 금융 정책의 긴밀한 결합이 필요하다. 정부와 정책금융기관, 민간은행이 참여하는 산업금융 협의체 구성도 요구된다. 이렇게 재설계된다면 정책금융은 민간 참여를 촉진해 한정된 자원으로도 산업순환 강화와 경제성장 견인이라는 큰 효과를 낼 수 있을 것이다.

한국 정책금융의 구조적 한계는 다음과 같이 재정리할 수 있다. 첫째, 정책금융은 직접대출 비중이 지나치게 높아 민간금융과의 협력이 부족하며, 따라서 정책금융이 보완자보다는 대체자로 기능하는 경향이 있다. 둘째, 혁신 및 지역금융의 비중이 낮고, 대기업과 수출 중심의 자금 배분이 지속되는 점에서 중소기업, 벤처, 지역 균형발전, 녹색·디지털 전환 분야 지원이 미흡하다. 셋째, 성과 평가가 단기 실적에 집중되어 장기적 산업 효과를 담보할 수 없는 구조다. 넷째, 민간과의 공동대출 및 위험 분담 구조가 제도화되어 있지 않다. 다섯째, 산업정책과 금융정책이 분리되어 산업순환을 촉진하는 금융체계가 제대로 설계되지 않았다.

정책금융 재설계의 기본 원칙은 세 가지다. 첫째, 보완·촉진 원칙으로, 정책금융은 민간이 감당하기 어려운 장기·고위험 분야에 집중하고, 민간이 주도할 수 있는 분야에서는 촉진자 역할을 해야 한다. 둘째, 산업순환 강화 원칙으로 금융은 생산에서 재투자까지의 산업순환 전 과정을 강화하는 방향으로 자금이 배분되어야 하며, 부동산 중심 금융순환을 억제하는 데 기여해야 한다. 셋째, 민간 연계·레버리지 원칙으로 정책금융 1원이 민간금융 3원에서 5원 이상을 유인하는 구조를 만들어야 한다.

세부 과제로는 첫째, 민간은행과의 공동대출 제도화를 전제로 직접대출을 축소하는 것이다. 독일 KfW 모델처럼 정책금융이 자금을 공급하고 민간은행이 차입자와의 관계를 유지하는 방식이 바람직하다. 둘째, 혁신 및 지역금융 비중을 확대하기 위해 전담 기구 설치 혹은 기존 기관 내 전담 부서 강화를 추진해야 한다. 셋째, 위험 분담 제도 강화로 정부 보증, 보험, 메자닌 금융 등을 확대해 민간 참여를 꾀해야 한다. 넷째, 성과 평가 체계를 대출 실적에서 고용 창출, 혁신, 지역균형 기여 등 장기 산업정책 효과 중심으로 개편해야 한다. 다섯째, 기재부·금융위·산업부·정책금융기관 간 조율을 위한 산업금융위원회를 설치해 산업정책과 금융정책을 통합 관리해야 한다.

실행을 위해서는 법·제도 정비를 통해 공동대출과 위험분담, 기능 명확화를 시행하고, 재원 조달의 다변화와 민간 참여 유인을 위한 규제 완화 및 세제 혜택을 병행해야 하며, 투명한 성과관리 및 피드백 체계도 마련해야 한다.

해외 사례와 비교 시 독일의 공동대출 제도화, 일본의 위기대응 체계 상시화, 미국의 위험분담 모델 확대, 중국의 국가 전략 연계는 한국 정책금융 재설계의 중요한 시사점이다.

결론적으로 한국 정책금융은 산업화와 수출주도 성장, 위기대응에 주요 역할을 했으나, 직접대출 편중과 민간 연계 부재, 단기 성과 중심이라는 구조적 한계로 산업순환 강화라는 본질적 기능에 제약이 있다. 따라서 앞으로는 '대체 공급자'보다는 '민간 촉진자'로서의 역할 전환이 필요하며, 공동대출 확대, 혁신·지역금융 강화, 위험분담 장치 확대, 성과 평가 개편, 정책·금융 통합 거버넌스 구축을 통해 정책금융이 산업순환 촉진과 저성장 극복의 핵심 동력으로 자리매김해야 한다. 한국 금융시스템에서 정책금융기관과 민간금융기관 간의 관계 설정은 단순한 역할 분담을 넘어, 자금이 어떻게 유통되고 산업순환이 강화될지를 결정하는 중요한 문제다. 민간금융은 위험 관리와 수익성 확보에 집중해 담보 중심, 단기 대출 위주로 자금이 흐르는 경향이 있다. 반면 정책금융기관은 사회적 가치가 크지만 민간금융이 관심 가지기 어려운 영역, 즉 정보 비대칭과 장기 불확실성이 높은 분야에 자금을 공급하며 시장의 공백을 채운다.

이 관계에 따라 결과가 크게 달라진다. 만약 정책금융이 민간금융을 대체하는 역할만 한다면, 단기적으로 유효할 수 있으나 장기적으로는 민간 참여가 위축되고 산업순환 강화 효과가 감소할 위험이 있다. 반면 정책금융이 민간금융을 보완하며 위험 분담과 레버리지 역할을 수행한다면, 제한된 자원으로도 훨씬 큰 효과를 낼 수 있다. 따라서 정책금융과 민간금융의 바람직한 상호관계 설정은 산업과 금융순환의 균형 재구성 핵심 과제다. 물론 민간금융이 산업순환의 역할을 하지 못하는 상황에서 정책금융의 역할이 축소되는 것은 결코 대안이 될 수 없다.

간호학자의 금융활동 시대,
그 기대 그림자

부

11장

신자유주의 금융 현상의 핵심 진단

1. 신자유주의 금융 시대의 10대 현상

문제 제기: 금융이 주연으로 올라서다

20세기 후반 이후 세계 경제의 풍경은 눈에 띄게 변했다. 과거 산업화 시대의 금융은 어디까지나 실물경제를 뒷받침하는 조연이었다. 은행은 기업이 공장을 세우고 기계를 구입할 수 있도록 자금을 빌려주는 기관이었고, 증권시장은 장기적인 설비투자를 위한 자본을 모으는 창구였다. 그러나 신자유주의가 본격적으로 세계를 지배하기 시작한 1980년대 이후, 금융은 이 보조적 지위를 벗어나 경제 무대의 주연 배우로 떠올랐다.

이 변화는 추상적 진단이 아니라, 우리가 일상에서 체감하는 현실이다. 한국의 가계를 떠올려 보자. 부모 세대가 경험한 성장 모델은 단순했다. 열심히 일하면 임금이 오르고, 은행에 저축하면 예금 이자가 꾸준히 쌓여 생활이 개선되었다. 하지만 오늘날 청년 세대의 경험은 전혀 다르다. 아무리 일을 해도 임금 상승은 미미하고, 집값과 주식 가격이 생활 수준을 결정한다. 주택을 보유한 사람은 자산가치 상승으로 소비를 늘릴 수 있지만, 무주택자는 대출에 의존해야만 자산 시장에 진입할 수 있다. 자산의 유무가 세대와 계층의 운명을 가르는 경제적 경계선이 되었다.

기업 경영도 크게 달라졌다. 20세기 중반까지 기업의 전략은 장기적 투자와 고용 유지였다. 그러나 신자유주의 시대 이후 기업은 단기적 주가와 실적을 기준으로 움직인다. 연구개발이나 신규 고용은 미래 성장에 필수적임에도 불구하고, 단기적으로 수익성을 해친다면 과감히 축소된다. 대신 자사주 매입과 배당 확대가 경영의 핵심 전략으로 자리 잡았다. IBM, GE 같은 미국 기업뿐 아니라 한국의 삼성전자, 현대차도 수조 원 규모의 자사주 매입을 진행하며 같은 흐름을 보여왔다.

국가 역시 변화를 피해 가지 못했다. 산업정책은 뒷전으로 밀려나고, 국가 신용등급과 국제 금융시장의 신뢰 확보가 경제정책의 최우선 과제가 되었다. 한국은 1997년 외환위기 이후 IMF 관리 체제에서 벗어나기 위해 재정 건전성과 신용등급 개선에 몰두했고, 유럽 각국은 재정위기 과정에서 산업정책보다 긴축과 금융시장 안정을 택했다. 미국 연준(Fed) 또한 통화정책을 통해 실물경제 회복을 뒷받침하기보다 금융시장의 안정을 최우선으로 한다는 비판을 꾸준히 받아왔다.

이렇듯 금융은 이제 경제 전반을 지배하는 힘으로 부상했다. 하지만 그 결과는 경제의 기초 체력을 강화하기보다는 약화시키는 쪽으로 나타났다. 금융은 빠른 수익을 제공했지만, 그것은 생산적 혁신과 투자에서 비롯된 것이 아니었다. 자산가격 상승과 부채 확대가 성장의 주요 동력이 되었고, 이는 결국 위기의 주기적 재발과 불평등 심화로 이어졌다.

케인스주의적 타협 체제의 붕괴

신자유주의가 등장하게 된 배경에는 1970년대의 스태그플레이션과 오일쇼크라는 이중 충격이 있었다. 제2차 세계대전 이후 1970년대까지 서구 선진국이 누린 안정적 성장과 낮은 실업은 흔히 '케인스주의적 타협 체제'라 불린 질서 위에서 작동했다. 정부는 적극적 재정·통화정책으로 총수요를 조절했고, 기업과 노동은 '생산성 향상 ↔ 임금 인상'이라는 암묵적 합의 속에 협력했다. 복지국가는 소득 불평등을 완화하며 사회적 안전망을 제공했다. 국제적으로는 브레튼우즈 체제가 고정환율과 자본통제를 통해 금융시장의 변동성을 억제했다.

그러나 이 체제는 1970년대 들어 거대한 도전에 직면했다. 먼저, 스태그플레이션(경기침체와 물가상승의 동시 발생)은 기존 케인스주의 정책수단을 무력화시켰다. 전통적 케인스주의 해법은 '불황에는 재정지출 확대, 인플레이션에는 긴축'이었으나, 두 현상이 동시에 나타나자 어떤 조치를 취해도 문제를 악화시키는 역설에 빠졌다. 경기를 살리려 하면 물가가 폭등했고, 물가를 잡으려 하면 실업이 급등했다.

여기에 오일쇼크(1973, 1979)가 결정타를 가했다. OPEC의 석유 가격 인상으로 원유 가격이 급등하면서 전 산업의 비용 구조가 흔들렸다. 에너지 가격 상승은 인플레이션을 자극했고, 동시에 기업의 투자와 고용을 위축시켰다. '완전고용 + 안정적 물가 + 성장'이라는 케인스주의적 전제는 더 이상 유지될 수 없게 되었다.

기업은 비용 압박 속에서 이윤율 하락에 시달렸고, 노동자는 물가 상승을 따라잡기 위해 임금 인상을 요구했다. 정부는 인플레이션과 실업 사이에서 양자택일을 강요받았다. 결국 '정부 개입 → 성장 → 복지 확대 → 사회적 합의'라는 선순환이 깨지면서, 케인스주의적 타협 체제는 역사적 한계에 도달했다.

신자유주의의 부상과 금융의 강화

바로 이 지점에서 신자유주의가 대안으로 부상했다. 시카고학파와 프리드먼의 주장은 간명했다. 문제는 정부의 과도한 개입이며, 해법은 시장의 자유를 회복하는 것이라는 논리였다. 인플레이션 억제와 경쟁 촉진이 강조되었고, 국가가 아니라 시장이 자원배분의 중심이 되어야 한다는 주장이 힘을 얻었다. 정치적으로는 미국의 레이건, 영국의 대처 정부가 이러한 노선을 과감히 밀어붙였다.

이 과정에서 가장 먼저 개혁의 대상으로 지목된 것은 금융이었다. 금융 규제의 완화, 자본 자유화, 국제 금융시장의 개방은 신자유주의 개혁의 핵심 축이 되었고, 이는 곧 금융이 실물경제 위로 군림하게 되는 결정적 계기를 마련했다. 금융 탈규제(deregulation)는 신자유주의 정책의 핵심 축이었다. 미국은 1980년대 초 예금금리 규제를 폐지하고, 1999년에는 글래스-스티걸법을 철폐해 상업은행과 투자은행의 구분을 없앴다. 영국은 1986년 런던 금융시장의 '빅뱅(Big Bang)' 개혁을 통해 규제를 전면 철폐했다. 이러한 조치는 금융기관이 새로운 상품을 자유롭게 창출하고, 전 세계 자본을 자유롭게 운용할 수 있는 길을 열어주었다.

신자유주의는 또한 자본 자유화를 전 세계적으로 확산시켰다. IMF와 세계은행은 구조조정 프로그램을 조건으로 개발도상국과 신흥국에 자본시장을 개방하도록 압력을 가했다. 그 결과 1990년대 들어 국제 자본 이동은 기하급수적으로 증가했다. 그러나 자유화된 자본은 생산적 투자보다 단기 수익을 추구했고, 신흥국의 금융시장은 거대한 투기적 흐름에 휘둘렸다. 1997년 아시아 외환위기와 1998년 러시아 위기는 신자유주의적 자본 자유화가 얼마나 취약한 기반 위에 서 있었는지를 보여주는 사례였다.

304   3부 신자유주의 금융화 시대, 그 빛과 그림자

신자유주의와 금융의 결합: 국가와 사회의 종속

신자유주의 시대에는 국가와 금융의 관계도 근본적으로 달라졌다. 과거에는 국가가 금융을 규제하고 산업을 육성하는 주체였다면, 이제는 오히려 국가가 금융시장의 신뢰를 얻기 위해 움직이는 구조가 형성되었다. 국제 신용평가사의 등급, 국채금리, 외국인 투자자의 투자 결정이 정책의 기준이 되었고, 그 결과 산업정책이나 사회정책은 뒷전으로 밀려났다.

한국은 IMF 외환위기 이후 국제금융시장 신뢰 회복을 위해 금융자율화와 건전성 규제 강화에 나섰다. 유럽 각국도 재정위기 과정에서 긴축정책을 선택해 산업과 고용을 희생했다. 미국 역시 연준의 정책이 월가의 금융시장을 안정시키는 데 초점이 맞춰졌다는 비판을 끊임없이 받아왔다.

신자유주의가 금융을 이렇게 강화시킨 이유는 명확하다. 금융은 가장 빠르고 손쉬운 이윤 창출 수단이었기 때문이다. 산업을 육성하고 생산성을 높이는 데에는 긴 시간과 대규모 자본이 필요하지만, 금융은 단기간에 자산거래와 투기를 통해 수익을 창출할 수 있었다. 신자유주의가 '효율성'을 내세우며 금융의 자유화를 밀어붙인 것은 결국 자본의 단기적 이익을 극대화하려는 체제적 요구였다.

금융의 강화는 신자유주의의 의도

따라서 신자유주의 시대를 이해한다는 것은 곧 금융이 어떻게 실물경제를 압도하고 지배하게 되었는가를 이해하는 것이다. 금융의 강화는 단순한 부수적 현상이 아니라, 신자유주의라는 이념과 제도가 의도적으로 설계한 결과였다.

본 장은 이러한 문제의식 아래, 신자유주의 금융시대를 대표하는 10가지 현상을 정리하고, 각 현상에 대응하는 학문적 이론을 함께 살펴본다. 민스키의 금융 불안정 가설, 포스트 케인스학파의 부채주도 성장 분석, 폴라니의 '허구적 상품' 개념, 자산경제 이론 등은 모두 금융이 실물경제를 압도하는 현상을 다른 각도에서 비판하고 설명해준다.

이러한 진단은 단지 과거를 되짚는 것이 아니라, 현재와 미래를 위한 출발점이다. 오늘날 우리가 직면한 저성장, 불평등, 세대 간 갈등, 반복되는 금융위기는 모두 금융화가 낳은 구조적 결과이기 때문이다. 따라서 금융의 성격을 올바로 진단하는 것은 곧 대안을 모색하는 첫걸음이 될 것이다. 본 장은 그 출발점을 이 책을 읽는 독자에게 제시하고자 한다.

〈표 11-1〉 신자유주의 금융 시대 10대 현상, 핵심 내용

	구분	현상	핵심 내용
1	금융화의 일반화	금융적 동기와 활동이 경제 전반으로 확산	생산보다 금융 수익이 경제의 우선 목표가 됨
2	주주가치 극대화	기업이 투자·고용보다 주주환원(배당, 자사주 매입)에 집중	단기성과주의가 장기적 혁신·고용을 제약
3	부채주도 성장	가계·기업·정부가 모두 신용 확장을 통해 수요를 유지	부채 의존은 단기 성장을 유지하지만 불안정성을 축적
4	금융시장 팽창과 파생상품	실물과 분리된 파생상품이 GDP 수십 배로 팽창	투기적 금융 팽창은 필연적으로 위기를 초래
5	부동산 거품과 자산효과	자산가격 상승이 소비·투자를 좌우	실질임금보다 자산가격이 생활·세대 격차를 결정
6	자본이동 자유화/ 금융세계화	신흥국 경제가 핫머니 흐름에 휘둘림	자본 자유화는 사회·제도적 기반이 없으면 취약성을 증폭
7	통화정책의 금융화	통화정책이 실물보다 금융시장 안정에 초점	중앙은행 정책이 실물경제에 미치는 파급은 제한적
8	단기성과 압박과 헤지펀드·사모펀드의 부상	단기 수익률을 추구하는 금융자본이 기업 경영에 직접 개입	고용·연구개발 축소, 구조조정을 통한 주가 부양이 일반화
9	금융위기의 주기적 재발	1990년대 이후 반복되는 글로벌 금융위기	금융 팽창은 내재적으로 위기를 낳는 구조
10	실물경제의 금융종속 심화	기업·가계·정부 모두 금융시장 조건에 좌우.	실물경제 자체가 금융에 종속되어 불평등과 저성장을 고착화

2. 금융화의 일반화

신자유주의 시대를 이해하는 가장 중요한 출발점은 금융화(finan-cialization)의 일반화다. 금융화란 금융이 경제의 다른 분야, 특히

생산과 서비스 산업에까지 영향을 미치고 지배하는 과정을 의미한다. '금융화의 일반화'는 이러한 금융화를 더욱 강조하는 의미로 금융적 동기와 금융기관, 금융시장이 이제는 금융 부문에 국한되지 않고 경제의 모든 부분에 관철되거나 관여하는 것을 말한다. 우리가 살아온 일상의 경제생활이 어떻게 바뀌었는지를 생각해보자.

기업: 공장보다 주식시장을 바라보다

1970년대까지 기업의 경영은 비교적 단순했다. 제품을 더 잘 만들고 시장을 넓히며, 장기적으로 설비를 확충하는 것이 경영진의 핵심 임무였다. 은행은 이런 투자를 뒷받침하는 자금을 제공했고, 성장은 고용과 임금 인상으로 이어졌다. 그러나 신자유주의 시대에 들어 기업의 시선은 더 이상 공장의 연기 나는 굴뚝을 향하지 않았다. 대신, 월가의 주가 그래프와 신용평가사의 보고서에 눈길을 돌리게 된다.

주주가치를 극대화하는 것이 경영의 제1원칙으로 자리 잡으면서, 기업들은 장기적 생산 투자보다 단기적 재무성과를 우선시하게 되었다. 연구개발은 줄어들었고, 신규 고용은 미뤄졌다. 그 대신 주주를 기쁘게 할 수 있는 자사주 매입과 배당 확대가 늘어났다. 예컨대, 1980년대 이후 미국 S&P500 기업들의 자사주 매입 규모는 눈덩이처럼 불어나 기업 이익의 절반 이상을 차지하기도

했다. 한국의 대기업들도 2000년대 이후 비슷한 흐름을 보여주었다. '성장의 엔진'이었던 제조업 기업들이 이제는 재무적 투자와 회계상의 수치를 통해 시장의 평가를 받는 시대가 열린 것이다.

가계: 월급이 아니라 집값이 삶을 결정하다

금융화의 일반화는 기업보다도 오히려 가계에서 더욱 선명하게 드러난다. 부모 세대는 임금을 중심으로 생계를 꾸렸다. 열심히 일해 저축하면 예금 이자가 붙었고, 그것으로 생활 수준이 조금씩 나아졌다. 그러나 신자유주의 시대에 들어 저축의 힘은 거의 사라졌다. 은행에 돈을 넣어도 금리는 미미했고, 생활을 개선할 수 있는 길은 이제 더 이상 저축이 아니었다. 사람들은 집값과 주식시장에 인생을 걸어야 했다.

　한국의 경우를 보면, 가계 자산의 70% 이상이 부동산에 묶여 있다. 집을 가진 사람은 부동산 가격 상승을 통해 자산이 불어나고, 그 '부의 효과'가 소비를 늘리는 동력이 된다. 반대로 집이 없는 사람은 자신의 능력을 벗어난 대출에 의존하거나, 아예 주택 시장으로의 진입 자체를 포기해야 한다. 임금보다 자산가격이 삶을 좌우하는 구조가 된 것이다. 미국 역시 다르지 않았다. 2000년대 초반 서브프라임 모기지 대출은 많은 가계가 주택을 담보로 소비를 늘릴 수 있게 했지만, 결국 2008년 글로벌 금융위기로 이어졌다. 가계는 더 이상 '노동 소득'이 아니라 '자산과 부채'에 의해 생활이 규정되는 금융화 시대를 살아가게 된 것이다.

국가: 산업정책에서 신용등급 관리로

국가 차원에서도 금융화의 일반화는 명백히 드러난다. 전후 케인스주의 체제하에서 국가는 적극적으로 산업을 육성하고, 특정 부문에 장기적 투자를 집중하는 전략을 취했다. 그러나 신자유주의 전환 이후, 국가는 더 이상 산업정책의 주체라기보다 금융시장의 신뢰를 얻어야 하는 피동적인 행위자로 전락했다.

국제 신용평가사의 등급, 외국인 자본의 투자 여부, 국채 금리 등 금융시장의 지표가 국가 정책의 우선순위를 결정했다. 한국은 1997년 외환위기 이후 IMF 프로그램을 수용하면서, 경제정책의 중심을 '성장과 고용의 확대'가 아니라 '재정 건전성과 금융시장 안정'에 맞추게 된다. 유럽 각국도 재정위기 과정에서 긴축을 통해 금융시장의 신뢰를 확보하는 것을 최우선으로 삼았다. 그 결과 산업정책과 복지정책은 축소되거나 후순위로 밀려났다.

금융화 이론의 진단

이러한 현실을 학문적으로 개념화한 것이 바로 금융화 이론이다. 미국의 사회학자 그레타 크립너(Greta Krippner)는 금융화를 "수익 창출 활동의 중심이 실물생산에서 금융으로 이동하는 과정"이라고 정의했다. 크립너는 대표 논문인 《미국경제의 금융화(The Financialisation of the American Economy)》(2005, 학술저널 Socio - Economic Review에 게재)에서 미국 경제의 사례를 실증적으로 보여주며, 1950~1970년대 제조업 중심 이윤 구조가 1980년대 이후 금융 거래, 이자 수익, 배당, 자산 투자에서 발생하는 구조로 전환되었음을 지적했다. 크립너는 또 《위기를 자본화하기, 금융부상의 정치적 기원(Capitalising on Crisis, The Political Origin of the Rise of Finance)》(2011. 하버드대출판부)를 통해 1970년대 스태그플레이션과 경기 침체 상황에서 미국 정치 엘리트들이 경제 문제를 해결하기보다는 금융 부문을 확장하는 방식으로 위기를 관리했다는 점을 보여준다. 다시 말해, 금융화는 시장의 자율적 결과가 아니라, 정치적 선택과 정책 설계의 결과라는 해석을 제시한다.

제임스 크로티(James Crotty)는 크립너와 달리 금융화의 사회학적 정의보다는 기업경영과 자본주의 축적체계에 미치는 영향에 관해 분석한 학자인데, 그는 《신자유주의 역설: 신자유주의 시대의 파괴적 생산시장경쟁과 조급한 금융이 비금융기업에 미친 영향(The Neoliberal Paradox: The Impact of Destructive Product Market Competition and Impatient Finance on Nonfinancial Corporations in the Neoliberal Era)》이라는 긴 제목의 논문에서(2003년, Review of Radical Political Economics에 게재) 신자유주의 시대 비금융기업은 두가지 압력에 시달린다고 지적했다. 극심한 경쟁과 조급한 금융(금융시장이 단기 수익을 강하게 요구하는 구조)이 그것이다. 그 결과 기업들은 장기적 투자와 혁신을 줄이고, 단기적 수익성과 주주가치 극대화에 종속된다는 것이다.

엥겔베르트 스톡해머(Engelbert Stockhammer)는 오스트리아 출신 포스트 케인지안 경제학자로 금융화와 성장체제 연구로 잘 알려진 학자다. 금융화가 임금·성장·불평등에 어떤 영향을 미쳤는가를 실증적으로 분석한 스톡해머는 금융화된 경제가 더 이상 임금주도 성장(wage-led growth)을 하지 못하고, 부채와 자산가격 상승에 의존하는 부채주도 성장(debt-led growth) 체제로 바뀌었다고 지적했다.

정리해보면, 금융화의 일반화란 단순히 금융 부문이 커졌다는 의미가 아니다. 그것은 사회 전체가 금융의 논리에 맞춰 사고하고 행동하게 되는 패러다임 전환이다. 기업은 투자보다 주가를 먼저 생각하고, 가계는 임금보다 집값을 먼저 고민하며, 국가는 산업 육성보다 신용등급을 먼저 관리한다. 이렇게 해서 이전까지 경제의 주된 동력은 산업과 노동, 생산과 소비였고, 금융은 그 뒤에서 보조적 역할을 하는 배경이었다면, 신자유시대에 들어 금융은 경제의 중심무대로 올라서게 되었다.

금융화의 일반화가 던지는 함의

이러한 금융화의 일반화는 단순한 현상이 아니라, 신자유주의 시대 전체를 규정하는 기초 구조다. 뒤에서 살펴볼 주주가치 극대화, 부채주도 성장, 파생상품 시장의 폭발적 성장, 중앙은행의 금융시장 편향적 역할 등은 모두 이 '금융화의 일반화'라는 토대 위에서 전개된 현상이다.

결국 금융화의 일반화는 신자유주의 시대의 출발점이다. 여기서부터 실물경제는 금융 논리에 종속되기 시작했고, 이는 곧 성장 잠재력의 약화와 불평등의 심화로 이어졌다. "금융이 실물경제를 압도한다"는 진단은 바로 이 지점에서 비롯된다.

3. 주주가치 극대화

기업은 누구를 위해 존재하는가?

신자유주의 시대에 들어 기업의 존재 이유에 대한 정의가 근본적으로 바뀌었다. 전후 케인스주의 체제에서 기업은 단순히 이윤을 추구하는 기계가 아니었다. 고용을 유지하고, 기술혁신을 통해 생산성을 높이며, 국가경제와 지역사회의 발전에 기여하는 존재로 이해되었다. 다시 말해, 기업은 다양한 이해관계자(stakeholders) ― 노동자, 소비자, 협력업체, 지역사회 ― 와의 관계 속에서 정당성을 확보했다.

그러나 1980년대 이후 신자유주의 물결 속에서 기업의 정체성은 송두리째 바뀌었다. "기업은 누구를 위해 존재하는가?"라는 질문에 대한 답은 점점 단순해졌다. 기업은 더 이상 노동자나 지역사회를 위해 존재하지 않았다. 정답은 단 하나, 주주를 위해 존재한다였다. 이 논리를 정당화하는 구호가 바로 '주주가치 극대화(shareholder value maximization)'였다.

분기 실적과 주가에 얽매인 경영

이 원리가 실제 기업 경영에 어떻게 작동했는지를 보자. 1980년대 이후 미국 대기업의 CEO들은 단기적 성과를 증명하지 못하면 곧바로 자리에서 밀려났다. 과거처럼 장기적인 성장 계획이나 산업 경쟁력을 강조하는 경영자는 시장의 압력 앞에서 무력해졌다. 월가의 애널리스트들이 분기마다 발표하는 실적 전망치와 실제 성과가 얼마나 일치하는지가 CEO의 성패를 가르는 핵심 기준이 되었다.

예컨대, 1990년대 후반 IBM은 컴퓨터 산업의 변화에 대응하기 위해 대규모 연구개발을 진행해야 했음에도 불구하고, 주가 관리를 위해 수십억 달러 규모의 자사주 매입(stock buybacks)에 자금을 투입했다. 이는 단기적으로는 주가를 올려 주주들을 만족시켰지만, 장기적 혁신 역량은 축소되었다. GE 역시 2000년대 들어 배당 확대와 자사주 매입을 통해 투자자들의 환심을 샀지만, 이후 금융위기에서 실물 경쟁력이 약화된 민낯이 드러났다.

한국 기업도 이 흐름을 피해 가지 못했다. 삼성전자, 현대자동차, SK하이닉스 등 대기업은 2010년대 들어 막대한 자사주 매입과 배당 확대를 통해 주주친화정책을 강화했다. 이는 외국인 투자자의 요구에 부응하기 위한 전략이기도 했다. 그러나 그만큼 연구개발 투자와 신규 고용에 투입될 수 있는 자원이 줄어들었다.

종업원과 지역 사회는 뒷전으로 밀려남

주주가치 극대화는 단지 기업 내부의 자금 배분 구조만 바꾼 것이 아니다. 그것은 기업과 사회 전체의 관계를 뒤바꿔놓았다. 과거에는 임금 인상과 고용 확대가 기업의 장기 성장과 직결된다고 여겨졌다. 그러나 주주가치 논리 아래에서는 노동자의 임금은 '비용', 고용은 '부담'으로 간주되었다.

그 결과 1980년대 이후 미국과 영국에서는 대규모 구조조정과 비정규직 확산이 '경영 합리화'라는 이름으로 정당화되었다. 한국 역시 외환위기 이후 IMF 구조조정 과정에서 '주주가치 제고'라는 명분이 동원되며 정리해고와 비정규직 고용이 급속히 확대되었다. 기업의 성과는 주주에게 집중되었지만, 비용은 노동자와 지역사회가 감당하게 된 것이다.

학문적 진단: 혁신에서 배당으로

이 현상을 학문적으로 비판한 대표적인 연구자는 윌리엄 라조닉(William Lazonick)과 메리 오설리반(Mary O'Sullivan)이다. 이들은

11장 신자유주의 금융 현상의 핵심 진단   315

2000년대 초반 저서에서 신자유주의 시대 기업 지배구조의 전환을 "혁신에서 배당으로(from innovation to distribution)"라고 명명했다(《Corporate Governance and Sustainable Prosperity》, 2002, Palgrave Macmillan). 기업은 더 이상 이윤을 연구개발이나 설비투자에 재투자하지 않고, 배당과 자사주 매입으로 주주에게 환원하는 데 집중하게 되었다는 것이다. 이러한 변화는 겉보기에는 효율적 자본 배분처럼 보였다. 그러나 장기적으로는 혁신을 저해하고, 경제의 성장 잠재력을 약화시켰다. 특히 금융시장의 단기성과 압박은 기업이 불확실한 미래 투자를 꺼리게 만들었고, 이는 결국 실물경제의 활력을 잠식했다.

단기성과 압박이 낳은 사회적 결과

주주가치 극대화는 사회 전반에 심대한 결과를 가져왔다. 첫째, 고용 불안정이 심화되었다. 기업은 분기 실적을 맞추기 위해 언제든 인력을 줄일 수 있는 유연성을 확보하려 했고, 이는 노동자들의 지위를 약화시켰다. 둘째, 임금 정체가 나타났다. 임금을 올리면 단기 이익이 줄어들기 때문에, 주주가치 논리 아래에서는 임금 인상이 억제될 수밖에 없었다. 셋째, 불평등 심화가 발생했다. 자산을 보유한 상위 계층은 배당과 주가 상승의 혜택을 누렸지만, 임금에 의존하는 다수는 상대적으로 소득 정체와 고용 불안을 겪었다.

2008년 글로벌 금융위기는 이러한 구조적 결과를 적나라하게

316   3부 신자유주의 금융화 시대, 그 빛과 그림자

드러냈다. 위기 직전까지 많은 기업이 막대한 자금을 자사주 매입과 배당에 쏟아부었으나, 정작 위기가 닥치자 투자 여력은 고갈되었고, 대규모 해고가 불가피해졌다. 주주가치 극대화가 기업을 단기적으로 화려하게 보이게 했지만, 장기적으로는 취약한 구조로 만들었다는 사실이 드러난 것이다.

주주가치 극대화의 역설

주주가치 극대화는 금융화 시대의 핵심 경영 규율이었다. 그러나 그것은 기업의 본질적 역량을 강화하기보다 오히려 약화시키고, 실물경제를 금융 논리에 종속시키는 구조적 함정이었다. "주주의 이익을 극대화하라"는 단순한 구호는 자본 효율성과 경영 책임성을 강화하는 듯 보였지만, 실제로는 혁신을 위축시키고, 불평등을 심화시키며, 경제 위기의 취약성을 확대했다.

다시 말해, 주주가치 극대화는 신자유주의 시대의 금융적 규율이 실물경제를 압도하는 방식을 상징적으로 보여주는 현상이었다.

비교: 미국, 한국, 유럽의 주주가치 극대화

미국: 월가 중심의 본산

미국은 주주가치 극대화의 본산이다. 1980년대 레이건 정부의 탈규제와 금융 자유화는 기업 지배구조를 근본적으로 바꾸었다. 적대적 인수합병(Hostile Takeover)과 레버리지드 바이아웃(LBO) 붐 속에서 경영자들은 주주 이익에 철저히 봉사하지 않으면 자리에서 쫓겨났다. 월가는 기업의 단기 실적을 가차 없이 평가했고, 경영자는 분기마다 주가를 끌어올리는 전략을 강요받았다.

그 결과 미국 대기업은 1980년대 후반부터 자사주 매입에 엄청난 자금을 투입하기 시작했다. 2000년대 들어 S&P500 기업의 순이익 절반 이상이 자사주 매입과 배당으로 소진되었고, 실물투자는 상대적으로 위축되었다. '실리콘밸리 혁신'이라는 미국의 화려한 이미지 뒤에는, 금융화된 기업 지배구조가 장기적 혁신 기반을 잠식하는 구조적 문제가 자리하고 있었다.

한국: 외환위기 이후의 급속한 전환

한국은 미국과는 다른 경로를 걸었다. 외환위기 이전까지 한국 대기업은 정부 주도의 산업정책과 은행 대출에 의존하는 내부자본주의 체제를 유지했다. 그러나 1997년 외환위기와 IMF 구조조정 이후, '주주가치 제고'는 한국 기업지배구조 개혁의 핵심 슬로건이 되었다.

IMF는 구조조정 조건으로 기업의 회계 투명성 강화, 주주권 확대, 자본시장 개방을 요구했다. 그 결과 외국인 투자자의 영향력이 급속히 커졌고, 한국 대기업은 단기 수익성과 배당정책에 신경 쓰지 않을 수 없게 되었다. 삼성전자, 현대자동차, 포스코 등은 2000년대 들어 대규모 배당과 자사주 매입을 실시하면서 글로벌 투자자의 기대에 부응했다. 그러나 동시에 고용 유연화, 정리해고 합리화, 비정규직 확산 등 노동시장 구조는 심각한 충격을 받았다. 한국의 주주가치 극대화는 '외부 충격(위기) → IMF 조건 → 단기적 제도 이식'이라는 독특한 경로를 가진 셈이다.

유럽: 제도적 완화 속 점진적 수용

유럽 대륙은 미국과 한국에 비해 주주가치 논리를 느리게, 그리고 부분적으로 수용했다. 독일과 프랑스의 전통적 조정 자본주의(coordination capitalism)에서는 기업이 여전히 노동자·노동조합·국가와의 관계 속에서 운영되었다. 은행이 주요 주주로 참여하고, 장기적 관계금융을 통해 산업이 운영되던 구조에서는 단기적 주주가치 극대화가 곧바로 정착하기 어려웠다.

그러나 1990년대 이후 EU 단일시장 통합과 금융 자유화가 진전되면서, 유럽 기업도 점차 '주주친화정책'을 받아들이기 시작했다. 특히 영국은 미국과 유사하게 주주가치 논리가 강하게 작동했지만, 독일·프랑스 등 대륙 국가들은 여전히 노동자 대표의 이사회 참여, 강력한 사회적 대화 체계를 유지하면서 '완화된 주주가치 모델'을 형성했다. 그 결과 유럽은 미국만큼 급격한 단기주의로 가지 않았지만, 금융화의 압력을 완전히 피해갈 수는 없었다.

비교에서 드러나는 특징

- 미국: 금융시장이 강력한 규율자 → 기업은 분기 실적과 주가 관리에 올인
- 한국: 위기와 IMF 조건으로 주주가치 논리가 외부에서 강제 → 급속한 전환, 고용 충격
- 유럽: 제도적 완충 장치 덕에 느리고 점진적 수용 → 노동자·사회적 대화 전통이 완화 효과

〈표 11-2〉 주주가치 극대화: 지역별 비교

구분	미국	한국	유럽(대륙 중심)
등장 배경	1980년대 레이건 정부 탈규제, 월가의 힘 강화, 적대적 M&A와 LBO 붐	1997년 외환위기와 IMF 구조조정 조건 → 제도적 '강제 이식'	1990년대 EU 단일시장 통합, 금융 자유화, 그러나 사회적 대화 전통이 유지
주요 동력	월가 금융시장의 압도적 규율, 분기실적 중심 평가	외국인 투자자 영향력 급속 확대, 국제 자본시장 압력	은행 중심 지배구조 약화, 주주권 강화 압력 증가
기업 행태 변화	자사주 매입·배당 확대 급증, 연구개발 축소	대규모 배당·자사주 매입 실시, 고용 유연화·정리해고 확대	점진적 주주친화정책 도입, 그러나 노동자 대표제·사회적 협의체가 일부 완충
노동·고용에 미친 영향	고용 불안정 심화, 임금 정체, 비정규직 확대	정리해고 합리화, 비정규직 급속 확산, 노동 협상력 약화	상대적으로 노동자 보호 유지, 고용 충격은 완화되었으나 임금 억제 지속
주요 특징	주주가치 극대화의 본산, "단기주의" 경영 강화	외부 충격으로 급격한 전환, 고용·사회 구조에 큰 충격	완화된 주주가치 모델, 금융화 압력은 있으나 제도적 완충 장치 존재

즉, 주주가치 극대화는 신자유주의 금융화의 보편적 흐름이지만, 각국의 제도·역사·위기 경험에 따라 다른 형태로 구현되었다. 미국은 금융의 내적 논리에서, 한국은 외부 충격을 통한 제도 이식에서, 유럽은 제도적 완충 속 점진적 수용에서 주주가치 논리를 경험했다.

4. 부채주도 성장(Debt-led Growth)

부채, 새로운 성장 엔진

신자유주의 시대에 가장 눈에 띄는 특징 중 하나는 부채가 경제 성장의 새로운 엔진이 되었다는 점이다. 이전 자본주의의 황금기에는 임금과 생산성이 나란히 상승했고, 가계는 소득 증가에 기반해 소비를 확대했다. 그러나 1980년대 이후 신자유주의 전환 속에서 임금 몫은 줄어들었고, 불평등은 확대되었다.

이때 금융화된 체제는 새로운 해법을 제시했다. 바로 부채의 확대였다. 신용카드, 주택담보대출, 각종 파생상품을 통해 가계와 기업은 미래의 소득을 끌어와 현재를 살아갔다. 겉으로는 소비가 유지되고 경제가 성장하는 것처럼 보였지만, 이는 단단한 기반이 아니라 미래로부터의 차입이었다.

미국: 신용사회와 서브프라임의 교훈

미국은 부채주도 성장의 전형적 사례다. 1980년대 이후 신자유주의 정책과 금융혁신은 신용사회의 확산을 이끌었다. 신용카드 보급은 소비의 즉시성을 강화했고, 가계는 점점 더 많은 부채를 통해 생활수준을 유지했다.

2000년대 들어서는 주택이 핵심 수단이 되었다. 주택담보대출은 단순한 주거 비용 조달이 아니라 소비 확대의 수단이 되었다. 집값이 오르면 가계는 재융자(refinancing)를 통해 현금을 인출하고, 이를 소비나 다른 투자에 사용했다. 그 결과 가계부채는 눈덩이처럼 불어났다.

특히 서브프라임 모기지는 신자유주의 금융시대의 모순을 압축적으로 보여준다. 신용도가 낮아도 대출이 가능했고, 심지어 파생상품으로 전 세계 금융시장에 유통되었다. 단기적으로는 저소득층도 집을 사고 소비를 늘릴 수 있었지만, 집값이 하락하자 대출은 부실화되었고, 결국 2008년 글로벌 금융위기로 폭발했다. 미국의 부채주도 성장은 '소비를 지탱한 힘'이면서 동시에 '위기를 촉발한 불씨'였다.

한국: 카드대란에서 주택담보대출로

외환위기 이후 한국은 급격히 부채주도 성장 경로에 들어섰다.

322   3부 신자유주의 금융화 시대, 그 빛과 그림자

IMF 구조조정으로 임금은 억제되고 고용은 불안정해졌지만, 정부는 내수를 살려야 하는 압박에 직면했다. 이때 선택된 첫 번째 전략은 신용카드 소비 확대였다.

1999년 이후 정부는 카드 사용액의 일정 부분을 소득공제해주고, 발급 규제를 완화했다. 금융회사들은 경쟁적으로 신용카드를 무차별적으로 배포했고, 거리와 대학가마다 모집원이 넘쳐났다. 사회 초년생이나 저소득층조차도 월 소득의 몇 배에 달하는 한도를 가진 카드를 쉽게 발급받을 수 있었다. 결과적으로 소비는 급격히 늘었고, 외환위기 이후 침체된 내수가 단기간에 활력을 되찾았다.

그러나 이 신용주도 성장 전략은 곧 부작용을 드러냈다. 연체율이 급등하면서 2002~2003년 카드대란이 발생했고, 수백만 명이 신용불량자로 전락했다. 당시 사회 곳곳에서 '카드빚에 짓눌린 가계'가 뉴스의 단골 소재가 되었고, 금융회사들도 대규모 부실에 직면했다. 카드대란은 한국이 IMF 이후 본격적으로 '부채를 성장 동력으로 동원한 시대'에 들어섰음을 보여주는 첫 번째 경고음이었다.

카드대란 이후 정부는 규제를 강화했지만, 곧 또 다른 출구를 찾았다. 그것은 주택담보대출 확대였다. 2000년대 중반부터 정부는 경기 부양을 위해 주택금융 규제를 완화했다. LTV(주택담보인정비율)와 DTI(총부채상환비율) 기준이 완화되면서 가계는 손쉽게 대출을 받아 집을 살 수 있었다. 집값 상승은 곧바로 소비와 내수 성장으로 이어졌고, 주택은 단순한 주거 수단이 아니라 자산증식과 소비 확대의 핵심 엔진이 되었다.

결국 한국의 부채주도 성장 경로는 카드대란 → 주택담보대출 확대라는 순차적 과정으로 나타났다. 신용카드가 불러온 단기적 부양책이 한계에 부딪히자, 정부와 금융시장은 주택이라는 더 큰 자산을 담보로 한 부채 확장을 선택한 것이다. 그 결과 한국의 가계부채는 OECD 최고 수준으로 치솟았고, 부채는 단순한 금융 문제가 아니라 세대·사회 갈등의 핵심 구조로 자리 잡았다.

카드 중심 내수성장 전략

1. 외환위기 이후 '내수 진작'의 압력

1997년 외환위기 직후 한국 경제는 IMF 관리체제 속에서 구조 조정을 겪으며 성장 동력이 크게 약화되었다. 기업은 빚 줄이기에 나섰고, 고용은 줄었으며, 가계소득은 정체되었다. 이때 정부와 금융당국은 내수를 부양해 경기 회복을 이끌어야 한다는 압박을 안게 된다.

2. 신용카드 확대 정책

정부와 금융권은 내수 활성화 수단으로 신용카드 보급 확대를 선택했다. 신용카드 소득공제 확대(1999년) → 신용카드 발급 요건 완화 → 금융회사들의 과도한 경쟁 → 대학가, 거리에서 카드 모집원들이 무차별 발급. 그 결과, 1999~2002년 사이 신용카드 발급 수는 폭발적으로 증가했고, 개인들은 월 소득의 몇 배에 달하는 한도를 쉽게 얻을 수 있었다.

3. 단기적 '성장 효과'

카드 사용 확대는 즉각적으로 소비 증가 → 내수 성장 → 경기 회복으로 이어졌다. 외환위기로 위축된 내수가 카드 결제를 통해 살아나면서, 일시적으로 한국 경제는 회복세를 보였다.

4. 위기로의 전환: 2002~2003년 카드대란

하지만 이러한 부채 기반 성장 전략은 곧 한계에 부딪혔다. 연체율이 급격히 높아지고, 저소득·청년층에서 부실이 폭발하면서 2002~2003년 카드대란이 발생했다. 당시 수백만 명이 신용불량자로 전락했고, 사회적으로 심각한 충격을 주었다.

5. 구조적 의미

카드대란은 한국이 IMF 이후 '부채주도 성장 경로'에 들어섰음을 보여주는 첫 번째 징후였다. 주택담보대출이 본격적으로 폭발하기 전, 신용카드 부채가 먼저 내수 부양의 도구로 쓰였고, 그 부실이 사회문제로 전환된 것이다. 이후 정부는 카드 규제를 강화하고, 성장 전략의 초점을 부동산담보대출 확대로 이동시켰다.

유럽: 수출주도 vs 부채주도

유럽은 국가별로 상반된 경로를 걸었다. 독일과 북유럽 국가는 임금을 억제하고 경쟁력을 강화하여 수출주도(export-led) 성장을 선택했다. 반면 그리스, 스페인, 포르투갈, 이탈리아 등 남유럽 국가는 저금리와 유로화 통합의 혜택을 활용해 가계와 정부의 부채 확대에 의존했다.

특히 그리스는 유로존 가입 이후 낮은 금리로 대규모 차입을 했고, 공공 부문 지출 확대와 가계소비 증가로 경제를 성장시켰다. 그러나 2008년 글로벌 금융위기 이후 차입 비용이 급등하자, 곧바로 재정위기로 전환되었다. 남유럽 재정위기는 부채 의존형 성장의 정치·사회적 한계를 보여주는 대표적 사례였다.

학문적 진단: 포스트 케인스 + 민스키 + 자산경제론

경제학적으로는 여러 이론이 이 현상을 분석했다.

- **스톡해머(Stockhammer)**: 신자유주의 시대는 임금주도 성장 → 부채주도 성장으로의 전환기였다. 임금 몫이 줄어든 상황에서 소비를 유지하려면 부채 확대가 불가피했다.
- **민스키(Minsky)**: 금융 불안정 가설로 설명했다. 안정기일수록 대출은 확대되고, 결국 부채는 상환능력을 초과하여 위기를 낳는

다. 부채주도 성장은 그 자체로 위기의 씨앗을 품고 있다.

• 자산경제(asset economy) 논의: Lisa Adkins 등의 학자들은 주택과 금융자산가격이 생활수준과 불평등을 결정하는 시대를 자산경제라 명명한다. 임금이 아니라 자산과 부채가 삶을 좌우하는 구조는 금융화된 신자유주의 시대의 특징을 잘 보여준다.

빚 위의 번영과 사회적 균열

부채주도 성장은 신자유주의 시대의 번영을 지탱한 핵심 메커니즘이었다. 임금이 정체되고 불평등이 확대되었음에도 소비가 유지될 수 있었던 것은 신용카드, 주택담보대출, 각종 금융상품을 통한 부채 확장이 있었기 때문이다. 그러나 이 번영은 미래를 저당 잡힌 일시적 성장이었으며, 미국의 서브프라임 위기, 한국의 카드대란과 가계부채 폭발, 남유럽의 재정위기가 보여주듯 언제든 붕괴할 수 있는 구조였다.

무엇보다 중요한 점은, 부채는 단순한 금융 문제가 아니라 세대와 사회 갈등의 핵심 구조라는 것이다. 자산을 가진 세대와 계층은 부채를 레버리지 삼아 더 큰 부를 축적한 반면, 그렇지 못한 세대와 계층은 빚만 늘리고 상대적 박탈감을 경험했다. 그 결과 부채 문제는 단순한 경제 현상을 넘어, 세대 간의 갈등, 계층 간의 분열, 그리고 정치적 불안정으로 이어졌다.

따라서 부채주도 성장의 역사는 단순히 '돈을 빌려 성장을 유

〈표 11-3〉 가계부채/GDP 비율 비교

연도	미국	한국	유럽(평균)	비고
1990년대 초	약 60%	약 40%	40~50%	• 미국: 신용사회 확산 시작 • 한국: 외환위기 이전 안정적 수준
2000년대 초	약 70%	약 55%	50~60%	• 한국: 외환위기 이후 대출 완화 • 미국: 주택 가격 상승·리파이낸싱 확산
2007년 (위기 직전)	약 98%	약 75%	60~70%	• 미국: 서브프라임 거품 정점 • 한국: 부동산 경기 부양책 영향
2015년	약 80%	약 90%	60% 내외	• 미국: 위기 후 가계부채 축소 • 한국: 가계부채 급증세 지속
2020년	약 78%	약 103%	60~65%	• 한국: GDP 대비 세계 최고 수준 진입
2022년	약 75%	약 105%	65% 내외	• 한국: 여전히 OECD 최상위, • 미국·유럽은 상대적 안정

지한 시대'가 아니라, '부채가 사회 구조를 재편하고 균열을 낳은 시대'로 기억되어야 한다

5. 금융시장의 팽창과 파생상품

금융시장의 팽창: 조연에서 주연으로

전후 케인스주의 시대까지 금융시장은 산업 발전을 뒷받침하는 조연이었다. 은행은 기업에 장기 대출을 해주고, 가계에 주택자금

을 빌려주며, 산업이 성장하면 함께 성장하는 구조였다. 그러나 신자유주의 시대로 넘어오면서 금융은 무대의 주인공으로 변했다.

세계 금융시장은 1980년대 이후 폭발적으로 팽창했다. IMF에 따르면, 세계 GDP 대비 금융자산 규모는 1980년대 약 100% 수준에서 2007년 금융위기 직전 350%를 넘어섰다. 이 팽창을 이끈 동력이 바로 파생상품이었다.

파생상품의 기원과 진화

파생상품은 원래 실물경제의 위험을 관리하기 위한 도구였다. 농부가 밀 수확 가격 하락을 피하기 위해 선물 계약을 맺는 것이 대표적 예다. 하지만 1980년대 이후 금융 자유화, 규제 완화, IT 기술 발전이 맞물리면서 파생상품은 위험 관리에서 위험 거래로, 다시 위험 확대의 도구로 변질되었다.

- 1980년대: 선물·옵션 시장 급성장, 시카고상품거래소(CME)와 뉴욕증권거래소(NYSE)에서 거래 폭발
- 1990년대: 금리·환율 스왑(swaps), 선진국 은행들의 리스크 관리 수단으로 정착
- 2000년대: 신용부도스와프(CDS), 부채담보부증권(CDO), 구조화투자수단(SIVs) 같은 초복잡 금융상품 확산
- 2007년 위기 직전: 전 세계 장외 파생상품(notional value) 거래 규

모가 600조 달러를 돌파

처음에는 "위험을 분산시킨다"는 명분이 있었으나, 실제로는 파생상품이 위험을 은폐하고 전 세계 금융시스템으로 확산시키는 역할을 했다.

미국: 월가의 금융공학과 위기의 씨앗

미국은 파생상품 혁신의 본산이었다. 1980~90년대 '금융공학(financial engineering)'이라는 이름 아래, 월가는 수학자·물리학자 출신 퀀트(quant, 고도의 수학, 통계지식을 이용해서 투자법칙을 찾아내고 컴퓨터로 적합한 프로그램을 구축해서, 이를 토대로 투자를 행하는 사람)들을 대거 고용하여 새로운 금융상품을 쏟아냈다.

- CDO: 주택담보대출을 묶어 증권화 → 'AAA 등급'으로 포장해 전 세계 투자자에게 판매
- CDS: 채권 부도 위험을 전가한다는 명분 → 사실상 '보험 없는 보험' 구조
- 헤지펀드: 막대한 레버리지를 동원해 파생상품에 투자, 초단기 수익 추구

겉으로는 위험이 분산된 것처럼 보였지만, 실제로는 위험이 시스

템 전체로 전염되었다. 2008년 리먼 브라더스 파산은 파생상품 시장이 단순한 금융기법을 넘어 세계경제를 흔드는 시스템 리스크가 되었음을 보여줬다.

한국: 카드대란에서 키코(KIKO)까지

한국은 1997년 외환위기 이후 금융 개방과 자유화를 급속히 추진했다. 그 과정에서 파생상품은 단순히 월가의 현상이 아니라 한국 기업과 가계에도 깊숙이 들어왔다.

- **2000년대 초 카드대란**: 가계가 신용카드 부채로 무너졌듯, 이는 금융화가 일상에 침투했음을 보여줬다.
- **2008년 키코 사태**: 한국 수출 중소기업들이 환율 변동 위험을 막기 위해 가입한 파생상품 계약(KIKO)이 글로벌 금융위기 때 거꾸로 손실로 작용. 수백 개 기업이 파산하거나 심각한 재정난에 빠졌다.
- **ELS·DLS의 대중화**: "고수익·안전"이라는 홍보와 달리, 실제로는 복잡한 구조와 높은 위험성을 내포. 2019년 DLS(독일 국채금리 연계) 사태 때 수많은 개인투자자가 피해를 입음.

이처럼 한국은 파생상품이 금융화된 성장 전략 속에서, 중소기업과 개인에게 직접적인 타격을 준 대표적 사례였다.

유럽: 은행 중심 체제의 붕괴

유럽은 전통적으로 은행 중심 체제였지만, 1990년대 이후 EU 금융통합과 단일통화 유로화 도입이 진행되면서 자본시장화가 빠르게 확산되었다.

- 런던: 뉴욕과 함께 세계 최대 장외파생상품 거래 시장
- 독일 Landesbanken: 미국발 CDO에 대거 투자했다가 2008년 위기에 큰 손실
- 아이슬란드 은행: 작은 국가였지만 금융 자유화와 파생상품 투자로 GDP 대비 은행자산이 수십 배에 달했다가 금융위기로 붕괴

유럽 사례는 파생상품과 금융시장의 팽창이 전통적 은행 모델까지 전복시킬 수 있음을 보여준다.

학문적 진단

금융시장의 팽창과 파생상품의 확산은 학계에서도 여러 관점에서 분석되었다.

우선, 런던정경대(LSE)의 수잔 스트레인지(Susan Strange) 교수는 저서 《카지노 자본주의(Casino Capitalism)》(1986)에서 금융시장이 더 이상 산업적 기초 위에 서 있지 않고, 마치 거대한 '카지노'

처럼 투기장이 되어버렸다고 진단하였다. 스트레인지는 파생상품을 이러한 카지노화된 금융시장의 대표적 사례로 지목하였다.

이어 랜디 마틴(Randy Martin)은《일상생활의 금융화(Financialization of Daily Life)》(2002)에서 파생상품을 불확실한 미래를 현재의 가격으로 거래하려는 금융 논리로 규정하였다. 그는 이를 통해 금융이 개인의 일상생활까지 침투하여 새로운 지배 방식을 형성했다고 분석하였다.

또한 하이먼 민스키(Hyman Minsky)의 금융 불안정 가설은 "안정이 지속될수록 위험은 더 커지고, 결국 시스템은 위기에 빠진다"는 명제를 담고 있다. 파생상품은 바로 이 불안정성을 증폭시키는 핵심 도구가 되었다.

마지막으로 엥겔베르트 스톡하머(Engelbert Stockhammer)는 금융시장의 팽창이 단순한 규모 확대를 넘어, 경제 구조 자체를 변화시킨 핵심 기제였다고 설명한다. 그는 신자유주의 시대에 임금주도 성장 체제가 무너지고 금융주도 성장 체제로 전환된 배경에 바로 이러한 금융시장의 확대가 자리하고 있었다고 강조한다.

사회적 함의

파생상품과 금융시장의 확장은 단순한 금융기술의 문제가 아니었다. 기업은 실물투자보다 금융투자를 통해 수익을 추구하게 되었고, 그 결과 생산성은 점차 하락하였다. 개인들은 복잡한 구조화 상품에 투자했지만 금융문해력이 부족해 피해가 확산되었다. 국가 역시 금융자본 이동에 취약해지면서 정책적 자율성을 잃어 갔다. 그 결과 금융시장은 실물경제를 압도하는 힘을 가지게 되었고, 사회 전체는 불확실성과 불안정성에 노출되었다.

금융혁신인가, 금융위기인가

파생상품은 '혁신'의 이름으로 찬양받았지만, 그 본질은 위험의 은폐와 확대였다. 신자유주의 금융시대의 팽창은 산업을 지탱하기보다는 스스로 거대한 투기장이 되었고, 그 결말은 2008년 글로벌 금융위기였다.

따라서 파생상품은 신자유주의 시대 금융화의 상징이자, 금융이 어떻게 실물경제와 사회 전체를 압도하며 위기의 구조를 내재화했는지를 보여주는 대표적 현상이다.

6. 부동산 거품과 자산 효과

자산이 경제를 움직이는 시대

신자유주의 시대의 금융화는 부동산 시장을 단순한 주거의 영역에서 떼어내어, 경제성장과 소비, 나아가 사회적 분열을 이끄는 핵심 축으로 만들었다. 과거 산업화 시대에는 임금과 생산성이 소비를 결정했다. 노동자가 더 많은 임금을 받으면 소비가 늘고, 생산이 확대되며, 경제는 성장했다. 그러나 금융화된 세계에서 이 관계는 약해졌다. 대신 자산가격, 특히 부동산 가격은 경제 활동을 가늠하는 핵심 지표로 자리 잡았다.

부동산 가격이 오르면 가계는 부유해졌다고 느끼고, 은행에서 더 많은 대출을 받아 소비를 확대한다. 반대로 가격이 떨어지면 자산이 줄었다는 심리적 충격과 함께 대출 상환 부담이 커지고, 소비도 급격히 위축된다. 이러한 현상을 경제학에서는 자산 효과(asset effect)라 부른다. 하지만 신자유주의 금융시대의 자산 효과는 단순히 심리적 효과를 넘어, 경제성장과 위기, 불평등의 핵심 메커니즘으로 자리 잡았다.

미국: 주택을 ATM으로 만든 경제

미국은 자산 효과의 전형적인 사례를 보여준다. 1990~2000년대, 미국 가계는 주택 가격 상승을 기반으로 리파이낸싱(refinancing)을 통해 대출을 늘렸다. 집값이 오를수록 더 많은 돈을 빌릴 수 있었고, 가계는 이를 소비나 투자에 사용했다. 그 결과 임금이 정체되어도 소비는 줄지 않았고, 경제성장은 일정 수준 유지될 수 있었다.

이때 미국 언론과 학계에서는 "집은 새로운 ATM이 되었다"라는 표현이 널리 퍼졌다. 실제로 아티프 미안(Atif Mian)과 아미

르 수피(Amir Sufi)는 저서 〈빚으로 지은 집(House of Debt)〉(2014)에서 "수백만 미국 가계에게 집은 ATM 기계가 되었다(For millions of American households, the house had become an ATM machine.)"라고 서술하며, 주택 가격 상승이 어떻게 소비 확대의 기반이 되었는지를 설명했다. 또한 당시 앨런 그린스펀 전 연준 의장은 의회 증언에서 "home equity withdrawal(주택 순자산 인출)"이라는 표현을 쓰며 집값이 가계소비 증가의 중요한 요인임을 직접 지적하기도 했다.

그러나 이 구조는 취약했다. 2007~2008년 서브프라임 모기지 사태로 주택 가격이 폭락하자, 가계는 빚만 남기고 소비 능력을 잃었다. 주택 거품이 꺼지자 곧바로 세계 금융위기로 이어졌고, 이는 자산 효과에 의존한 성장의 위험성을 적나라하게 보여주었다.

한국: 부동산 불패 신화와 영끌 세대

한국 역시 부동산 자산 효과에 깊이 의존해왔다. 외환위기 이후 임금과 고용은 불안정했지만, 부동산 가격은 빠르게 상승했다. 정부는 내수 경기 부양을 위해 LTV·DTI 규제 완화를 반복했고, 은행은 이를 활용해 가계에 대규모 대출을 공급했다. 그 결과 집값 상승은 곧바로 소비와 경제 심리 개선으로 이어졌다. 2000년대 중반 이후 '부동산 불패'라는 사회적 신화가 형성되었고, 주택은 단순한 주거 수단이 아니라 부의 사다리가 되었다.

이에 따라 주택을 구입하기 위한 목적에서 가계의 금융부채가 늘어나게 되었는데, 이미 2005년 말 "우리나라 가계의 금융자산 대비 금융부채비율은 50.4%로서 미국, 영국, 일본 등 주요 선진국의 20~30%에 비해 상당히 높은 수준이 되었다. 이는 우리나라 가계의 금융자산 축적도가 낮은 데다 외환위기 이후 차입자금에 의한 주택구입이 늘어난 데 기인한 것으로 보인다"고 한국은행은 분석했다(한국은행, 금융안정보고서, 2006. 4.).

하지만 이러한 구조는 청년 세대를 시장 밖으로 내몰았다. 무주택 청년 세대는 '영끌(영혼까지 끌어모아 대출)'과 '빚투(빚내서 투자)'로 내몰렸고, 이는 한국 사회에서 세대 갈등과 자산 불평등 심화로 이어졌다. 2021년과 2022년 중 한국의 가계부채는 GDP 대비 105%에 달하며, 특히 주택담보대출이 그 핵심이었다.

따라서 한국의 부동산 자산 효과는 단순한 경기순환의 문제가 아니라, 세대 구조와 사회적 갈등을 심화시키는 제도적 현상으로 이해할 필요가 있다.

유럽: 남유럽의 거품과 북유럽의 절제

유럽은 국가별로 상반된 경험을 했다. 스페인과 아일랜드는 2000년대 초 유로화 도입과 저금리 환경 덕분에 대규모 주택거품을 형성했다. 건설업 붐은 단기적으로 성장과 고용을 창출했지만, 2008년 금융위기 이후 집값이 폭락하자 대규모 실업과 재정위기로 이어졌다. 이는 자산 효과에 기반한 성장의 취약성을 보여주는 대표적 사례였다.

반대로 독일과 북유럽 국가들은 상대적으로 임대주택 중심의 주거문화와 강력한 금융 규제를 유지했다. 이들 국가는 주택 가격 변동이 경제 전체를 흔드는 정도가 상대적으로 약했으며, 자산 효과의 의존도도 낮았다. 유럽의 경험은 금융화가 보편적 현상이라 하더라도, 제도적 맥락에 따라 자산 효과의 강도와 결과가 달라질 수 있음을 보여준다.

학문적 진단

자산 효과에 대한 논의는 오래 전부터 존재했다. 프랑코 모딜리아니(Franco Modigliani)의 생애주기 가설(Life-cycle Hypothesis)은 개인이 자산과 부채를 고려해 소비를 결정한다고 보았다. 그러나 신자유주의 시대의 자산 효과는 단순한 소비결정 요소를 넘어, 거시경제 전체의 주기와 위기 구조를 결정하는 메커니즘으로 발전했다.

하이먼 민스키는 자산가격 상승이 금융기관의 레버리지를 확대하고, 결국 금융 불안정을 키운다고 보았다. 주택 가격 거품은 단순한 자산가격 변동이 아니라 금융시스템 전체를 위협하는 불안정성의 원천이었다.

리사 애드킨스(Lisa Adkins), 멜린다 쿠퍼(Melinda Cooper), 마르티즌 코닝스(Martijn Konings)는 〈자산경제(The Asset Economy)〉(2020)에서, 주택이 단순한 소비재가 아니라 세대 간 불평등과 계급 구조를 재편하는 핵심 메커니즘임을 강조했다. 주택 가격 상승이 중산층 형성의 기회 자체를 좌우하게 되었기 때문이다.

OECD, BIS의 보고서들은 반복적으로 가계부채와 자산가격 변동이 거시경제 안정성에 미치는 위험을 경고했다. 이들 기관은 주택 가격과 소비의 밀접한 연관성을 '거시경제 리스크'로 공식 인정했다.

사회적 함의

부동산 자산 효과는 경제뿐만 아니라 사회적 균열을 확대했다.

- 세대 갈등: 기성세대는 집값 상승의 혜택을 누렸지만, 청년 세대는 영끌·빚투로 내몰렸다. 이는 세대 간 불평등을 극대화했다.
- 계층 분화: 자산을 보유한 사람은 더 부유해지고, 그렇지 못한 사람은 상대적 박탈감을 경험했다. 부동산 가격은 사회적 계급을 결정짓는 주요 기준이 되었다.
- 정치 갈등: 부동산 정책은 국가 정책의 최우선 과제가 되었고, 집값 문제는 정권의 성패를 좌우할 정도로 민감한 이슈가 되었다.

결국 자산 효과는 단순한 경제 현상이 아니라, 사회적 균열과 정치적 불안정의 핵심 구조로 자리 잡았다.

〈표 11-4〉 미국·한국·유럽의 부동산/GDP 및 가계자산 구조 요약

지역	부동산 규모	가계자산 구조(부동산 비중)
미국	미 연준 최근 자료에 따르면 가계 부동산 자산 규모는 약 48~49조 달러 수준이며, 명목 GDP(약 27조 달러대)의 1.6~1.8배 규모에 해당함.	부동산은 가계 순자산의 약 25~30%를 차지하며, 주식 역시 30% 이상으로 큰 비중을 차지. 즉, 부동산과 주식이 비슷한 수준의 핵심 자산.
한국	한국은 주택·부동산 자산 비중이 매우 높은 국가. 가계 순자산 중 부동산이 약 75%를 차지하며(2023년 말 기준), 이 비중은 지속적으로 유지됨.	가계자산 구조는 부동산 중심적이며, 금융자산의 비중은 미국·유럽에 비해 상대적으로 낮음.
유로 지역	ECB 통계에 따르면, 유로지역 가계의 주택 자산은 GDP 대비 매우 큰 비중을 차지(국가별로 차이가 있음: 스페인·아일랜드는 거품 경험, 독일은 안정적).	가계 순자산 중 주택(모기지 차감 후) 비중이 평균적으로 약 57% 수준. 상위 자산 계층에서는 비중이 다소 낮음.

부동산 거품의 양면성

부동산 거품과 자산 효과는 신자유주의 금융시대의 양면성을 극명하게 드러낸다. 한편으로는 소비와 성장을 자극하는 번영의 효과를 가져왔지만, 다른 한편으로는 위기와 불평등을 심화시키는 파괴적 효과를 낳았다. 특히 자산 효과가 임금주도 성장 체제의 붕괴 이후 경제를 지탱한 핵심 메커니즘이었다는 점에서, 이는 신자유주의 금융화의 본질을 보여준다.

요컨대, 신자유주의 시대의 경제는 임금과 생산성이 아니라 자산가격 변동, 특히 부동산 가격에 의해 좌우되는 구조로 바뀌었다. 그리고 그 구조는 경제적 불안정과 사회적 균열을 동시에 키우는 양날의 검이었다.

7. 자본이동의 자유화와 금융세계화

국경을 넘어선 돈의 흐름, 자유화의 시작

1970년대까지 대부분의 국가들은 자본 이동을 강하게 규제했다.
외환거래는 정부의 허가가 필요했고, 중앙은행은 환율과 금리를
직접 통제하며 국내 금융 안정과 산업정책을 우선시했다. 이는 브
레튼우즈 체제의 기본 정신이기도 했다. 하지만 1971년 닉슨 대통
령의 금태환 중지 선언과 변동환율제의 도입 이후, 국제 금융질서
는 빠르게 변했다.

특히 1980년대 레이건 정부와 대처 정부는 자본시장의 자유
화를 핵심 개혁 과제로 내세웠다. 금융 규제 완화, 금리 자유화,
파생상품 허용, 그리고 무엇보다 자본계정 개방이 추진되었다. 이
흐름은 국제기구의 정책 권고를 통해 전 세계로 확산되었고, IMF
와 OECD는 자본이동 자유화를 "성숙한 시장경제로 가는 관문"
으로 규정했다.

이상과 현실: 효율성인가, 위기의 전파자인가

주류 경제학은 자본 자유화를 통해 저축이 풍부한 선진국 자본이
개발도상국으로 흘러 들어가 투자와 성장을 촉진할 것이라고 보
았다. 그러나 실제로는 정반대의 일이 벌어졌다. 외국자본은 장기

투자보다는 단기 차익을 추구했고, 위기가 감지되면 재빨리 자본을 회수했다. 그 결과 자본이동 자유화는 성장의 촉매제가 아니라 위기의 전파자로 기능하는 경우가 많았다.

1990년대 이후 국제 금융시장은 3~4년마다 위기를 겪어왔다. 1994년 멕시코에서는 미국의 금리 인상과 외국 자본의 급격한 유출로 인해 페소화 가치가 폭락했다. 1997년 동아시아에서는 태국에서 시작된 외환위기가 한국, 인도네시아, 말레이시아로 확산되었는데, 단기 외채 의존 구조가 치명적인 약점으로 작용했다. 1998년 러시아에서는 국채 채무 불이행과 대외 채무 불이행이 동시에 발생하면서 IMF 구제금융 사태로 이어졌다. 2001년 아르헨티나는 고정환율제하에서 자본 이동을 자유화한 결과 경제 붕괴가 가속화되었다. 이어 2008년 글로벌 금융위기에서는 월스트리트에서 시작된 위기가 순식간에 전 세계 금융시장으로 파급되었다. 이처럼 자본이 자유롭게 이동하는 시대에는 한 나라에서 발생한 위기가 곧바로 세계적 위기로 전이되었다.

학문적 진단: 치열한 논쟁

이 문제는 학계에서도 격렬한 논쟁을 불러왔다. 하버드대학의 대니 로드릭(Dani Rodrik) 교수는 무제한적 자본 이동이 민주주의와 사회적 합의를 해체한다고 경고했다. "자본의 과도한 자유는 노동자의 권리와 사회적 안정성을 위협한다"는 것이다.

노벨 경제학상 수상자 조지프 스티글리츠(Joseph Stiglitz) 교수는 IMF가 신흥국에 자본계정 개방을 강요한 결과 오히려 위기를 악화시켰다고 비판했다. 그는 "시장근본주의의 가장 파괴적 결과가 바로 자본이동 자유화"라고 단언했다.

또한 코스타 라파비차스(Costas Lapavitsas)는 "자본자유화가 금융자본의 헤게모니를 강화해, 실물경제가 금융에 종속되는 구조를 만들었다"고 분석했다. 반대로 주류 경제학자들 중 일부는 여전히 "충분히 발전한 제도와 규제를 갖춘다면 자본 자유화는 성장에 기여한다"고 주장했다. 이 논쟁은 지금도 국제경제학의 주요 쟁점이다.

한국의 경험: 외환위기의 교훈과 그 이후

한국은 자본이동 자유화의 빛과 그림자를 동시에 경험했다. 1990년대 초반 OECD 가입을 목표로 한국은 단기간에 자본계정을 개방했다. 단기 외채와 외국자본 유입이 급격히 늘어났지만, 이를 관리할 제도적 장치는 부족했다. 1997년 외환위기 당시 한국의 단기외채 비중은 전체 외채의 절반을 넘어섰고, 외국자본이 빠져나가자 외환보유액은 며칠 만에 바닥이 났다.

IMF 구제금융 체제는 한국에 자본시장 추가 개방을 요구했고, 그 결과 한국은 세계에서 가장 개방적인 신흥국 금융시장 중 하나가 되었다. 이후 외국인은 한국 증시에서 시가총액의 30% 이상을 차지하는 주요 플레이어가 되었으며, 채권시장에서도 막강한 영향력을 행사했다. 이는 한국 경제가 국제 금융시장의 변동에 민감하게 반응하는 구조를 고착화시켰다. 환율과 금리는 국내 경제 여건보다 글로벌 투자자금의 흐름에 더 큰 영향을 받게 되었다.

국제 비교: 자본통제의 다양성

자본 자유화의 효과는 각 국가의 제도적 맥락에 따라 달라졌다. 칠레는 1990년대 초 외국 자본이 급격히 유입되자 단기 자본 유입에 세금을 부과하는 조치를 시행하여 일정한 방파제를 마련했다. 이러한 제도적 대응 덕분에 자본 자유화가 가져올 수 있는 부정적 충격을 어느 정도 완화한 사례로 평가된다. 중국은 자본 계정을 전면적으로 개방하지 않고 점진적이고 관리형 방식의 자유화를 선택했다. 이로 인해 아시아 외환위기와 같은 충격을 피할 수 있었다. 반면 유럽연합은 단일 통화 도입과 함께 자본 이동의 자유화를 강하게 추진했으나, 그 결과 남유럽 국가들(스페인, 그리스 등)은 부동산 거품과 금융위기에 시달리게 되었다. 이는 제도적 통합과 자본 자유화가 반드시 안정으로 이어지지 않는다는 사실을 보여준다.

사회적 함의: 금융자본의 득세와 민주주의 위기

자본 자유화는 경제를 넘어 정치와 사회 전반에도 거대한 파장을 일으켰다. 우선 정책 자율성이 크게 흔들렸다. 국가의 금리와 재정정책은 자본의 유출입에 따라 좌우되었고, 정부는 국민보다 먼저 국제금융시장의 눈치를 살피는 구조가 형성되었다. 또한 불평등이 심화되었다. 자본 개방의 이익은 글로벌 자산을 보유한 계층에게 돌아갔지만, 금융위기의 비용은 대중이 감당해야 했다. 마지막으로 민주주의의 긴장이 발생했다. 국가 정책이 국민의 선택이 아니라 시장의 압력에 의해 결정되는 현상이 일반화되었기 때문이다. 이러한 변화는 곧 신자유주의 시대가 직면한 대표적인 정치·경제적 딜레마였다.

자본이동 자유화와 금융세계화는 신자유주의 금융질서의 상징이었다. 그러나 결과는 기대와 달리 위기의 상시화, 정책 자율성의 약화, 불평등 심화로 나타났다. 한국을 비롯한 신흥국의 경험은 자본자유화가 얼마나 위험한 구조적 취약성을 내포하는지를 잘 보여준다.

결국 국경 없는 돈은 효율적 자원 배분의 도구가 아니라 위기의 전파자이자 국가주권을 제약하는 요인으로 드러났다. 이것이 바로 신자유주의 금융시대의 가장 뚜렷한 모순 중 하나였다.

8. 통화정책의 금융화: 중앙은행의 금융시장 우선시

중앙은행의 변화된 위상

중앙은행은 전통적으로 통화 안정과 경기 조절을 담당하는 기관이었다. 물가 상승을 억제하고 단기적인 경기 과열이나 침체를 조정하는 것이 핵심 임무였다. 그러나 신자유주의 금융시대에 들어 중앙은행은 단순한 '배경 조정자'에서 금융시장의 중심 배우로 변모하였다. 금융시장의 불안정이 실물경제와 고용에 즉각적인 충격을 전이시키는 구조가 고착화되면서, 중앙은행은 더 이상 물가 안정에만 머무르지 않고 자산시장 안정과 금융투자자 보호라는 임무까지 떠안게 되었다. 이는 중앙은행이 '최종 대부자(Lender of Last Resort)'를 넘어 '최종 투자자(Investor of Last Resort)'로 확장되는 과정이었다.

역사적 맥락: 위기를 계기로 강화된 역할

중앙은행의 금융시장 우선시 현상은 갑자기 일어난 변화가 아니라, 일련의 금융위기를 거치며 점진적으로 강화되었다.

1987년 블랙먼데이 당시 미국 연준은 긴급 유동성을 공급해 금융시장의 충격을 완화하였고, 이는 중앙은행이 금융시장의 위기를 직접 진화하는 새로운 역할을 떠맡는 계기가 되었다. 1997년 아시아 외환위기에서 한국은행은 금리와 환율을 독자적으로 조정하기보다는 IMF와 국제금융시장의 신뢰 회복을 우선시해야 했으며, 이때부터 중앙은행은 자국 경제보다 글로벌 금융시장 안정을 우선하는 모습을 보였다.

2008년 글로벌 금융위기는 중앙은행의 위상을 근본적으로 바꾼 전환점이었다. 연준은 대규모 양적완화(QE) 프로그램을 통해 국채와 주택저당증권(MBS)을 매입하였고, 그 규모는 2014년까지 4조 달러를 넘어섰다. 유럽중앙은행(ECB) 역시 남유럽 재정위기에서 국채 매입을 통해 회원국 국채시장을 방어했고, 일본은행(BOJ)은 ETF와 부동산 신탁까지 매입하면서 사실상 금융시장의 '시장 메이커' 역할을 담당했다.

코로나19 팬데믹은 이러한 추세를 더욱 극대화시켰다. 연준은 회사채와 ETF까지 매입하여 민간 금융시장을 떠받쳤고, ECB는 팬데믹 긴급 매입 프로그램(PEPP)을 가동했으며, BOJ는 국채 보유 규모가 GDP의 120%를 넘어서며 일본 금융시장을 사실상 지배했다. 한국은행 또한 2020년 채권시장 안정펀드에 참여하고 국채 매입을 확대하면서 중앙은행의 금융시장을 우선시하는 태도를 보여주었다.

학문적 진단

학자들은 이러한 중앙은행의 변화를 비판적 시각에서 분석해왔다. 수잔 스트레인지(Susan Strange)는 《카지노 자본주의(Casino Capitalism)》(1986)에서 금융시장이 산업적 기반에서 이탈하여 '카지노'처럼 변했다고 진단했다. 그는 이 과정에서 국가와 중앙은행이 필연적으로 금융시장의 안정에 매달릴 수밖에 없다고 지적했다. 하이먼 민스키는 금융 불안정 가설을 통해 금융시장은 안정이 지속되는 듯 보일 때 오히려 더 큰 불안정을 키운다고 설명하였다. 그는 중앙은행이 위기 때마다 개입하지 않을 수 없지만, 그 개입이 결국 금융기관의 도덕적 해이를 조장한다고 경고했다.

엥겔베르트 스톡해머는 신자유주의 시대 중앙은행이 더 이상 고용과 성장보다는 금융시장의 신뢰와 자산가격 안정을 최우선 목표로 두게 되었다고 분석하였다.

다니엘라 가보르(Daniela Gabor)는 중앙은행의 자산매입 정책을 '그림자적 최후의 거래자(shadow dealer of last resort)'라고 규정하며, 중앙은행이 금융시장 유동성의 핵심 공급자로 변해버린 현실을 비판하였다.

이처럼 다양한 학문적 분석은 공통적으로 중앙은행의 금융시장 중심화가 위기를 진화시키는 동시에 새로운 의존과 불평등을 만들어낸다는 점을 지적한다.

국제 비교: 국가별 중앙은행의 변모

중앙은행의 금융시장 중심화는 국가마다 다른 양상으로 전개되었지만, 그 본질은 동일했다.

미국의 연준은 2008년 이후 양적완화를 통해 국채와 MBS를 대량 매입하였다. 그 결과 연준의 자산 규모는 2022년 기준 약 9조 달러로 GDP의 35%에 달하였다. 이러한 개입은 금융시장의 안정과 주가 회복에는 기여했으나, 동시에 주식과 부동산 자산가격을 급등시켜 불평등을 심화시켰다. 유럽의 ECB는 남유럽 재정위기 당시 국채매입 프로그램을 가동해 이탈리아와 스페인 국채시장의 폭락을 막았다. 그러나 이 과정에서 남유럽 국가는 긴축정책을 강요받으며 실물경제의 성장이 억제되었다. 일본의 중앙은행은 세계에서 가장 급진적인 자산매입 정책을 시행하였다. 일본은행의 자산 규모는 2022년 GDP의 130%를 초과했으며, 국채뿐만 아니라 ETF와 REIT까지 매입하여 일본 금융시장은 중앙은행의 영향력 아래 놓이게 되었다. 한국의 한국은행은 1997년 외환위기와 2008년 금융위기에서는 국제금융질서에 크게 종속되어 자율성을 발휘하지 못했지만, 2020년 코로나 위기에서는 국채 매입과 채권시장 안정펀드 참여를 통해 금융시장에 직접 개입하는 모습을 보여주었다. 이처럼 미국, 유럽, 일본, 한국의 사례는 모두 각기 다른 형태로 전개되었으나, 중앙은행이 실물경제보다 금융시장을 우선하는 방향으로 중심화되었다는 점에서 공통적이다.

11장 신자유주의 금융 현상의 핵심 진단　349

왜 중앙은행이 실물경제보다
금융시장을 우선시한다고 말할 수 있나?

1. 정책 목표의 우선순위 변화

과거 중앙은행은 물가 안정, 고용, 성장이라는 실물경제 지표를
최우선으로 삼았다. 하지만 신자유주의 이후 반복된 금융위기
속에서, 중앙은행은 "금융시장이 무너지면 실물경제도 무너진
다"는 논리에 따라 금융시장 안정을 최우선 목표로 설정하게 되
었다. 다시 말해, 금융시장의 흐름이 곧 경제 전체를 좌우하는
결정적 변수로 간주되면서, 실물경제 지표는 금융시장 안정의
파생적 결과로 밀려났다.

2. 정책 수단의 금융시장 편향

중앙은행이 사용하는 정책 수단 역시 금융시장 중심으로 바뀌었다.
전통적으로 금리 조정이 핵심 수단이었다면, 이제는 국채·MBS·
ETF·회사채 매입 등 자산가격에 직접 개입하는 방식이 주된 수단
이 되었다. 이 과정에서 중앙은행은 실물경제의 투자·고용 확대보
다는 금융자산가격 방어와 투자자 신뢰 유지에 집중하게 되었다.

3. 정치·사회적 논리의 전환

금융시장 안정이 "국민 경제 전체를 지킨다"는 논리가 확산되면
서, 중앙은행의 개입은 쉽게 정당화되었다. 그러나 그 결과 실제
로는 자산을 보유한 계층이 가장 큰 혜택을 보았고, 고용이나 임

금 등 실물경제의 문제는 상대적으로 방치되었다. 미국에서 양적완화가 주식·부동산 가격을 폭등시켰지만 임금은 정체되었고, 유럽 남부 국가들은 국채시장 안정을 위해 긴축정책을 강요받으며 실물경제가 침체한 것이 대표적 사례다.

4. 비교 국가 간 공통점

미국은 연준의 자산 규모가 GDP의 35%에 달할 정도로 확대되며, 금융시장 안정이 정책 중심이 되었다. 유럽은 남유럽 위기 때 국채 매입에 몰두하며 재정·고용 정책은 후순위로 밀렸다. 일본은 ETF·REIT까지 매입하면서 금융자산가격을 직접 지탱했다. 한국은 위기 때마다 금리·환율보다 국제 금융시장의 '신뢰 회복'과 채권시장 안정이 우선되었다.

각각의 방식은 달랐지만, 중앙은행의 관심이 실물경제보다는 금융시장에 쏠려 있었다는 점은 동일하다.

따라서 "중앙은행이 실물경제보다 금융시장 중심으로 움직인다"는 말은, ① 정책 목표의 우선순위, ② 정책 수단의 성격, ③ 실제 정책 결과에서 모두 금융시장 안정이 실물경제보다 앞섰다는 사실을 종합적으로 보여주는 표현이라고 할 수 있다.

사회적 함의

중앙은행의 금융시장 중심화는 여러 사회적 결과를 낳았다. 첫째, 중앙은행의 정책 목표가 금융시장 안정에 편향되면서 고용, 임금, 산업정책은 상대적으로 소외되었다. 둘째, 대규모 자산매입은 금융자산가격을 끌어올려 자산을 보유한 계층을 더 부유하게 만들었고, 자산이 없는 계층은 소외되었다. 셋째, 중앙은행의 권한이 확대되면서 정책 결정은 점점 더 전문가 집단에 의해 이루어지고 민주적 통제는 약화되었다. 기술관료(technocracy)화된 중앙은행은 위기를 진화시키지만 동시에 민주주의와 금융정책 사이의 긴장을 확대하는 결과를 낳았다.

'최종 대부자'를 넘어 '최종 투자자'로

신자유주의 금융시대 중앙은행은 더 이상 배후의 조정자가 아니다. 금융위기 속에서 중앙은행은 금융시장에 직접 개입하며 '최종 대부자'를 넘어 '최종 투자자'가 되었다. 그러나 이 과정은 금융 불안정을 완화하는 동시에 새로운 의존을 낳았고, 실물경제보다는 금융시장 중심의 논리를 강화하였다. 그 결과 중앙은행은 위기의 불씨를 진화하는 동시에 불평등과 정치적 긴장의 불씨를 키우는 양면적 존재로 자리 잡게 되었다.

9. 단기성과 압박과 헤지펀드 및 사모펀드의 부상

단기성과 추구의 대두

신자유주의 금융시대의 핵심은 단기성과 추구였다. 기업들이 자산가치를 극대화하기 위해 장기적 투자보다는 단기적 이익 실현을 우선시하게 되면서, 금융시장은 빠른 회전율을 요구하는 구조로 변했다. 이 과정에서 특히 주목할 만한 존재가 바로 헤지펀드와 사모펀드였다. 이들은 레버리지 투자와 시장 변동성을 활용한 차익 거래를 통해 단기적 성과를 추구하며 빠르게 자산을 증식시켰다.

헤지펀드와 사모펀드는 고위험·고수익을 추구하며, 단기적 투자 회수와 차익 실현을 통해 그들의 경제적 영향력을 확대해왔다. 금융시장의 규제가 완화되면서, 이들 펀드는 더 이상 제한적인 규제 속에서 운영되지 않고, 글로벌 자본을 자유롭게 이동시키며 시장을 좌우하는 '최종 투자자' 역할을 하게 되었다.

헤지펀드와 사모펀드의 성장 배경

헤지펀드와 사모펀드의 성장은 1980년대 후반부터 1990년대 초반까지 진행된 금융시장 자유화와 규제 완화의 결과였다. 이들은 국제화된 금융시장에서 고위험·고수익을 추구하는 방식으로 등장했으며, 그들이 사용하는 파생상품과 레버리지 투자는 그들의 성장을 가능하게 했다. 특히 1990년대 후반, 기술 발전과 글로벌화된 자본시장은 헤지펀드와 사모펀드가 국제적으로 자산을 이동시키며 빠르게 자산을 증식할 수 있도록 했다.

1990년대 후반 헬스케어 산업과 IT 산업의 급성장, 그리고 2000년대 초반의 금리 인하와 대출 확장은 이들 펀드가 금융시장에서의 투자자산을 빠르게 확대할 수 있는 기회를 제공했다. 이들은 주식뿐만 아니라 부동산, 상품, 채권 등 다양한 자산에 투자하며 단기적 이익을 추구했다. 특히 헤지펀드는 매도와 매수를 동시에 하는 방식인 롱숏 전략을 통해 시장 변동성을 활용하여 빠르게 수익을 얻었다.

헤지펀드와 사모펀드의 운영 방식

헤지펀드와 사모펀드는 단기성과 추구를 중심으로 운영되며, 그들의 투자 방식은 일반적으로 다음과 같다.

- **레버리지 투자**: 투자금의 일부만을 사용하고 나머지는 대출을 통해 자금을 조달하는 방식으로, 높은 리스크와 함께 높은 수익을 추구한다.
- **단기적 투자 회수**: 기업 인수·합병(M&A), 자산 매각, 주식 차익거래 등으로 빠르게 자산을 증식시킨다.

354   3부 신자유주의 금융화 시대, 그 빛과 그림자

- **시장 변동성 활용**: 경제 불안정성이나 시장 변동성에서 발생하는 차익 거래를 통해 이익을 실현한다.

이들 펀드는 실물경제의 장기적 투자와는 거리가 멀었고, 기업 경영에 있어서 단기적 성과를 중시하는 구조를 만들었다. 예를 들어, 2000년대 초 미국의 헤지펀드는 주가 부양을 위해 대규모 자사주 매입을 시행하며 주주가치를 극대화했다. 그러나 이 과정에서 실물경제에 대한 투자는 축소되고, 장기적 혁신이나 R&D 투자에는 소극적이 되었다.

사회적·경제적 영향

헤지펀드와 사모펀드의 성장은 금융시장과 실물경제 전반에 다양한 영향을 미쳤다.

- **불평등 확대**: 금융시장에서의 빠른 자산 증식은 상위 계층에게만 이익을 주었고, 하위 계층은 자산 형성의 기회를 잃었다. 이는 자산 불평등을 심화시켰다.
- **단기주의 확산**: 기업들은 단기적 주가 부양에 집중하게 되면서, 장기적 성장과 혁신을 위한 투자는 줄어들었다.
- **정치적 불안정**: 자산시장에서 벌어지는 빠른 자산 증식은 정치적 불만을 초래했다. 자산가격 상승이 주로 상위 계층을 이롭게

한 반면, 일반 대중은 여전히 불안정한 고용과 낮은 임금에 시달렸다. 이는 포퓰리스트 정치세력의 성장을 촉진시켰다.

학문적 진단

제임스 크로티는 헤지펀드와 사모펀드가 단기적 성과와 자산 매각을 통해 주주가치를 극대화한다고 비판하며, 이들이 실물경제와의 거리를 넓히고 있다고 설명했다.

하이먼 민스키는 금융시장에서의 불안정성이 커짐에 따라, 기업들이 금융화에 의존하게 되고, 이는 결국 위기의 불씨를 키운다고 경고했다.

단기적 성과 추구가 만들어낸 금융화

헤지펀드와 사모펀드는 단기성과 추구를 통해 금융시장의 구조를 근본적으로 변화시켰다. 이들은 금융자산의 확대를 추구하며 실물경제와 자산시장 간의 연결고리를 약화시켰고, 결국 금융화가 심화되면서 경제 불평등과 세대 갈등을 초래하였다. 또한, 단기적 투자가 기업의 장기적 투자를 대체하면서 경제 전반의 지속가능한 성장을 위협했다.

〈표 11-5〉 국제 비교: 헤지펀드와 사모펀드의 영향

구분	미국	한국	유럽
헤지펀드/ 사모펀드 성장	1990년대 후반 금융화 확산	대기업 및 중소기업에 집중 투자	2000년대 후반 대형 자산운용사 등장
주요 투자대상	대형 기업, 금융자산	대기업 및 부동산, M&A	대기업 인수합병, 부동산
사회적 결과	자산 불평등 확대, 금융자산의 집중	기업 비효율화, 청년 실업 증가	금융화로 불평등 심화, 노동 시장 유연화

10. 금융위기의 상시화(Perpetual Crises)

위기는 더 이상 예외가 아니다

산업화 시대의 금융위기는 수십 년에 한 번씩 찾아오는 예외적 사건으로 여겨졌다. 예컨대 19세기 대공황이나 1929년 세계대공황처럼 한 세대에 한 번 경험할 정도였다. 그러나 신자유주의 금융시대에 들어, 금융위기는 특별한 사건이 아니라 일상의 일부가 되었다. 금융 자유화와 자본 이동 확대, 파생상품과 레버리지 구조가 결합하면서, 위기는 구조적 속성으로 자리 잡았다. 다시 말해, 금융위기는 더 이상 외부 충격이 아니라 체제 자체가 만들어내는 산물이었다.

11장 신자유주의 금융 현상의 핵심 진단   357

1980년대 이후 위기의 연쇄

라틴아메리카 외채위기(1982)

미국의 금리 인상과 달러 강세는 멕시코, 브라질, 아르헨티나 등 중남미 국가들의 외채 부담을 폭발적으로 키웠다. 달러화 부채를 감당하지 못한 국가들은 줄줄이 디폴트에 빠졌고, '잃어버린 10년'이라는 장기 불황으로 이어졌다.

블랙 먼데이(1987)

뉴욕 증시 다우지수는 하루 만에 22.6% 폭락했다. 프로그램 매매와 신용거래의 확산이 불안정을 키웠고, 전 세계 증시가 동반 추락했다. 금융혁신이 어떻게 위기를 증폭시킬 수 있는지 보여준 첫 사례였다.

멕시코 페소위기(1994)

'테킬라 위기'로 불린 이 사태는 갑작스러운 외국자본 유출과 페소화 폭락으로 촉발되었다. 단기 외채와 외국인 자본에 의존하던 경제 구조가 얼마나 취약한지를 보여주었다.

아시아 외환위기(1997)

태국 바트화 폭락에서 시작해 한국·인도네시아·말레이시아 등으로 번졌다. 공통점은 자본계정 개방 이후 단기 외채 의존도가 급

격히 높아졌다는 점이다. 외국자본이 일시에 빠져나가면서 국가
경제가 붕괴했고, 한국은 IMF 관리체제에 들어가야 했다.

러시아 위기(1998)

유가 하락과 재정 적자 속에서 루블화 폭락과 국채 디폴트가 발
생했다. 이는 신흥국 금융시장의 전염성을 보여주었고, 세계 헤지
펀드 LTCM의 붕괴로 이어졌다.

닷컴 버블 붕괴(2000)

인터넷 기업의 주가 거품이 꺼지면서 나스닥 지수가 폭락했고, IT
기업들이 줄도산했다. 미국의 실리콘밸리 중심 성장이 금융과 투
기와 얼마나 밀접하게 연결되어 있는지를 드러냈다.

글로벌 금융위기(2008)

서브프라임 모기지 부실이 파생상품 시장을 통해 전 세계로 확산
되었다. 이는 대공황 이후 최악의 금융위기였으며, 미국발 위기가
글로벌 자본 흐름 속에서 세계 경제 전반을 마비시킨 사건이었다.

유럽 재정위기(2010)

그리스·스페인·이탈리아 등 남유럽 국가들이 국가부채 위기에
빠지며 유로존 붕괴 우려가 확산되었다. 자본이동 자유화 속에서
국가 간 불균형이 위기로 드러난 대표적 사례였다.

11장 신자유주의 금융 현상의 핵심 진단　359

이처럼 1980년대 이후 세계 금융위기는 거의 주기적 사건으로 반복되었으며, 어느 한 지역의 불안정이 곧바로 세계적 위기로 확산되는 '연쇄적 패턴'을 보였다.

학문적 진단

찰스 킨들버거(Charles Kindleberger)는 《Manias, Panics, and Crashes》(1978)를 통해 금융위기는 투기적 열광 → 불신 → 공황의 순환 패턴이 반복되는 자본주의의 고질적 특징이라고 분석했다.

하이먼 민스키는 《금융 불안정 가설(Stabilizing an Unstable Economy)》(1986)에서 "안정은 곧 불안정을 낳는다"고 설명했다. 경제가 안정적으로 성장할수록 투자자는 더 많은 위험을 감수하고, 결국 위기가 터진다는 것이다.

카르멘 라인하트(Carmen Reinhart)와 케네프 로고프(Kenneth Rogoff)는 《이번에는 다르다(This Time is Different)》(2009)를 통해, 수백 년에 걸친 금융위기 역사를 분석하며, "위기는 시대와 국가를 불문하고 반복된다"는 점을 보여주었다.

엥겔베르트 스톡해머는 여러 저작을 통해 "신자유주의적 금융화가 불안정성을 제도화하여 위기가 체제의 일부분이 되었다"고 지적했다.

즉, 금융위기의 상시화는 단순한 사건이 아니라 금융화된 자본주의의 구조적 산물이라는 공통적인 진단을 내리고 있다.

국제 비교: 지역별 차이와 공통점

금융위기의 양상은 지역마다 다른 모습으로 나타났지만, 공통적인 뿌리를 공유한다. 미국에서는 금융혁신과 파생상품, 레버리지 의존이 반복적으로 위기를 불러왔다. 1987년, 2000년, 2008년 위기 모두 월가에서 시작되었다는 점은 이를 잘 보여준다. 아시아의 경우 단기 외채와 외국자본 의존 구조가 치명적인 취약성을 낳았다. 1997년 외환위기는 자본이동 자유화가 얼마나 위험한 결과를 가져올 수 있는지를 드러냈다. 유럽은 유로존 체제하에서 통화정책 자율성을 상실한 채, 자본 유출입에 크게 흔들렸다. 특히 남유럽 위기는 북유럽과 독일 자본의 흐름과 직접적으로 연결되어 있었다. 라틴아메리카는 달러화 부채 의존과 원자재 가격 변동성 탓에 외채 위기가 반복되었다.

이처럼 지역별로 위기의 구체적 형태는 달랐지만, 공통적으로는 자본이동 자유화와 금융화된 경제 구조가 위기를 심화시키는 근본 요인으로 작용했다.

금융위기의 사회적 파급효과

금융위기의 상시화는 단순한 경제적 충격에 그치지 않고 사회 전반으로 확산되었다. 우선 고용 불안이 심화되었다. 위기가 닥칠 때마다 대량 해고가 발생했고, 실업률은 급등했다. 미국의 경우 2008년

〈표 11-6〉 주요 금융위기 사례 요약

연도	위기의 명칭	주요 지역	원인	결과
1982	라틴아메리카 외채위기	멕시코·브라질· 아르헨티나	미국 금리 인상, 달러 부채	디폴트, '잃어버린 10년'
1987	블랙 먼데이	미국(전 세계 확산)	프로그램 매매, 과도한 레버리지	증시 하루 -22.6% 폭락
1994	멕시코 페소 위기	멕시코	단기 외자 유출	통화가치 폭락, IMF 구제금융
1997	아시아 외환위기	태국·한국· 인도네시아	단기 외채, 자본이동 자유화	환율 폭등, 대규모 IMF 구제 금융
1998	러시아 위기	러시아	유가 하락, 재정적자	루블 폭락, 국채 디폴트
2000	닷컴 버블 붕괴	미국	IT주 과잉투자	나스닥 지수 폭락
2008	글로벌 금융위기	미국(전 세계)	서브프라임, 파생상품	대공황 이후 최악의 경기침체
2010	유럽 재정위기	남유럽	국가부채, 유로존 불균형	긴축정책, 사회적 혼란

금융위기 직후 실업률이 10%에 육박했으며, 한국도 1997년 외환위기 직후 대규모 구조조정과 청년실업의 급증을 경험했다. 또한 불평등이 확대되었다. 위기의 비용은 국민이 세금과 실업으로 떠안았지만, 금융시장이 회복되는 과정에서 주식과 자산을 보유한 상위 계층은 오히려 더 큰 이익을 얻었다. 마지막으로 정치적 불안정이 확산되었다. 반복된 위기는 대중의 체제 불신을 키웠고, 포퓰리즘과 극우 정치세력의 부상을 촉발했다. 라틴아메리카의 좌파 포퓰리즘, 유럽 극우정당의 성장, 미국의 트럼프 현상은 모두 금융위기의 상시화와 연결되어 있다.

신자유주의 금융시대의 위기는 더 이상 예외가 아닌 체제의 본질이었다. 자유화된 자본이동, 파생상품과 레버리지 확대, 불평등 구조가 맞물리면서, 금융위기는 주기적이고 상시적인 특징을 띠게 되었다. 이는 자본주의가 스스로 만든 모순이며, 위기를 관리하는 것이 아니라 위기 속에서 체제를 유지하는 메커니즘으로 변질되었다.

11. 실물경제의 금융 의존 심화

주객전도의 완성

금융은 원래 실물경제의 조력자였다. 은행 대출은 기업의 장기투자와 생산 확대를 가능하게 했고, 가계의 저축은 주택 구입이나 교육 투자로 이어졌다. 정부 역시 금융시장에서 조달한 자금으로 사회간접자본을 확충하며 경제성장을 뒷받침했다. 그러나 신자유주의 금융시대에 들어 이 관계는 역전되었다. 실물경제가 금융에 의존하는 주객전도가 뚜렷하게 나타났으며, 경제 전반이 금융의 리듬과 조건에 따라 움직이는 구조로 재편되었다.

기업의 금융 의존: 생산보다 금융수익의 시대

기업은 더 이상 장기적 생산 투자와 혁신에 집중하지 않았다. 1980년대 이후 미국 대기업들은 점차 '주주가치 극대화'라는 슬로건을 내세우며, 금융시장의 요구에 따라 행동하기 시작했다. 그 결과 기업의 이익은 설비투자나 고용 확대보다는 배당금 지급과 자사주 매입에 우선 사용되었다.

미국 S&P500 기업들의 자사주 매입은 1980년대 연간 수백억 달러 수준에서, 2010년대에는 매년 5천억~8천억 달러 규모로 폭증하였다. 2010~2019년 총 매입액은 4.3조 달러에 달해, 동기간 설비투자액의 절반 가까운 수준이었다. 이는 생산성 향상으로 이어지지 않았고, 오히려 단기 주가 부양과 경영진 보너스 확대에 기여했다.

한국 대기업들도 마찬가지였다. 한국은행 자료에 따르면 2022년 기준 상장기업의 현금성 자산은 사상 최대를 기록했지만, 총고정자본형성률은 GDP 대비 30% 내외에서 수십 년째 정체 상태를 보였다. 유럽에서도 기업들은 신용등급과 주가를 관리하기 위해 장기 투자 대신 배당 확대에 치중했고, 특히 남유럽 위기 이후 금융시장 신뢰 회복이 경영 판단의 핵심 기준이 되었다.

가계의 금융 의존: 임금 정체와 부채의 일상화

가계 또한 금융의존적 구조로 재편되었다. 임금이 정체되고 고용이 불안정해지면서, 소비와 생활수준을 유지하기 위해 신용에 의존하는 것이 일상이 되었다.

한국의 경우 가계부채는 2000년대 초 GDP 대비 50% 수준에서 2023년 100% 초반까지 치솟았다. 특히 청년층은 주택담보대출, 전세자금대출, 학자금대출 등에 몰리며 금융부채가 생애 초기부터 삶을 규정하는 구조로 자리 잡았다. 미국에서는 2008년 글로벌 금융위기를 촉발한 서브프라임 모기지가 가계 금융 의존의 극단적 사례였다. 주택 가격 상승기에 가계는 대출을 통해 소비를 확대했지만, 가격이 하락하자 부채 부담으로 소비가 급감했고, 이는 실물경제 침체로 직결되었다. 유럽에서도 가계 신용의 확산이 위기 이후 급격한 축소로 이어져, 장기간 소비 위축과 생활 수준 하락을 초래했다.

가계가 금융에 의존하는 구조는 단순한 부채 증가에 그치지 않는다. 가계의 삶은 금리, 대출 조건, 금융기관의 정책 변화에 의해 직접적으로 좌우되었다. 금융시장의 작은 변화가 곧바로 생활비와 주거비, 교육비로 이어지면서, 금융은 가계의 일상 자체를 지배하는 힘이 되었다.

정부의 금융 의존: 정책 자율성의 축소

정부 정책도 금융시장 종속의 굴레에서 벗어나지 못했다. 과거에는 재정정책과 산업정책이 국민 경제의 필요에 따라 설계되었다면, 신자유주의 시대 이후 정부는 국제 금융시장의 신뢰 회복과 신용등급 유지를 정책의 핵심 기준으로 삼게 되었다.

남유럽 국가들은 재정위기 이후 국제 금융시장의 압력으로 긴축정책을 강요받았고, 그 결과 실업과 성장 둔화를 감수해야 했다. 한국 정부 역시 위기 국면마다 외국인 자본 이탈을 막기 위해 금리와 환율 정책을 금융시장 우선으로 조정했으며, 적극적 재정정책은 신용등급 하락을 우려해 축소되는 경우가 많았다. 미국에서도 연준의 금리정책이 정부의 재정정책보다 더 강력한 경제 조정 수단으로 작용하면서, 국가정책이 금융시장에 종속되는 현상이 강화되었다.

학문적 진단

학자들은 실물경제의 금융 의존 심화를 구조적 위기로 해석했다. 제임스 크로티는 신자유주의 시대 기업이 더 이상 실물적 축적이 아니라 금융적 수익을 추구하는 경향을 보이며, 이는 장기적으로 생산성과 고용 기반을 무너뜨린다고 지적했다. 하이먼 민스키는 금융부채 의존적 성장이 위기의 불씨를 키운다고 경고하며, 가계·기업·정부 모두가 금융 부채를 통해 성장을 유지하는 구조를 위험하다고 분석했다. 스톡해머는 '성장의 금융화(financialization of growth)'라는 개념으로, 경제가 더 이상 임금주도형이 아니라 금융순환 중심으로 재편되었다고 설명했다. 이러한 진단은 실물경제가 금융에 종속됨으로써 불안정성과 불평등이 확대된다는 점에서 공통적으로 일치한다.

국제 비교: 다양한 얼굴, 같은 종속

금융 의존은 국가마다 다른 형태로 나타났지만, 결과적으로는 모두 실물경제의 약화를 불러왔다.

미국에서는 기업 이익이 금융투자와 자사주 매입을 통해 실현되었고, 가계는 모기지와 학자금대출에 크게 의존했다. 한국은

〈표 11-7〉 국가별 금융 의존 양상 비교

구분	미국	한국	유럽(남유럽)	유럽(북유럽)
기업	2010~2019년 자사주 매입 4.3조 달러, 설비투자 둔화	대기업 유보금↑, 투자율 GDP 30%대 정체	긴축 속 투자율 급락, 배당 확대	공공투자 유지, 그러나 금융자산 의존 증가
가계	모기지·학자금 대출 확대, 2008 위기 촉발	가계부채 GDP 100% 돌파(2020~2022), 청년 부채 급증	신용 확산 후 위기 때 소비 급락	부채 안정적이지만 연금·금융자산 집중
정부	연준 정책에 크게 종속, 재정정책 영향력 축소	외국인 자본 신뢰 중시, 정책 자율성 제약	금융시장 신뢰 위해 긴축 강요	상대적 자율성 유지, 안정적 정책 가능

GDP 대비 가계부채가 105%를 넘어섰고, 대기업은 사상 최대의 유보금을 쌓으면서도 설비투자는 정체되었다. 유럽은 남유럽과 북유럽 간 차이가 컸다. 남유럽은 긴축정책으로 투자와 소비가 모두 위축되었고, 북유럽은 상대적으로 안정적이었지만 금융자산·연금 의존도가 증가했다.

사회적 결과

실물경제의 금융 의존 심화는 경제적·사회적 균열을 동시에 심화시켰다. 첫째, 기업의 투자 축소와 금융화된 경영은 장기 성장률 하락과 생산성 둔화를 불러왔다. 둘째, 가계의 부채 의존은 세대 불균형을 확대했다. 특히 청년 세대는 자산가격 급등과 금융부채 부담으로 자산 형성의 기회를 잃었고, 이는 사회적 좌절감과 불만을 키웠다. 셋째, 정부의 금융 종속은 민주주의적 정책 선택을 제약했다. 정책은 국민보다는 국제 금융시장의 '신뢰'에 더 무게를 두었고, 그 결과 사회적 합의와 민주적 통제가 약화되었다. 마지막으로 이러한 종속 구조는 불평등을 제도화했다. 금융자산을 가진 계층은 금융화의 수혜를 누렸지만, 실물경제에 의존하는 다수는 성장 둔화와 고용 불안을 떠안았다.

　실물경제의 금융 의존 심화는 신자유주의 금융시대의 주객전도 현상을 가장 극적으로 보여준다. 금융은 더 이상 실물을 지원하는 조력자가 아니라, 실물경제를 지배하고 통제하는 상전이 되었다. 이 구조는 불평등을 심화시키고 성장 잠재력을 약화시켰으며, 사회적 갈등과 민주주의의 위기까지 불러왔다. 따라서 금융의존 심화는 단순히 경제적 변화가 아니라, 사회 전체를 흔드는 구조적 문제로 이해해야 한다.

〈표 11-8〉 신자유주의 금융시대의 10대 현상과 대표 문헌

현상	설명	대표 문헌/학자
금융화의 일반화 (Financialization of Everyday Life)	금융이 일상생활 전반을 지배, 개인의 소비·주거· 교육·노후까지 금융화	• Greta Krippner, Capitalizing on Crisis (2011) • Randy Martin, Financialization of Daily Life (2002) • Lisa Adkins 외, The Asset Economy (2020)
주주가치 극대화 (Shareholder Value Maximization)	기업이 혁신·투자보다 단기적 주주 이익(배당·자사주 매입)에 집중	• William Lazonick & Mary O'Sullivan, Corporate Governance and Sustainable Prosperity (2002) • William Lazonick, Sustainable Prosperity in the New Economy? (2009) • Gerald F. Davis, Managed by the Markets (2009)
부채주도 성장 (Debt-led Growth)	임금 정체에도 불구, 가계·기업의 부채 확대가 성장 유지의 동력	• Engelbert Stockhammer, "Wage- led Growth" (2004, 2011) • Hyman Minsky, Stabilizing an Unstable Economy (1986)
금융시장 팽창과 파생상품 (Derivatives Explosion)	파생상품이 위험 관리 도구에서 투기·위기의 촉매로 전환	• Susan Strange, Casino Capitalism (1986) • Frank Partnoy, Infectious Greed (2003) • IMF Global Financial Stability Reports
부동산 거품과 자산효과	자산가격 상승이 소비·투자를 좌우	• Hyman Minsky, Stabilizing an Unstable Economy (1986) • Lisa Adkins 외, The Asset Economy (2020)

현상	설명	대표 문헌/학자

자본이동 자유화
(Capital Mobility
Liberalization)
	국가 간 자본 이동이
	자유화되며 외환위기·신흥국
	위기 확대
		• Dani Rodrik, Has Globalization
		  Gone Too Far? (1997)
		• Jagdish Bhagwati, In Defense of
		  Globalization (2004)
		• IMF, Capital Flows and Crises
		  (2009)

**통화정책의
금융화**
(Financialization of
Monetary Policy)
	중앙은행이 물가·실업보다
	금융시장 안정을 우선
		• Perry Mehrling, The New
		  Lombard Street (2010)
		• Benjamin Friedman, The Moral
		  Consequences of Economic
		  Growth (2005)

**단기성과 압박과
헤지펀드 및
사모펀드의 부상**
	금융자산의 확대를 추구하며
	실물경제와 자산시장 간의
	연결고리를 약화시킴
		• Rosenblum, S. A. , Hedgefund
		  Activism, Shor-Termism, and a
		  New Paradigm of Corporate
		  Governance (2017)

**금융위기의
상시화**
(Perpetual Crises)
	위기가 일시적 예외가 아니라
	금융화 시대의 구조적 특징
		• Charles Kindleberger, Manias,
		  Panics, and Crashes (1978)
		• Hyman Minsky, 금융 불안정 가설
		• Reinhart & Rogoff, This Time is
		  Different (2009)

**실물경제의 금융
의존 심화**
(Real Economy's
Financial
Dependence)
	산업·고용·투자가 금융시장
	조건에 좌우, 경제 구조의
	취약성 심화
		• Costas Lapavitsas, Profiting
		  Without Producing (2013)
		• Gerald Epstein (ed.),
		  Financialization and the World
		  Economy (2005)
		• Crotty, "Financialization of the
		  U.S. Firm" (2005)

결론

3% 성장과 포용경제를 위한
금융 개혁의 길

11개 장의 종합적 시사점

한국 금융의 구조적 문제를 이해하기 위해서는 지난 수십 년간 이루어진 거대한 변화를 직시할 필요가 있다. 한국 경제는 고도성장기의 산업화·수출주도형 금융시스템에서 점차 금융화·자산 편중형 시스템으로 이행했다. 이 변화는 단순한 금융 구조의 전환을 넘어, 성장경로와 분배구조, 그리고 위기취약성에 이르기까지 한국 경제 전반에 심대한 영향을 미쳤다. 제1장에서 제11장까지의 논의는 각각 다른 차원에서 이러한 전환의 현실을 분석했으며, 그 결과 다음과 같은 공통된 병리적 현상이 드러났다.

무엇보다 금융의 실물지원 기능은 크게 약화되었다. 금융은 산업과 생산 활동을 뒷받침하기보다는 부동산과 금융자산 거래를 우선시하는 구조로 바뀌었다. 이 과정에서 가계부채는 GDP 대비 세계 최고 수준으로 확대되었으며, 특히 주택담보대출의 비중이 압도적인 왜곡된 가계재무 구조를 형성하였다. 산업적 자본순환은 점차 붕괴되었고, 금융순환이 자본의 흐름을 지배하면서 자본은 산업적 재생산의 고리에서 이탈하였다. 기업과 금융기관 모두 장기적 투자보다는 단기적 수익 극대화를 추구하게 되었고, 이러한 단기주의와 금융적 렌트 추구는 한국 금융의 구조적 병리를 심화시켰다.

또한 중앙집중적 금융시스템 속에서 지역경제와 중소기업에 대한 금융지원은 지속적으로 공백을 드러냈다. 정책금융 역시 산업정책과의 연계성이 약화되면서 방향성을 상실했고, 민간금융과의 경계는 점차 모호해졌다. 더불어 신자유주의적 금융 현상이 전면화되면서 금융자본의 실물 지배력이 강화되었고, 증권화·그림자금융·규제완화로 인한 불안정성이 크게 확대되었다. 장 별로 요약해보면 다음과 같다.

- 한국 금융시스템은 실물경제보다 빠르게 성장한 금융자산과 자산 중심의 경제 구조로 변화했으며, 이는 금융시장의 과도한 팽창을 초래하고 실물경제와의 연결을 약화시켰다. (1장 한국 금융의 팽창과 구조적 특징)

- 산업적 순환은 생산과 고용을 촉진하는 반면, 금융적 순환은 자산가격 상승을 목표로 하여 실물경제와의 단절을 초래한다. 금

융순환이 산업순환을 압도하면서, 한국 경제는 금융 중심으로 흐르고 있다. (2장 산업순환 vs 금융순환)

- 한국은 주택담보대출 중심의 금융시스템을 통해 가계부채가 급증하며, 이는 부동산 시장과 금융자산의 가격 상승을 촉진하지만 실물경제에 실질적인 기여를 하지 못하고 있다. (3장 주택담보대출 중심 부채경제의 구조)

- 청년과 저자산 계층은 금융시스템에서 소외되어 있으며, 이는 자산 기반의 경제 구조가 사회적 불평등을 심화시키고 청년층의 금융 접근을 제한하고 있다. (4장 청년·무자산 계층을 위한 포용금융)

- 지역금융은 지역경제를 지원하는 중요한 역할을 하지만, 한국에서는 지역금융기관들이 충분한 대출과 신용을 공급하지 못하고 있어, 이를 재구성하고 강화하는 것이 필요하다. (5장 지역금융의 역할과 재구성)

- 금융은 자산 시장을 넘어서 실물경제의 생산과 혁신을 지원하는 방향으로 재구성되어야 하며, 이를 위해 정부와 금융기관은 실물 부문에 자금을 배분해야 한다. (6장 금융은 무엇을 순환시켜야 하는가?)

- 1990년대 이후 금융과 산업의 분리가 심화되었으며, 이는 금융의 자산화와 실물경제의 약화를 초래했다. (7장 산업과 금융의 분리: 원인과 귀결)

- 한국은 과거의 산업적 순환 모델로 돌아가야 하며, 이를 위해

해외 사례와 정책적 시사점을 통해 생산적 금융으로의 전환이
필요하다. (8장 산업·금융순환의 재구성 가능성)

- 민간금융은 자산 중심에서 벗어나 실물경제와 혁신산업으로 자금을 돌려야 하며, 이를 위해 정책적 인센티브와 제도적 변화를 촉진해야 한다. (9장 민간금융의 산업지향 전환 가능성)
- 정책금융기관은 단순히 시장 실패를 보완하는 역할을 넘어서, 실물경제를 지원하고 산업적 효과를 창출하는 중요한 역할을 해야 한다. (10장 정책금융기관의 역할)
- 신자유주의 금융화는 자산 경제와 금융위기의 상시화를 초래하며, 금융시스템이 자산 시장에 집중되어 실물경제의 성장을 저해하고 불평등을 심화시킨다. (11장 신자유주의 금융 현상의 핵심 진단)

이 모든 흐름을 구조적 변환이라는 큰 맥락에서 바라보면 다음과 같은 역사적 도식이 그려진다. 산업화 시기였던 1960년대부터 1990년대까지 한국 금융은 산업순환을 중심으로 이루어졌으며 제조업과 수출산업의 지원에 집중하였다. 정책금융이 주도적 역할을 하면서 장기투자와 생산성 제고를 가능하게 한 것이 특징이었다. 그러나 2000년대 이후 금융화 시기로 접어들면서 금융은 산업순환 대신 금융순환 중심의 자본흐름으로 재편되었다. 자원은 제조업과 수출산업보다는 부동산과 금융자산 거래에 집중되었으며, 정책금융 대신 민간금융과 글로벌 자본이 금융시스템을 주도하게 되었다. 금융의 기능과 목적 역시 장기투자와 생산성 제

고에서 단기수익과 자산가치 상승 추구로 이동하였다.

이와 같은 구조적 변화를 종합적으로 진단하면, 한국 금융이 미래를 향해 나아가기 위해서는 네 가지 방향성이 필요하다. 첫째, 금융을 사회 전체의 장기적 이익을 위한 제도로 재정립함으로써 금융의 공공성을 복원해야 한다. 둘째, 중앙·지역·민간·정책 금융이 균형을 이루는 다층적 금융시스템을 구축하여 산업·지역·사회의 연계 기능을 강화해야 한다. 셋째, 자본의 배분을 생산적 투자 중심으로 전환하고 부동산 편중을 완화하며, 산업·혁신·녹색 전환 투자를 적극 확대해야 한다. 넷째, 글로벌 금융 불안과 자본변동성에 대응할 수 있도록 거시건전성 체계를 확립하여 위기 대응력을 강화해야 한다.

이러한 문제의식과 종합적 시사점은 이 장(결론)의 전개 방향을 잡아주는 토대가 된다. 이후 2절에서는 한국 금융시스템의 역사적 궤적과 구조적 문제를 구체적으로 분석하고, 3절에서는 산업순환 회복과 금융 재배치 전략을 살펴본다. 4절에서는 가계부채와 주택금융의 구조개혁 방안을 논의하며, 5절에서는 청년 포용금융, 6절에서는 지역 및 관계금융의 확대를 다룬다. 이어서 7절에서는 정책금융기관의 재정립 과제를, 8절에서는 신자유주의 금융 현상을 극복하기 위한 전략을, 9절에서는 3% 성장과 양극화 완화를 위한 종합 금융정책을 제시한다.

결론: 3% 성장과 포용경제를 위한 금융 개혁의 길   375

한국 금융시스템의 역사적 궤적과 구조적 문제

한국 금융시스템의 발전 궤적은 해방 이후 여러 차례의 구조적 전환을 거치며 형성되었다. 산업화, 금융자유화, 1997년 외환위기, 그리고 2008년 글로벌 금융위기를 지나면서 금융은 단순한 자금 중개 역할을 넘어 경제성장전략의 핵심 수단이자 정책 도구로 활용되었다. 그러나 이러한 발전의 궤적은 다양한 구조적 취약성을 동반했으며, 오늘날의 금융 구조와 금융정책 전반에 깊은 영향을 미치고 있다.

해방 직후부터 1960년대까지 한국의 금융시스템은 국가 주도의 개발금융 체제를 기반으로 운영되었다. 당시 정부는 금융기관을 직접 통제하여 산업정책과 긴밀하게 연계된 자금 배분을 실행하였다. 산업은행과 수출입은행 등 정책금융기관이 신설되어 중화학공업과 수출산업 육성을 위해 장기·저리의 자금을 공급하였고, 은행금리는 정부가 결정하는 규제금리 체계가 유지되었다. 이러한 체제는 단기간에 고속성장을 가능하게 했지만 동시에 금융의 자율성과 경쟁을 제약하여 구조적 한계를 내포했다.

1980년대 이후 금융자유화와 개방정책이 단계적으로 추진되면서 금융시스템에는 큰 변화가 일어났다. 정부는 금리 자유화, 금융기관 설립 규제 완화, 외국인 투자 확대 등을 통해 금융시장 효율성을 제고하려 했다. 그러나 이 과정은 충분한 감독과 규제가 갖춰지지 않은 상태에서 이루어졌기 때문에 1997년 외환위기의 주요 배경이 되었다. 특히 단기외채 비중이 높은 대외 차입 구조, 기업부채의 과도한 누적, 외국인 자본 의존도 증가는 위기를 촉발하고 심화시키는 결정적인 요인으로 작용하였다.

1997년 외환위기 이후 한국 금융시스템은 대대적인 구조조정을 거쳤다. 부실 금융기관이 정리되었고, 국제결제은행(BIS) 기준 자기자본비율 규제가 도입되었으며, 금융감독체계가 통합되었다. 동시에 자본시장의 개방 수준은 급격히 확대되었고, 외국인 투자자가 주식·채권시장의 핵심 참여자로 부상하였다. 국내 금융기관들 역시 글로벌 자본시장과의 연계성을 심화시켰다. 그러나 이러한 변화는 금융시스템을 세계 경제의 충격에 더욱 취약하게 만들었고, 대외 의존성을 증대시키는 결과를 낳았다.

2008년 글로벌 금융위기는 한국 금융시스템의 취약성을 여실히 드러냈다. 미국 발 금융위기 충격은 한국의 외화유동성 시장을 급격히 경색시켰으며, 단기외채 상환 부담을 크게 증가시켰다. 동시에 외국인 자금이 주식·채권시장에서 대규모로 유출되었고 원화 환율은 급등하였다. 정부와 한국은행은 주요국과의 외환스왑 라인 체결, 외화유동성 공급 확대, 기준금리 인하 등의 긴급 조치를 통해 위기 확산을 억제했으나, 이 사건은 대외 충격이 국내 금융시스템에 얼마나 빠르고 직접적으로 전이되는지를 보여주는 사례가 되었다.

이러한 역사적 경험을 고려할 때, 한국 금융시스템의 구조적 문제는 네 가지로 요약될 수 있다. 첫째, 대외 의존성이 심화되었다. 수출주도형 성장전략과 자본시장 개방정책이 결합하면서 금융은 외국인 자본과 글로벌 금융환경 변화에 과도하게 민감하게 반응하는 체질을 형성했다. 둘째, 자본시장의 발전은 양적 확대에 비해 질적으로 불균형했다. 주식·채권시장의 규모는 커졌지만 장기자본 조달 기반은 여전히 취약하며, 기업금융은 단기차입 중심의 은행대출에 크게 의존하고 있다. 셋째, 가계부채가 구조적으로 누적되었다. 자산시장이 부동산 중심으로 재편되고 주택담보대출이 과도하게 확대되면서 금융자산의 안정성보다는 레버리지가 확대되는 왜곡이 나타났다. 넷째, 금융감독과 규제에는 여전히 사각지대가 존재한다. 비은행 부문의 그림자금융에서 리스크 관리가 상대적으로 부족하고, 금융혁신은 규제보다 빠르게 확산되면서 시스템 안정성을 위협하고 있다.

정리하면, 한국 금융시스템의 역사적 궤적은 다음과 같은 구조적 변화를 보여준다. 1960년대부터 1980년대까지는 개발금융 체제를 통해 국가 주도의 자금 배분이 이루어졌으나, 이는 금융의 자율성과 경쟁을 제한하였다. 1980~1990년대에 추진된 금융자유화·개방은 규제 완화와 자본유입을 촉진했지만, 미비한 감독체계 속에서 단기외채 확대라는 위험을 누적시켰다. 1997년 외환위기 이후 구조조정과 외국인 투자 확대로 금융시장은 글로벌 자본에 더욱 의존하게 되었고, 2008년 글로벌 금융위기에서는 외화유동성 경색과 대규모 자본유출을 겪으며 한국 금융의 단기자본 취약성이 여실히 드러났다.

결국 한국 금융시스템은 정부 주도의 개발금융에서 시작하여 금융자유화·개방을 거치며 글로벌 금융시장의 일부로 편입되었지만, 그 과정에서 형성된 구조적 취약성은 여전히 해소되지 않은 채 남아 있다. 한국 금융은 여전히 대외 충격에 대한 민감성과 내부 자본구조의 불균형 문제를 동시에 안고 있으며, 이는 향후 금융정책이 반드시 고려해야 할 역사적 교훈이다. 따라서 앞으로의 금융정책은 이러한 궤적 속에서 누적된 문제들을 정확히 진단하고, 대외 의존도를 낮추는 동시에 자본시장의 질적 성숙과 가계부채 구조 개선을 이끌어내는 방향으로 설계되어야 한다.

대외 의존성과 글로벌 금융 환경 변화의 영향

한국 금융시스템은 역사적으로 대외 의존성이 높은 구조적 특징을 지니고 있다. 이는 무역의존도가 매우 높은 한국 경제의 구조와 맞물려, 자본시장과 외환시장에서 글로벌 금융 환경 변화에 빠르고 민감하게 반응하는 체질을 형성하였다. 특히 1997년 외환위기 이후 자본시장 개방과 금융자유화가 급속히 진전되면서 외국인 투자자의 영향력은 크게 확대되었다. 현재 국내 주식시장의 시가총액 가운데 약 30% 내외를 외국인 투자자가 보유하고 있으며, 국채시장의 외국인 비중 역시 20%를 넘어선다. 이러한 구조는 자본이 유입될 때는 시장 유동성을 확대하고 자산가격 상승을 뒷받침하는 긍정적 효과를 주지만, 글로벌 금융 불안이 발생할 경우에는 자본

유출과 금융 불안정성이 동시에 심화되는 취약성을 내포한다.

외환위기 이전까지 한국은 자본계정을 부분적으로 통제하며 외국인 투자와 외화차입을 제한했기 때문에 금융시장의 변동성은 상대적으로 낮았다. 그러나 1997년 외환위기 당시 드러난 단기 외채 의존 구조와 외화유동성 부족은 금융시스템 붕괴의 핵심 원인이 되었다. 이후 IMF 프로그램에 따라 자본시장 개방, 외국인 지분 한도 폐지, 금융 규제 완화가 추진되었고, 그 결과 2000년대 들어 외국인 투자자는 한국 주식·채권시장의 주요 플레이어로 자리 잡았다. 이러한 변화는 금융시장의 유동성과 효율성을 높였지만, 동시에 글로벌 경제와 금리, 환율 변화에 따른 외국인 자금의 급격한 유출입이 국내 금융시장 안정성에 직접적 영향을 미치는 불안정한 구조를 고착화시켰다.

2008년 글로벌 금융위기는 이러한 구조적 취약성을 극명하게 드러낸 사건이었다. 위기 직후 글로벌 투자자들의 위험회피 성향이 확대되면서 한국 주식·채권시장에서 대규모 자금이 순식간에 유출되었고, 원·달러 환율은 단기간에 30% 이상 급등하였다. 동시에 외화유동성 위기가 발생하여 국내 은행과 기업들은 달러 자금 조달에 극심한 곤란을 겪었다. 당시 외환보유액이 충분하지 않았던 한국은 한·미 통화스와프 체결, 외화대출지원 프로그램 가동과 같은 긴급 조치를 통해 위기 확산을 제어해야 했다. 이 사건은 대외 금융 충격이 국내 금융시장과 실물경제로 얼마나 신속하게 전이되는지 보여주는 대표적인 사례로 기록되었다.

2020년 코로나19 팬데믹 시기에도 글로벌 금융 불안정은 한국 금융시장에 즉각적인 충격을 가했다. 팬데믹 초기에 외국인 투자자들은 단기간에 약 12조 원 규모의 자금을 주식시장에서 회수했고, 원/달러 환율은 한 달 만에 1,200원대에서 1,300원대 이상으로 상승했다. 그러나 이번에는 상황이 달랐다. 외환보유액 규모가 2008년보다 크게 늘었고, 선물환 포지션 한도와 외환건전성 부담금 등 사전적 규제가 도입되어 있어 시스템 리스크의 확산은 일정 부분 방지할 수 있었다. 이 경험은 거시건전성 정책과 외환 규제 장치가 글로벌 충격으로부터 금융시스템을 보호하는 데 결정적 역할을 한다는 교훈을 남겼다.

한국 금융시스템의 대외 의존성은 구조적 원인에 뿌리를 둔다. 첫째, 수출 중심의 경제 구조는 해외 경기와 투자환경 변화가 금융시장에 직접적인 영향을 미치도록 만든다. 둘째, 외국인 투자자 비중이 높은 주식·채권시장은 글로벌 투자심리 변화에 따라 자본 유출입이 급격히 요동친다. 셋째, 외화차입 중심의 금융 구조는 글로벌 유동성이 경색될 경우 은행과 기업 모두에 심각한 취약성을 초래한다. 특히 단기외채 비중이 높을 경우 이러한 문제가 더욱 심각하다. 이는 엡스타인(Epstein, 2015)이 분석한 바와 같이, 금융의 글로벌 통합 과정에서 신흥국들이 공통적으로 겪는 불균형 현상의 전형적 사례에 해당한다.

글로벌 금융 환경 변화는 한국 금융시장에 직접적이고도 실질적인 영향을 끼친다. 미국 연방준비제도의 금리정책 변화는 한국채권시장과 외국인 투자 유입에 즉각적으로 작용하며, 금리 인상기에는 자본유출과 원화 약세 압력이 동시에 강화된다. 또한 달러 강세 국면은 환율 불안과 수입물가 상승을 초래하여 인플레이션 압력을 확대한다. 아울러 바젤Ⅲ 규제와 함께 등장한 유동성커버리지비율(LCR), 안정적자금 조달비율(NSFR) 등 국제 금융 규제는 국내 금융기관으로 하여금 외화유동성 관리 방식을 근본적으로 재편하도록 요구하였다.

이러한 대외 의존 구조는 환율 변동 위험, 자본유출입 변동성, 글로벌 금융 불안의 실물경제 전이 효과라는 복합적 위험을 발생시킨다. 환율 변동성 확대는 수입 원자재 의존도가 높은 한국 기업의 비용 구조를 불안정하게 만들며, 자본유출입의 급격한 변동은 주식·채권 가격의 불안정성을 키운다. 파생상품 시장에서도 변동성이 증폭되면서 위험은 더욱 커진다. 궁극적으로 글로벌 금융 충격은 외환시장에서 자본시장, 그리고 실물경제로 이어지는 전이 경로를 통해 투자와 고용 위축이라는 악순환을 초래한다. 이는 팰리(Palley, 2015)가 신자유주의하의 '금융 불안정성 가설'에서 설명한 메커니즘이 한국의 현실 속에서도 작동하고 있음을 보여준다.

이 같은 취약성을 완화하기 위해서는 다차원적 대응 전략이 필요하다. 외환건전성 규제를 지속적으로 강화하여 선물환 포지션 한도와 외환건전성 부담금 제도를 유지하고 보완해야 하며, 외환보유액의 양적 확대뿐 아니라 운용 효율성을 높여 위기 상황에서 효과적으로 활용할 수 있어야 한다. 또한 국내 장기자본시장 활성화를 통해 국민연금과 보험을 비롯한 주요 기관투자가들이 국내 금융자산에 대한 투자 비중을 확대하도록 유도할 필요가 있다. 아울러 아시아 역내의 금융안전망(CMIM)과 같은 다자간 협력 네트워크에 적극적으로 참여해 대외 충격에 공동 대응할 수 있는 기반을 마련해야 한다.

결론적으로, 한국 금융시스템의 대외 의존성은 단기간에 해소하기 어려운 구조적 특성이지만, 정책적 노력에 따라 관리와 완화가 가능하다. 외환건전성 강화, 자본시장의 질적 성숙, 지역 및 다자 협력을 통한 안전망 확충은 글로벌 금융 변동성 시대에 금융 안정을 보장하기 위한 핵심 조건이다. 따라서 한국이 지속 가능한 성장 궤도를 유지하기 위해서는 금융의 글로벌 통합이 가져오는 기회와 위험을 균형 있게 관리하는 전략적 역량을 길러야 한다.

산업·지역금융 약화와 경제순환의 단절

한국 금융시스템은 20세기 후반까지만 해도 산업정책과 긴밀히 연계되어 있었다. 산업은행과 수출입은행 같은 정책금융기관, 지역 기반의 지방은행과 상호금융 등은 제조업과 지역경제의 성장 동력에 자금을 공급하면서 금융이 산업순환의 핵심 축으로 기능하였다. 그러나 1990년대 이후 금융자유화와 시장개방이 급속히 진전되면서 이러한 구조는 근본적인 변화를 겪었다. 산업금융은 수익성과 효율성 중심의 상업금융 논리에 밀려 위축되었고, 지역금융은 대형 시중은행과 수도권 중심의 금융자본에 흡수되면서 시장에서의 영향력이 축소되었다.

과거 산업금융은 장기·저리 자금을 공급함으로써 제조업, 인프라, 신산업 분야를 육성하는 데 기여하였다. 1970~80년대 중화학공업 육성이나 1990년대 초반의 반도체와 자동차 산업 확대는 정책금융의 지원이 없었다면 불가능했을 것이다. 그러나 외환위기 이후 진행된 금융 구조조정 과정에서 금융기관은 부실위험을 최소화하기 위해 단기대출과 담보대출 위주의 영업 전략을 강화했다. 이로 인해 장기·모험자본의 공급은 크게 축소되었고, 기업들은 점차 장기투자보다는 단기수익을 추구하게 되었다. 실제로 제조업 설비투자 증가율이 2000년대 이후 OECD 평균을 밑도는 수준으로 하락한 현상은 이러한 금융 구조의 변화와 밀접한 관련이 있다.

지역금융 또한 과거에는 지역기업과 주민에게 관계금융을 제공하면서 지역 내 자금순환을 뒷받침하는 역할을 수행했다. 그러나 2000년대 들어 지방은행의 합병과 폐업이 이어지고 상호금융은 영세성을 벗어나지 못했으며, 지역에서 창출된 자금마저 수도권으로 이동하는 현상이 지속되었다. 은행권 여·수신의 70%가 수도권에 집중되어 있으며, 비수도권의 자금 공급 비중은 꾸준히 감소해왔다. 이러한 구조적 추세는 지역 중소기업들의 자금 조달을 어렵게 만들고 지역경제 발전을 제약하는 중요한 요인이 되고 있다.

산업금융과 지역금융의 약화는 결국 경제 내 자금순환 메커니즘 자체를 왜곡시켰다. 본래 산업금융은 기업의 생산 활동을 지원하고, 생산된 부가가치가 임금과 배당을 통해 가계와 지역사회로 환류되며, 다시 소비와 투자로 이어지는 선순환 구조를 형성한다. 그러나 금융이 단기수익성에 편중되고 자금이 수도권으로 집중되면서 이러한 순환고리가 끊어졌다. 그 결과 제조업과 지역산업의 경쟁력은 약화되었고 고용 창출력은 떨어졌으며, 가계소득 증가율이 둔화되었다. 이는 다시 내수 부진과 성장잠재력 약화로 이어져 한국 경제가 장기적인 악순환에 빠지는 경로를 만들었다.

국제적으로 보면, 산업·지역금융을 유지하거나 강화하는 사례는 다수 존재한다. 독일의 KfW은 중소·중견기업(Mittelstand)에 특화된 장기금융을 공급하여 제조업 경쟁력을 유지하고 있으며, 일본의 지방은행과 신용금고는 지역산업과 긴밀히 연결된 금융을 제공하면서 지역경제의 자생력을 보강하고 있다. 이에 비해 한국은 정책금융의 산업 투자 비중이 점점 줄어들고 지역금융기관의 시장점유율이 축소되면서 이러한 역할이 크게 약화되는 모습을 보여왔다.

향후 한국 금융시스템이 산업과 지역경제 순환을 회복하기 위해서는 몇 가지 과제의 해결이 필요하다. 첫째, 정책금융기관의 산업금융 공급 기능을 강화하고 장기적·모험적 자본 공급을 확대해야 한다. 둘째, 지역금융기관의 경쟁력 강화를 위해 단순한 합병이나 통폐합 중심의 구조조정에 머물 것이 아니라 지역산업 특화 전략과 디지털금융 도입을 병행해야 한다. 셋째, 산업·지역금융의 성과를 평가할 때 단기적 수익성 지표가 아닌 장기적 부가가치 창출과 고용효과를 중심으로 하는 새로운 성과 평가 시스템을 마련할 필요가 있다. 이러한 접근은 금융정책, 산업정책, 지역정책이 서로 결합된 종합적인 전략을 요구한다. 금융이 다시금 산업과 지역의 성장엔진으로 기능할 때, 한국 경제는 보다 균형 잡히고 지속 가능한 성장 경로로 복귀할 수 있을 것이다.

가계부채 구조의 취약성과 금융 안정 리스크

한국 경제에서 가계부채는 지난 20여 년간 거의 매년 사상 최고치를 경신하며 꾸준히 누적되어 왔다. 한국은행과 금융위원회 통계에 따르면, 2025년 2분기 말 기준 가계신용 잔액은 약 1,952조 8천억 원에 이르러 명목 GDP 대비 약 90%에 해당한다. 최근 몇년간 105%까지 올랐던 GDP 대비 가계신용 비중은 최근 다소 하락했지만 여전히 OECD 평균을 크게 상회할 뿐만 아니라, 주요 선진국 가운데서도 가장 높은 수준에 속한다. 이러한 수치는 단순히 채무 규모가 확대되었다는 의미를 넘어, 한국 가계부채의 구조적 특성이 금융 안정에 잠재적 위험 요인을 축적하고 있음을 보여준다.

한국 가계부채의 가장 큰 특징은 부동산 담보를 중심으로 형성되어 있다는 점이다. 전체 가계대출의 약 62.6%(2025년 1분기 말 기준)가 주택담보대출이며, 전세자금대출은 200조 원을 넘는다. 전세자금대출까지 감안하면 가계대출 중 주택관련 대출의 비중은 75%에 달한다. 신용대출이나 카드론 등 무담보대출은 상대적으로 비중이 크지 않다. 이는 가계대출이 주로 주택 구매와 보유에 직결되어 있음을 보여준다. 더 나아가 주택담보대출의 상당 부분은 변동금리 구조를 지니고 있어, 금리 인상기에 가계의 이자 부담이 급격히 확대될 수 있다. 또한 만기일시상환 방식의 비중이 높아 상환 시점이 도래할 때는 부채를 재차 연장하거나 새로운 대출로 대체해야 하는 구조적 취약성을 내포하고 있다.

가계부채 문제는 단순히 가계 차원의 재무건전성에 그치지 않고 금융시스템 전체와 밀접하게 연결된다. 은행권 자산의 절반 정도가 가계대출로 이루어져 있기 때문에 주택 가격이 하락하거나 금리가 급등할 경우, 은행권은 대규모 잠재 부실 위험에 직면할 수 있다. 특히 비은행권의 경우—저축은행, 상호금융, 보험사 등—고위험 차주 비중이 높아 부동산시장이 조정 국면에 진입할 때 취약성이 더욱 빠르게 표면화될 가능성이 크다. 더 나아가 그림자금융 부문에서는 가계대출이 증권화되는 사례가 늘어나면서, 가계부채 리스크가 금융시스템 전반으로 전파되는 경로가 복잡하게 얽히고 있다.

과도한 가계부채는 거시경제 차원에서도 심각한 제약 요인으로 작용한다. 부채 상환 부담이 커질수록 가계는 소비를 줄이게 되고, 이는 내수 침체로 이어진다. IMF와 BIS 연구결과에 따르면

GDP 대비 가계부채 비율이 약 80~85% 수준을 초과할 경우 추가적인 부채 확대는 경제성장률을 오히려 저하시킨다. 현재 한국은 이미 이러한 임계치를 상당 부분 초과한 상태다. 또한 가계부채가 부동산 자산가치와 직접적으로 연결되어 있어 주택 가격 변동은 곧바로 부채의 건전성에 영향을 미친다. 주택 가격 하락은 담보가치 하락으로 이어지고, 이는 금융기관의 잠재적 손실 위험을 높일 뿐 아니라, 대출심사 강화와 신규 대출 축소로 연결되며, 다시 거래 감소와 가격 추가 하락이라는 악순환을 초래할 수 있다.

국제 비교를 해보면, 한국 가계부채의 특수성이 더욱 두드러진다. OECD 평균과 비교할 때 한국은 GDP 대비 가계부채 비중과 부동산 편중도가 모두 높은 수준을 보이고 있다. 미국은 2008년 글로벌 금융위기를 겪은 이후 가계부채와 주택담보대출의 비중이 모두 감소하면서 금융 안정을 강화해온 반면, 한국은 같은 기간 꾸준히 증가세를 지속했다. 일본의 경우 장기·고정금리 대출 비중이 높아 금리 변동의 충격이 상대적으로 완화되지만, 한국은 변동금리 비중이 높아 금리변동 민감도가 매우 크다. 이러한 구조는 주택 가격 상승기에는 부채의 확대를 가속화하는 반면, 하락기에는 금융 불안정을 증폭시키는 쌍방향적 증폭 메커니즘을 내포한다는 점에서 한국적 특수성을 잘 보여준다.

이와 같은 상황에서 가계부채는 금융 안정에 중대한 리스크로 작용할 뿐 아니라, 정책적 대응을 필요로 하는 구조적 과제가 된다. 따라서 가계부채 문제 해결을 위해서는 단순한 부채총량 억제를 넘어 구조개선이 병행되어야 한다. 우선 금리구조 측면에서는 변동금리 대출의 비중을 점진적으로 축소하고 장기·고정금리 대출 상품의 확대를 유도할 필요가 있다. 상환구조에서는 만기일시 상환 중심의 현재 관행을 원리금균등분할상환 방식으로 전환함으로써 가계의 상환 부담을 분산시켜야 한다. 대출심사 측면에서는 총부채원리금상환비율(DSR) 규제를 보다 정교화하고, 고위험 차주에 대한 관리와 감독을 강화해야 한다. 부동산 정책과 연계된 측면에서는 투기적 수요를 억제하고 실수요자 중심의 주택금융 환경을 조성하는 것이 필수적이다.

또한 가계부채 리스크를 금융시스템 전체 차원에서 관리하기 위해, 금융감독당국과 한국은행은 거시건전성 정책과 통화정책을 긴밀히 조율해야 한다. 이를 위해 단기적으로는 대출총량 규제, 주택담보인정비율(LTV)과 총부채상환비율(DTI)의 탄력적 운용, 스트레스 테스트 강화 등을 통해 리스크를 완화하고, 장기적으로는 부동산·금융·조세정책의 통합적 접근이 요구된다. 결국 가계부채 구조를 건전하게 개선하고 금융 안정 리스크를 관리하는 것은 한국 경제의 지속 가능한 성장 경로를 확보하기 위한 필수적 과제라 할 수 있다.

금융정책과 산업정책의 결합: 지속 가능 성장의 조건

금융과 산업은 본질적으로 분리된 영역이 아니며, 역사적으로 금융은 산업 발전의 중요한 촉매제 역할을 수행해왔다. 그러나 1990년대 이후 금융자유화와 세계화, 그리고 금융화(financialisation)의 심화는 금융을 점점 산업으로부터 분리시키는 결과를 낳았다. 그 결과 한국 경제는 금융자본이 실물투자보다 단기적 금융수익을 선호하는 구조로 변모하였고, 이는 장기 성장잠재력 약화와 산업 경쟁력 저하로 이어졌다. 이러한 상황에서 지속 가능한 성장을 이루기 위해서는 금융정책과 산업정책의 유기적 결합이 절실히 요구된다.

과거의 산업정책은 정부가 특정 산업을 선택하고 집중적으로 육성하는 방식에 의존했다. 장기 저리 대출과 수출금융 지원은 당시 정책 수단의 핵심이었다. 그러나 오늘날의 경제환경은 4차 산업혁명, 탄소중립 전환, 인구구조 변화 등 새로운 도전으로 인해 산업정책의 범위와 방식 자체가 변화를 요구하고 있다. 이에 따라 금융은 단순한 자금 공급자에 머무르는 것이 아니라, 산업혁신을 가능하게 하는 구조적 지원자의 역할을 새롭게 정립해야 한다. 예컨대 인공지능, 신재생에너지, 바이오헬스, 첨단소재와 같은 미래 전략산업에 대해 장기적이고 모험적인 자본을 공급하고, 민간 자본의 위험을 분담하는 정책금융 기능을 활성화할 필요가 있다.

한국의 금융정책은 전통적으로 거시경제 안정과 금융시스템 건전성 유지에 무게를 두어 왔다. 물론 이러한 목표는 올바른 것이지만, 동시에 금융정책이 산업전략을 뒷받침할 수 있도록 체계적으로 설계될 필요가 있다. 독일의 부흥은행(KfW)은 산업혁신, 중소기업 지원, 에너지 전환 등 국가 전략목표를 금융정책에 내재화하고 있으며, 일본의 국제협력은행(JBIC) 역시 해외 인프라 투자와 자국 기업의 해외시장 진출을 위한 금융지원에 적극적으로 참여하고 있다. 한국 또한 산업은행, 수출입은행, 기술보증기금 등을 통해 금융정책과 산업전략을 유기적으로 연결하는 플랫폼을 마련해야 한다.

금융과 산업의 결합을 실현하기 위해서는 산업금융 인프라의 질적·양적 확대가 뒷받침되어야 한다. 이를 위해서는 회사채 및 산업채권 시장을 활성화하거나 공적 산업금융 펀드를 설립하여 장기·저리 자금 조달 채널을 넓혀야 한다. 아울러 벤처캐피털과 프라이빗에쿼티, 정책형 산업혁신 지원펀드를 통한 고위험·고부가가치 투자 촉진을 장려하고, 기술평가 기반 대출·투자, 지식재산(IP) 담보대출, 산업 데이터 활용 금융 등 기술금융을 강화해야 한다. 이러한 인프라는 민간금융이 회피하는 장기적이고 불확실성이 큰 분야에도 자금이 원활히 공급되도록 하는 안전망 기능을 수행할 수 있다.

또한 금융과 산업정책의 결합은 지역균형 발전 정책과 맞물려야 한다. 수도권 중심의 성장 모델에서 벗어나기 위해서는 지역 특화산업을 지원하는 금융정책이 필요하다. 전남의 해상풍력, 경남의 조선기자재, 전북의 농식품가공과 같은 산업에 특화된 금융지원 프로그램을 마련하면 지역경제의 자생력을 높이고 국가 전체의 균형발전에 기여할 수 있다. 이를 위해 지방은행, 지역신용보증재단, 지역펀드와 중앙 정책금융기관이 협력하는 다층적 금융 네트워크를 구축해야 한다.

그러나 금융정책과 산업정책을 결합한다고 해서 거시건전성을 희생해서는 안 된다. 오히려 금융시스템의 안정성을 유지하는 틀 안에서 산업금융을 활성화하는 균형점을 찾아야 한다. 예컨대 BIS 기준 자기자본비율 규제를 충족하면서도 장기적이고 수익성이 낮은 분야에 대출을 유도할 수 있도록 세제 감면이나 위험가중치 완화와 같은 인센티브 제도를 설계할 수 있다. 또한 경기 변동에 맞춰 산업금융 비중을 탄력적으로 조정하는 새로운 거시건전성 - 산업정책 연계 모델을 고려할 필요가 있다.

이 모델은 경기 확장기에는 과도한 레버리지 확대와 부동산·비생산적 부문으로의 자금 쏠림을 억제하는 동시에, 경기 침체기에는 장기·혁신산업 투자에 대한 금융 공급을 적극적으로 늘리는 방식으로 작동한다. 예를 들어, 경기 과열기에는 LTV·DSR 등 거시건전성 규제를 강화하면서 투기적 대출을 억제하고, 그 대신 미래 전략산업이나 녹색 전환 분야에 대한 정책금융 지원을 상대적으로 확대한다. 반대로 경기 침체기에는 민간금융기관의 위험회피로 인해 자본공급이 위축될 경우, 정책금융기관을 통해 산업금융 비중을 크게 늘려 기업의 투자와 고용을 유지하도록 하는 것이다. 이처럼 거시건전성의 '안정성 추구'와 산업정책의 '성장 촉진'을 조합하는 메커니즘은, 단순히 금융의 안정성만 강조하거나 산업성장만을 우선하는 이원적 접근을 넘어서 한국 경제가 지속 가능한 성장 경로를 모색하는 데 핵심적 역할을 할 수 있다.

한국이 지속 가능한 성장 경로로 복귀하기 위해서는 몇 가지 정책적 과제를 해결해야 한다. 첫째, 정책금융기관의 역할을 단순한 구조조정이나 단기 운전자금 제공에 국한하지 않고 장기 산업 투자와 미래 전략산업 지원으로 재편해야 한다. 둘째, 정부, 금융기관, 산업계가 함께 참여하는 민관 협력 플랫폼, 즉 산업금융 협의체를 운영함으로써 정책과 현장이 긴밀히 결합되도록 해야 한다. 셋째, 산업금융의 전문성을 강화하여 산업별 투자분석 능력, 기술평가 시스템, 프로젝트 파이낸싱 노하우를 축적하는 노력이 필요하다. 마지막으로 국제 금융협력을 강화하여 해외 금융기관 및 국제기구와 공동투자하고, 글로벌 공급망 안정화 프로젝트에도 적극적으로 참여해야 한다.

결국 금융정책과 산업정책의 결합은 단기 성장률 제고를 넘어 장기적·지속 가능한 성장의 토대를 마련하는 핵심 과제다. 금융이 다시 산업과 지역을 뒷받침하는 역할을 회복할 때, 한국 경제는 구조적 취약성을 극복하고 새로운 성장경로로 나아갈 수 있을 것이다.

신자유주의 금융 현상 극복과 금융의 공공성 회복

신자유주의 금융체제는 지난 40여 년간 전 세계 경제질서의 규범과 구조를 근본적으로 재편하였다. 1980년대 이후 미국과 영국을 중심으로 확산된 금융자유화, 자본 이동의 전면적 개방, 금융 규제 완화는 금융시장을 '효율적 자원배분의 주체'로 규정하며 국가의 경제개입을 축소하는 방향으로 작동했다. 이러한 변화는 표면적으로는 금융시장의 혁신과 자본의 효율적 활용을 촉진하는 듯 보였지만, 실제로는 금융 부문의 수익률 극대화를 위한 구조적 변화를 촉진하여 실물경제와 금융경제 사이의 불균형을 심화시켰다. 특히 금융의 공공성, 즉 금융이 사회 전체의 안정과 번영에 기여해야 한다는 원칙은 시장 논리 속에서 점차 희석되었다.

한국의 경우, 1997년 외환위기 이후 국제통화기금(IMF)의 구조조정 프로그램을 수용하면서 신자유주의 금융 개혁이 급격하게 진행되었다. 당시 금융시스템의 부실정리와 재편은 불가피했지만, 그 과정에서 공적 금융기능의 축소와 민간 상업은행 중심의 경쟁구조 강화, 외국자본 유입 확대가 동시에 진행되었다. 결과적으로 국내 금융시장은 단기수익성·주주가치 극대화를 우선하는 경영 패턴으로 전환되었고, 금융자산이 실물투자보다 파생상품·부동산·주식 등 자산거래에 집중되는 현상이 심화되었다.

스톡해머(Stockhammer, 2004)는 이러한 금융화 과정에서 '이윤의 금융화(financialisation of profits)'가 발생한다고 지적한다. 이는 실물 부문에서 창출된 부가가치의 상당 부분이 금융거래와 배당, 이자수익 형태로 전환되어 재투자되지 않고 배분되는 현상이다. 이윤이 생산적 재투자로 연결되지 않으면서, 경제의 장기성장 잠재력은 약화되고 경기 변동성이 커진다. 엡스타인(Epstein, 2015) 역시 금융화가 국가의 정책 자율성을 제약하고, 특히 개발도상국에서는 통화·환율정책의 독립성을 훼손하며, 경제위기에 대한 취약성을 높인다고 분석한다.

팰리(Palley, 2015)는 이를 '신자유주의 금융모델'로 규정하며, 수요측면에서는 가계부채 확대를 통한 소비 유지('민간 부문 부채주도 성장'), 공급측면에서는 단기수익 극대화와 노동소득 억제를 병행하는 구조를 비판했다.

한국 경제의 현실은 이러한 국제적 분석과 정확히 맞아떨어진다. 외환위기 이후 가계부채는 명목GDP를 상회하는 속도로 증가하여 2021년과 2022년 기준 GDP 대비 105%를 초과했고, 이 중 75%가량이 주택담보대출 등 부동산 관련 금융이다. 산업 부문에 대한 은행 대출 비중은 지속적으로 감소했으며, 특히 중소기업·혁신기업에 대한 장기운전자금 지원은 정책금융기관의 제한된 재원에 의존하는 구조가 고착화되었다. 결과적으로 금융은 실물경제의 혁신·고용창출·지역균형발전 등 사회적 목표를 뒷받침하기보다, 자산가격 상승과 단기투자수익에 기초한 불평등 심화 메커니즘을 강화하는 경향을 보였다.

올바른 금융의 회복이란 이러한 경향을 역전시키는 것을 의미한다.

첫째, 금융의 1차적 기능을 '생산적 자금 배분'에 두어야 한다. 은행과 금융기관이 대출과 투자를 결정할 때, 단기적 수익성뿐 아니라 사회적 편익과 장기적 경제효과를 평가하는 제도를 도입해야 한다. 이를 위해 공적 금융기관의 역할을 강화하고, 민간은행에도 일정 비율의 '사회적 대출 의무'를 부과할 수 있다. 예를 들어, 전체 대출의 일정 비율을 중소기업·친환경 프로젝트·지역사회 인프라 등 공익적 부문에 배정하도록 법제화하는 방식이다.

둘째, 부동산·파생상품 등 비생산적 금융흐름에 대한 규제를 강화해야 한다. 부동산금융 총량규제, 고위험 파생상품 거래에 대한 증거금 요건 강화, 초단기 매매에 대한 금융거래세 부과 등이 대표적이다. 이는 금융시장의 과열과 자산 버블을 예방하는 동시에, 자금이 실물투자 부문으로 유입될 유인을 높인다.

셋째, 정책금융기관의 재편과 확충이 필요하다. 현재 산업은행·기업은행·수출입은행은 각각의 역할을 수행하고 있지만, 재원 규모와 제도적 권한은 여전히 제한적이다. 장기·저리·고위험 인프라 투자를 확대하기 위해 정부출자 확대, 회사채 발행, 국채와 연계한 재원 조달 등 다양한 수단을 활용할 수 있다. 또한 기후변화 대응·디지털 전환 등 국가 전략산업에 특화된 금융지원 부서를 신설해야 한다.

넷째, 금융의 거버넌스를 개혁해야 한다. 금융감독원이 단순한 사후 감독기구를 넘어 '공공성 평가기관'으로 기능하도록 하여, 금융기관의 사회적 기여도를 정기적으로 평가·공시하는 제도를 마련해야 한다. ESG 규제와 사회성과 측정지표를 감독평가에 포함시키는 것도 효과적이다.

국제적으로는 독일 KfW와 일본정책투자은행(DBJ)의 사례가 시사점을 제공한다. KfW는 에너지 전환, 중소기업 지원, 주택정책 등 공익목표에 대규모 장기금융을 제공하며, 이는 독일의 지속 가능성 정책과 산업경쟁력 강화에 핵심 역할을 해왔다. DBJ 역시 재난복구·환경·기술혁신 등 장기 프로젝트에 민간자본이 감당하기 어려운 위험을 떠안으며 사회적 안정망 역할을 수행한다. 한국도 정책금융기관이 이러한 방향으로 재정비되어야 한다.

마지막으로, 금융의 공공성 회복은 단순한 제도개선이 아니라 사회계약의 재구성이다. 금융이 특정 계층의 자산증식 수단이 아니라, 전 국민이 안정적 생활을 영위하고, 경제 전체가 지속적으로 성장하며, 지역과 산업 간 불균형을 완화하는 '사회적 인프라'로 기능하도록 만드는 것이다. 이를 위해 정부·민간·시민사회 간의 협력 메커니즘을 구축하고, 금융교육·정보공개·참여제도를 확대해 금융민주주의를 실현해야 한다.

결국, 신자유주의 금융 현상의 극복과 금융공공성의 회복은 한국 경제가 저성장·불평등·금융 불안이라는 '삼중 위기'를 넘어설 수 있는 핵심 열쇠다. 지금 필요한 것은 규제완화와 시장자율이라는 구호가 아니라, 공공성·형평성·안정성을 균형 있게 결합한 새로운 금융 패러다임이다. 그것이야말로 한국 경제가 지속 가능한 번영을 향해 나아가는 출발점이 될 것이다.

3% 성장과 포용경제를 위한 종합 금융정책 제언

한국 경제는 지난 20여 년간 구조적 저성장의 그늘에서 벗어나지 못하고 있다. 2000년대 초반까지만 해도 실질 GDP 성장률은 연 5% 이상을 유지했으나, 글로벌 금융위기 이후에는 2~3%대로 하락했고, 2020년대 들어서는 팬데믹, 글로벌 공급망 재편, 미·중 전략경쟁 심화 등 복합적인 대외 요인 속에서 1%대 성장률까지 기록하였다. 이러한 변화는 단순한 경기순환의 문제가 아니며, 생산성 둔화, 투자 부진, 인구구조 변화와 같은 장기적 요인, 그리고 금융의 비생산적 운용이 맞물린 결과라 할 수 있다. 따라서 지속 가능한 3% 성장 목표를 달성하기 위해서는 금융을 단순한 자금 중개와 자산거래 수단이 아니라 경제성장을 촉진하는 능동적 촉매로 재설계할 필요가 있다.

우선 성장잠재력 확충을 위해 산업금융을 본격적으로 확대해야 한다. 3% 성장을 달성하기 위해서는 총요소생산성(TFP) 제고와 더불어 자본투자의 확대가 절실하다. 그러나 민간 부문은 불확실성과 단기 수익성 논리에 따라 장기적이고 대규모인 설비투자에 소극적이다. 이 때문에 공공 및 정책금융이 산업금융의 마중물 역할을 수행해야 한다. 독일의 KfW가 에너지 전환을 위한 금융 프로그램(Energiewende)을 운영하고, 일본정책투자은행이 장기혁신대출을 통해 첨단 제조업을 뒷받침하는 사례는 중요한 참고가 된다. 한국 역시 기후변화 대응, 디지털 전환, 첨단 제조업 분야에 특화된 장기·저리 자금 공급체계를 구축해야 하며, 전체 금융에서 정책금융의 비중을 확대하는 한편 민간자본과의 매칭투자를 통해 성장잠재력 제고에 기여해야 한다.

또한 금융정책과 산업정책을 유기적으로 결합해야 한다. 지금까지 한국에서는 산업정책과 금융정책이 병렬적으로 운영되고, 산업통상자원부, 금융위원회, 기획재정부 등 관련 부처 간 조율이 부족해 정책 시너지가 제한적이었다. 앞으로는 금융이 산업정책의 내재적 수단으로 자리 잡을 수 있도록 잘 조정해야 한다. 반도체, 2차전지, 바이오헬스 등 국가 전략산업에는 R&D 지원과 세제 혜택뿐 아니라 정책금융기관을 통한 위험 분담형 장기자금 공급 라인을 상시적으로 마련해야 한다. 이를 위해 정부와 민간, 학계 전문가가 참여하는 '금융·산업정책 통합위원회'를 설치하고 산업별 금융지원 전략을 체계적으로 설계할 필요가 있다.

포용성 강화를 위한 금융접근성의 제고 또한 3% 성장을 위한 핵심 축이다. 금융접근성 격차는 사회와 지역 간 불평등을 고착화시키며 장기적으로 성장잠재력을 훼손한다. 따라서 포용금융은 단순한 복지정책이 아니라 성장전략 그 자체다. 금융소외계층을 대상으로 한 저리 신용보증 프로그램을 확대하고, 지역금융기관의 대출재원을 확충하며 관계금융을 강화하는 조치가 필요하다. 또한 디지털 금융 인프라를 활용해 전국 단위의 금융서비스 평등화를 이루는 것이 필수적이다.

현대 경제에서 디지털 금융 인프라는 금융접근성 격차 해소의 핵심 수단으로 자리 잡고 있다. 지역 간, 계층 간 금융서비스 제공의 불균형은 전통적 물리적 지점 중심의 금융 네트워크 구조에서 비롯되는 경우가 많다. 그러나 디지털 금융 기술을 활용하면 시간적·공간적 제약을 극복하여 전국 어디서든 동일한 수준의 금융서비스를 제공할 수 있다. 이와 함께 디지털 금융 인프라 구축은 금융 데이터의 표준화와 실시간 정보 공유를 가능하게 함으로써 금융 소비자의 보호 강화와 감독 당국의 리스크 관리 효율성 개선에도 기여한다. 따라서 전국 단위의 금융서비스 평등화를 달성하기 위해서는 디지털 인프라 투자 확대와 함께 금융소외계층에 대한 디지털 금융 교육 및 접근성 제고 정책이 병행되어야 한다.

특히 지역금융은 고용 창출과 내수 활성화의 선순환을 만드는 핵심 연결고리인 만큼, 일본 지방은행과 신용금고 사례에서 보듯 지역산업 생태계와 긴밀하게 결합되어야 한다.

동시에 한국 금융시스템의 부동산 편중 구조를 완화하지 않고서는 생산적 투자의 확대가 불가능하다. 현재 가계대출의 75% 가량이 주택 관련 대출이며, 은행 기업대출의 상당 부분 역시 부동산 프로젝트 파이낸싱(PF)에 집중되어 있다. 따라서 주택 중심의 부동산 금융을 억제하고 생산적 부분으로 자금을 유도하는 정책이 필요하다. 이를 위해 부동산 대출 총량에 대한 규제를 강화하고, 산업·혁신금융에 대해서는 위험가중치를 완화하며, 부동산이나 주식의 단기거래에는 거래세를 인상하는 등 제도를 정비해야 한다.

부동산 대출 총량 규제는 일각에서 과도한 개입이라는 비판을 받기도 하지만, 현재의 금융 구조와 시장 상황을 감안할 때 불가피한 조치라는 점을 강조할 필요가 있다. 무엇보다 한국의 금융시스템은 가계대출의 75%가 주택 관련 대출로 편중되어 있으며, 은행 기업대출 역시 상당 부분이 부동산 프로젝트 파이낸싱(PF)에 집중되어 있다. 이는 금융의 가장 기본적인 사회적 기능인 자원배분 기능이 산업·혁신 부문보다는 부동산 자산에 편중되도록 만든 구조적 왜곡이다. 기존에 시행되고 있는 LTV·DSR 규제나 위험 가중치 조정은 개별 차주의 상환능력을 관리하거나 금융기관의 건전성을 담보하는 차원에서는 효과적일 수 있다. 그러나 이러한 제도들은 은행의 자산운용 전략 자체를 바꾸지는 못하며, 금융기관들이 여전히 상대적으로 안전하다고 인식되는 부동산 대출을 선호하는 근본적 경향을 차단하지 못한다. 따라서 금융시스템이 부동산 중심으로 기울어진 현상을 시정하기 위해서는 수요자 단위의 미시규제와는 별개로, 대출 총량이라는 거시적 차원의 직접적 제어 수단이 필요하다.

총량 규제는 단순히 대출을 억제하기 위한 수단이 아니라, 금융자원을 보다 생산적이고 혁신적인 부문으로 재배분하기 위한 정책적 장치라는 점에서 정당성을 갖는다. 경기 과열기에는 부동산 부문으로의 과도한 자금 유입을 차단함으로써 거품 형성과 시스템 리스크의 누적을 예방할 수 있으며, 나아가 산업금융이나 혁신금융으로의 유인을 강화하는 효과도 기대할 수 있다. 물론 특정 부문의 총량을 직접 통제하는 방식은 자유시장 원리에 반한다는 점에서 비판이 가능하다. 그러나 한국과 같이 부동산 편중이 국제적으로도 이례적으로 심각한 상황에서는 시장의 '보통 상태'를 전제로 한 규제로는 구조적 왜곡을 해소하기 어렵다. 따라서 부동산 총량 규제는 상시적 개입이 아니라, 금융시스템이 균형을 회복할 때까지 한시적이고 점진적으로 운용해야 한다는 점을 전제로 할 때 불가피하다 할 수 있다. 결국 이는 자유주의적 금융질서에 대한 과도한 개입이 아니라, 오히려 시장 기능을 정상화하고 금융을 본래의 생산적 투자 지원 기능으로 되돌리기 위한 전략적 조치로 이해되어야 한다.

민간 부문의 장기투자를 촉진하기 위해서는 세제·회계·금융 규제 전반의 개혁이 병행되어야 한다. 장기 주식 보유에 대한 양도세 감면, 장기 인프라 펀드 투자에 대한 소득공제, 배당보다 재투자에 유리한 회계처리 방식 도입은 민간투자의 유인을 강화할 수 있다. 또한 금융기관의 단기성과 평가 기준을 완화하고, 장기 프로젝트의 위험을 분산하는 정책보증을 제공함으로써 금융기관과 기업이 지나치게 위험을 회피하는 성향을 줄여야 한다.

국내 정책만으로는 안정성을 확보하기 어렵다는 점에서 글로벌 협력 역시 중요하다. 국제 금융환경의 변동성이 커지고 있는 상황에서 외환 및 금융 안정을 위한 다자간 협력 체제를 적극 활용해야 한다. 한·중·일 통화스와프를 재가동하고, 아시아인프라투자은행(AIIB)과 아시아개발은행(ADB)과의 프로젝트 금융을 확대하며, 기후금융과 녹색채권 발행에서 국제 공동 기준을 마련하는 것이 필요하다. 이러한 글로벌 네트워크는 금융 안정성을 높이고 성장정책의 지속 가능성을 보장하는 기반이 될 수 있다.

한·중·일 3국 간 통화스와프 협정의 재가동은 각국 중앙은행이 긴급한 외환 유동성 위기 상황에서 상호 통화를 제공하여 환율 급등과 금융시장 불안을 완화하는 데 핵심적인 역할을 한다. 특히 글로벌 경기 변동성과 지정학적 리스크가 고조되는 현 시점에서, 이 같은 통화스와프 네트워크는 외화 유동성 확보를 통한 금융 안정망 기능을 강화하여 국가 간 금융 충격의 전이를 최소화할 수 있다. 더불어 아시아인프라투자은행(AIIB)과 아시아개발은행(ADB)과 같은 지역 다자개발은행들과의 협력 확대를 통한 프로젝트 금융은 인프라 구축과 친환경·디지털 전환을 지원하는 데 필수적이다. 이들 기관은 대규모 장기투자를 효과적으로 조달하고, 개발도상국 자금 조달 문제를 완화하는 한편, 아시아 지역의 경제 협력과 성장 촉진에 기여한다.

아울러 기후금융과 녹색채권 발행 분야에서 국제 공동 기준을 마련하는 일은 여러 국가가 참여하는 금융 상품의 신뢰성과 투명성을 확보하고, 글로벌 자본 시장에서 녹색투자를 촉진하는 데 핵심적인 요소다. 표준화된 기준은 투자자들이 환경·사회·지배구조(ESG) 성과를 객관적으로 평가하게 해 금융자원의 효율적 배분과 금융 안정성 강화를 동시에 가능하게 한다.

이처럼 한·중·일 통화스와프 재가동, AIIB·ADB와의 협력 확대, 그리고 국제 협약을 통한 기후금융 표준화 등은 한국 금융시스템이 외부 충격에 강한 내성을 갖추고, 지속 가능한 성장 전략을 추진하는 데 중요한 외부 기반으로 작동한다. 따라서 국가 차원의 금융 안정과 성장정책의 상호 보완성을 높이기 위해서는 이 같은 글로벌 금융 네트워크와 협력 체제를 적극적으로 확대·강화하는 노력이 필수적이다.

마지막으로 종합 금융정책의 성공을 담보하기 위해서는 정량적인 성과 측정 체계를 확립하고 사회적 합의를 제도화해야 한다. 연평균 성장률, 투자율(고정자본형성/GDP), 금융접근성 지수, 산업별 고용 창출률 등을 핵심 지표로 설정해 매년 공표하고, 이에 대한 사회적 토론을 통해 정책 방향을 조정해야 한다. 동시에 금융정책 변화 과정에서 발생할 수 있는 이해관계자 간 갈등을 조율하기 위해 정부, 기업, 노동, 시민사회가 모두 참여하는 '금융사회협약'을 검토할 필요가 있다.

금융정책은 경제 전반에 광범위한 영향을 미치는 만큼, 정책 변화 과정에서 다양한 이해관계자 간 갈등이 발생할 가능성이 크다. 예를 들어, 금융 규제 강화는 금융기관의 수익성 감소를 초래할 수 있고, 대출 규제 강화는 기업과 가계의 자금 조달 부담을 가중시킬 수 있다. 또한 금융접근성 확대 및 포용금융 강화 정책은 재정 부담과 운영상의 부담을 수반할 수 있으며, 이러한 이해충돌은 정책 추진 과정에서 저항과 불협화음을 일으킬 수 있다. 따라서 금융정책의 효과적이고 지속 가능한 실행을 위해서는 정부, 기업, 노동조합, 시민사회 등 경제 주체 모두가 참여하는 '금융사회협약'과 같은 사회적 합의가 필요하다. 이 협약은 서로 다른 입장과 이해를 가진 주체들이 정책 목표를 공유하고, 상호 의견을 조율하며, 정책 방향에 대한 합의를 도출하는 공식적인 플랫폼 역할을 수행한다. 뿐만 아니라, 금융사회협약은 정책 변화에 따른 사회적 비용과 편익을 균형 있게 배분하고, 갈등을 최소화하면서 포괄적 금융정책의 실행력을 제고하는 데 기여할 수 있다.

특히 금융 규제가 산업·지역경제와 밀접하게 연결되어 있는 만큼, 다양한 현장 목소리를 반영하는 사회적 대화가 금융정책의 정당성과 실효성을 확보하는 데 핵심적이다. 이를 통해 정책 결정의 투명성과 책임성이 높아지고, 결과적으로 경제 주체 간 신뢰 구축과 금융시스템 안정성 강화라는 선순환 효과를 가져올 수 있다.

결국 한국 경제가 장기 저성장 국면을 극복하고 지속 가능한 3% 성장과 포용경제를 동시에 달성하기 위해서는 금융의 역할을 재정의하고, 산업정책·지역정책·글로벌 협력을 포괄하는 종합적인 금융정책 패키지를 마련하는 것이 필요하다. 이는 한국 경제를 다시금 생산성과 포용성을 모두 갖춘 성장 경로로 복귀시키는 핵심적 조건이 될 것이다.

양극화 완화를 위한 금융 개혁 전략

한국 사회는 지난 20여 년간 소득과 자산의 양극화가 심화되어 왔으며, 이는 우리 경제와 사회의 근본적 도전에 직면해 있음을 보여준다. 〈가계금융복지조사〉(2024)와 국세청 자료에 따르면, 상위

10%의 가구가 전체 순자산의 절반 이상을 독점하고 있는 반면, 하위 50%에 해당하는 가구의 금융자산 비중은 10%에도 미치지 못하는 현실이다. 이러한 격차는 단순한 자산 분배의 문제가 아니라 금융 접근성, 투자 기회, 그리고 위기 대응 능력의 불평등으로 확산되며, 결국 사회 전반의 불평등을 고착화하는 악순환으로 작동하고 있다.

금융자본이 극소수 상위 계층에 편중되면서 고위험·고수익 투자 기회는 특정 집단이 독점하고, 반면에 저소득층은 고금리 대출과 불안정한 금융상품에 의존하는 비극적인 현실에 직면하게 된다. 이런 금융 구조는 양극화의 가혹한 재생산 메커니즘을 강화하며, 우리 사회가 한 단계 도약하는 데 큰 걸림돌로 작용한다.

따라서 양극화를 완화하기 위한 핵심 전략은 금융포용성의 확대에 있다. 모든 국민이 기본적인 금융서비스를 누릴 수 있도록 무이자 또는 저리 신용을 보장하는 '기본금융제도'를 도입하는 것이 시급하다. 영국의 'Basic Bank Account'와 프랑스의 'Livret A'와 같은 모델은 우리에게 귀감이 된다. 또한 국가가 금융소외계층의 창업, 주거, 교육 목적의 대출에 일정 비율을 보증하는 공공신용보증 제도를 확대해야 한다. 지역에서는 지방은행과 상호금융기관을 중심으로 관계금융을 강화하여 지역 고유 산업과 연계해 고용과 소득 창출을 촉진해야 한다. 단기 이익보다 장기적인 지역 발전을 목표로, 지역경제와 상생하는 금융모델을 견지하는 일본의 지방은행과 지역신용금고의 사례를 참고해야 한다. 디지털 금융 시대에 발맞춰 고령자와 저소득층을 대상으로 한 금융 교육 및 맞춤형 디지털 플랫폼 제공을 통해 금융 격차를 해소하는 것도 필수적이다.

소득 불평등보다 더욱 심각한 자산 불평등의 문제를 해결하기 위해서는 자산 형성 경로를 체계화하는 정책이 병행되어야 한다. 청년들을 위해 일정 금액을 저축하면 정부가 매칭 지원하는 청년자산계좌 제도를 도입하는 한편, 근로자들이 기업의 성과를 주식이나 지분 형태로 공유하는 근로자지주제와 공유형 주택 제도를 활성화하여 자산 축적의 기회를 확대해야 한다. 더불어 장기연금과 펀드 투자에 대한 세제혜택을 강화함으로써 중하위층의 자산이 복리효과를 통해 안정적으로 성장할 수 있도록 돕는 것도 매우 중요하다.

더불어 저소득층이 겪는 고금리 및 단기채무의 부담을 경감시키는 것이 시급하다. 법정 최고금리 인하와 불법 사금융 단속 강화, 개인워크아웃과 회생 절차의 간소화, 고금리 대출을 장기·저리 대출로 전환하는 정책금융 프로그램을 상시화하는 등 채무 구조 개선이 병행되어야 한다.

금융세제도 분배 효과를 고려해 재설계할 필요가 있다. 금융자산에 대한 과세 체계를 주식, 채권, 펀드, 부동산 소득 간에 일관성 있게 조정하고, 부유세 및 상속세 강화를 통해 자산 집중을 완화하는 동시에 재분배 재원을 확충해야 한다. 또한 금융소득세 환급을 통한 저소득층의 세액공제를 확대함으로써 실질 소득 보전을 뒷받침해야 한다.

금융교육은 양극화 완화를 위한 기초 인프라이자 장기적 전략이다. OECD 조사에 따르면 금융지식 수준이 낮을수록 고위험 금융상품 피해가 증가하며, 장기 자산형성에 불리한 것으로 나타났다. 이에 학교와 지역사회 차원에서의 금융교육 의무화와 함께, 청년, 고령자, 자영업자 등 다양한 계층에 맞춘 맞춤형 상담 서비스 제공, 그리고 공공 플랫폼을 통한 금융상품 비교, 수수료 분석, 위험도 평가 등의 정보 개방이 절실하다.

국제 사례를 살펴보면, 북유럽 국가들은 강력한 사회보장제도와 공공금융을 결합하여 실질적인 불평등 완화 효과를 거두고 있다. 캐나다는 금융취약계층을 위한 저리 대출과 자산형성 프로그램을 통해 포용적 금융체계를 운영한다.

이를 바탕으로 한국에 적합한 종합 금융정책 로드맵을 제시한다면 우선 단기적으로(1~3년) 기본금융제도 도입, 채무구조 개선, 금융세제 형평성 확보를 추진해야 한다. 중기적으로(3~7년)는 자산 형성 지원 프로그램을 확충하고 지역금융 네트워크를 강화하는 데 집중하며, 장기적으로는 금융포용성 자체가 우리 경제와 사회구조에 내재화되도록 지속 가능한 시스템을 구축하는 데 힘을 쏟아야 한다.

양극화 완화를 위한 금융정책은 단순한 복지나 구호책이 아니라, 우리 경제가 지속 가능하게 성장하고 사회 통합을 이루는 데 필수적인 성장전략임을 인식해야 한다. 금융이 소수의 이익을 위

한 도구가 아니라 다수의 삶의 질을 높이고 미래의 기회를 활짝
열어주는 든든한 인프라로 거듭날 때, 비로소 한국 경제는 저성장
과 극심한 불평등의 늪에서 벗어나 희망찬 3% 성장의 새로운 길
로 나아갈 수 있을 것이다.

참고문헌

서론

금융위원회. 2018. 〈김용범 부위원장의 '금융권 자본규제 등 개편 TF' 말씀자료〉. 2018. 1. 19.

금융위원회. 2025. 〈이억원 금융위원장의 생산적금융대전환 회의 모두 말씀〉. 2025. 9. 19.

김용기. 2024. 〈성장을 촉진하고 불균형을 완화하는 금융을 위한 고민〉. '경제와 정의 포럼' 주최《한국의 경제정책 어디로 가나: 평가와 대안》. 2024. 5. 31.

김용기. 2025. 〈새 정부 금융정책의 방향과 과제〉 한국경제발전학회 2025년 춘계 정책심포지엄 발표자료. 2025. 6. 13.

김용기. 2025. 〈청년에게 박탈감 주는 금융, 어떻게 바꿀까?〉《시사IN》937호. 2025. 8. 21.

아데어 터너. 2017.《부채의 늪과 악마의 유혹 사이에서》. 우리금융경영연구소 번역. 해남.

한국직업능력연구원. 2024.《KRIVET Issue Brief 293호 (PISA 데이터로 살펴본 주요국의 사회이동성 비교)》. 2024. 12. 12.

Adkins, Lisa, Melinda Cooper, and Martijn Konings. 2020. *The Asset Economy: Property Ownership and the New Logic of Inequality.* Cambridge, UK: Polity Press.

Minsky, Hyman P. 1986. *Stabilizing an Unstable Economy.* New Haven, CT: Yale University Press.

Krugman, Paul. 1998. "It's Baaack: Japan's Slump and the Return of the Liquidity Trap." *Brookings Papers on Economic Activity* 1998 (2): 137 – 205.

OECD. 2020. *Advancing the Digital Financial Inclusion of Youth.*

Summers, Lawrence H. 2014. "U.S. Economic Prospects: Secular Stagnation, Hysteresis, and the Zero Lower Bound." *Business Economics* 49 (2): 65 – 73. https://doi.org/10.1057/be.2014.13.

Summers, Lawrence H. 2015. "Demand Side Secular Stagnation." *American Economic Review* 105 (5): 60 – 65. https://doi.org/10.1257/aer.p20151103.

[데이터, 통계 출처]

통계청. 2023. 2024. 〈가계금융·복지조사(2023, 2024)〉. 대전: 통계청.

OECD. 2023. Household Balance Sheet Statistics. Paris: Organisation for Economic Co – operation and Development.

1장

강종구. 2017. 〈가계부채가 소비와 경제성장에 미치는 영향: 유량효과와 저량효과 분석〉. 한국은행 경제연구원.《경제분석》. 제23권 제2호. 2017. 6.

김상조·김영식·박창균·최흥식·함준호. 2013.《금융백서: 한국 금융의 변화와 전망》. 서울대학교 출판부.

김용기. 2011. 〈[경제2.0] 한국은 지금 '금융과잉' 상태〉.《머니투데이》2011. 4. 25.

한국금융연구원 편집부. 2015.《KIF 금융백서(2014)》. 한국금융연구원.

한국은행. 2002.《자금순환계정해설》. 서울: 한국은행.

한국은행. 2018.《한국의 금융제도》. 서울: 한국은행.

日本銀行. 2024.《金融システムレポート》. 2024年 10月号.

Adkins, Lisa, Melinda Cooper, and Martijn Konings. 2020. *The Asset Economy: Property Ownership and the New Logic of Inequality.* Cambridge, UK: Polity Press.

Arcand, Jean – Louis; Berkes, Enrico; Panizza, Ugo. 2012. "Too Much Finance?" *IMF Working Paper* No. 12/161.

Cecchetti, Stephen G., and Enisse Kharroubi. 2012. "Reassessing the Impact of Finance on Growth." *BIS Working Papers.* No. 381. Basel: Bank for International Settlements.

Cournede et al. 2015. *Finance and Inclusive Growth, OECD Economic Policy Paper.*

June 2015 No. 14.

Inglehart, Ronald, and Pippa Norris. 2019. *Cultural Backlash: Trump, Brexit, and Authoritarian Populism*. Cambridge: Cambridge University Press.

Keynes, John Maynard. 1936. *The General Theory of Employment, Interest and Money*. London: Macmillan.

Kindleberger, Charles P. 1978. *Manias, Panics, and Crashes: A History of Financial Crises*. New York: Basic Books.

OECD. 2020. *Advancing the Digital Financial Inclusion of Youth*. Paris: Organisation for Economic Co‑operation and Development.

Summers, Lawrence H. 2014. "U.S. Economic Prospects: Secular Stagnation, Hysteresis, and the Zero Lower Bound." *Business Economics* 49 (2): 65–73. https://doi.org/10.1057/be.2014.13.

[데이터, 통계 출처]

한국은행. 2024. 〈자금순환 2024(잠정) 보도자료〉. 서울: 한국은행.

한국은행. ECOS 데이터베이스.

BIS. 2023. Credit to the Non‑Financial Sector – overview. BIS Data Portal. Basel: Bank for International Settlements.

2장

금융위원회·관계기관 합동. 2018. 〈생산적 금융을 위한 금융권 자본규제 등 개편 방안〉. 2018. 1.

금융위원회. 2025. 《생산적 금융 대전환 추진방향》. 2025. 9.

김용기. 2017. 〈새 연재: 김용기의 살맛나는 경제. "사회적 문제 해결, 금융 제 역할 해야"〉. 《신동아》. 2017. 10.

데이비드 하비. 이강국 옮김. 2012. 《자본이라는 수수께끼》. 창비.

마이클 허드슨. 조행복 옮김. 2023. 《문명의 운명: 금융자본주의인가 산업자본주의인가》. 아카넷.

존 메이너드 케인스 외. 김성아 옮김. 이강국 감수. 2023. 《다시, 케인스: 다음 세대가 누릴 경제적 가능성》. 포레스트북스.

토마 피케티. 장경덕 옮김. 이강국 감수. 2014.《21세기 자본》. 글항아리.

카를 마르크스. 김수행 옮김. 2015.《자본론 1(상)(2015년 개역판)》. 비봉출판사.

Keynes, John Maynard. 1930. *Treatise on Money*. Macmillan.

Keynes, John Maynard. 1936. *The General Theory of Employment, Interest and Money*. London: Macmillan.

Schumpeter, Joseph A. 1934. *The Theory of Economic Development*. Cambridge, MA: Harvard University Press.

Minsky, Hyman P. 1986. *Stabilizing an Unstable Economy*. New Haven, CT: Yale University Press.

Mehrling, Perry. 2010. *The New Lombard Street: How the Fed Became the Dealer of Last Resort*. Princeton, NJ: Princeton University Press.

Epstein, Gerald A., ed. 2015. *Financialization and the World Economy*. Cheltenham, UK: Edward Elgar.

Lapavitsas, Costas. 2013. *Profiting Without Producing: How Finance Exploits Us All*. London: Verso.

Crotty, James. 2005. "The Neoliberal Paradox: The Impact of Destructive Product Market Competition and 'Modern' Financial Markets on Nonfinancial Corporation Performance in the Neoliberal Era." *Financialization and the World Economy*, edited by Gerald Epstein, 77–110. Cheltenham, UK: Edward Elgar.

3장

김용기. 2024. 〈민주개혁정부의 금융정책 실패와 그 이유에 대한 소고〉, 2024년 봄 사회경제학회 발표 자료. 2024. 5. 17.

김용기·구기동·김광남·임수강. 2025.《한국의 금융시스템 전반에 대한 평가와 경기도의 대응방안》. 경기연구원 정책연구 2025-10.

Davis, Gerald F. 2009. *Managed by the Markets: How Finance Re-shaped America*.

Oxford: Oxford University Press.

Krippner, Greta R. 2011. *Capitalizing on Crisis: The Political Origins of the Rise of Finance*. Cambridge, MA: Harvard University Press.

Lapavitsas, Costas. 2013. *Profiting Without Producing*. London: Verso.

Lazonick, William, and Mary O'Sullivan. 2000. "Maximizing Shareholder Value: A New Ideology for Corporate Governance." *Economy and Society* 29(1): 13–35.

Minsky, Hyman P. 1982. "Can 'IT' Happen Again?" *Essays on Instability and Finance*. Armonk, NY: M.E. Sharpe.

[데이터, 통계 출처]

금융위원회. 2025. 〈가계부채 관리 강화방안〉. 서울: 금융위원회.

한국은행. 2024. 〈가계신용통계〉. 서울: 한국은행.

BIS. 2023. Total Credit to Households (% of GDP). Basel: Bank for International Settlements.

Eurostat, Youth Unemployment Statistics (Spain, Italy).

4장

한국은행. 2023. 《금융안정보고서》. 서울: 한국은행.

Federal Reserve. 2022. *Report on the Economic Well-Being of U.S. Households*. Washington, D.C.: Board of Governors of the Federal Reserve System.

IMF. 2023. *Financial Access Survey (FAS) 2023*. Washington, D.C.: International Monetary Fund.

Inglehart, Ronald, and Pippa Norris. 2019. *Cultural Backlash: Trump, Brexit, and Authoritarian Populism*. Cambridge: Cambridge University Press.

Na, Young Park. 2020. "Trust and Trusting Behavior in Financial Institutions: Evidence from South Korea." *International Review of Economics and Finance* 67.

Na, Young Park. 2022. "Financial Behavior over the Recent Decades in South Korea: A Review." *Korea and the World Economy* 23(2).

OECD. 2020. *Advancing the Digital Financial Inclusion of Youth*. Paris: Organisation for Economic Co‑operation and Development.

OECD. 2021. *Does Inequality Matter?* Paris: Organisation for Economic Co‑operation and Development.

OECD. 2023. *Digital Financial Literacy and Inclusion of Young People*. Paris: Organisation for Economic Co‑operation and Development.

World Bank. 2021. *The Global Findex Database 2021: Financial Inclusion, Digital Payments, and Resilience in the Age of COVID‑19*. Washington, D.C.: World Bank.

[데이터, 통계 출처]

통계청. 2023. 2024. 〈가계금융복지조사(2023. 2024)〉. 대전: 통계청.

통계청. 2023. 2024. 2025. 〈경제활동인구조사 청년층 부가조사 결과〉. 대전: 통계청.

5장

금융감독원. 2014. 《관계형금융 1년간의 운영성과 및 향후 운영방안. 보도자료》. 2014.

금융감독원. 2014. 《관계형금융 세부실행방안. 보도자료》. 2014. 11. 24.

금융위원회. 2014. 《관계형금융 도입을 통한 새로운 중소기업 대출관행 유도. 보도자료》. 2014. 11. 17.

김용기. 2008. 〈글로벌 스탠다드, 오용과 남용〉. 《광주일보》 2008년 4월 20일자.

김용기. 2009. 〈지방은행 BIS 비율 완화를〉. 《동아일보》 2009년 9월 23일자.

김용기. 2009. 〈신용경색 완화를 위한 긴급제언〉. 《세리 CEO Information》. 삼성경제연구소. 2009년 2월 18일.

김용기·구기동·김광남·임수강. 2025. 《한국의 금융시스템 전반에 대한 평가와 경기도의 대응방안》. 경기연구원 정책연구 2025‑10.

민병길·김은경·박원익. 2017. 《지역금융 현황 및 지역금융 발전방안 모색: 포스트케인스학파의 관점에서》. 기본연구 2017‑11. 경기연구원.

박성빈. 2020. 《아베노믹스와 일본경제의 미래》. 박영사.

박원석. 1997. 《한국 금융시장의 지역적 차별성에 관한 연구: 지역금융시장의 존재 여부에 대한 검토》. 서울대학교 대학원 지리학과 박사학위논문.

이병윤. 2024.《금융환경 변화와 금융산업의 미래 대응 전략》. 한국금융연구원, 2024. 6. 27.

은행연합회. 2014.《관계형금융 모범규준. 보도자료》. 2014.

일자리위원회 일자리기획단. 2020.《생산지원체계 구축을 위한 지역금융 활성화 방안 검토》. 정책보고서, 2020.

최진배. 2016. 〈관계형 금융 이론과 우리의 현실〉.《산업혁신연구》32(2).

하나금융연구소. 2024. 〈변화의 기로에 선 지방은행〉.《리서치 브리프》. 2024. 8. 9.

京都銀行. 2024.《地域密着型金融の取組み状況(2023年4月～2024年3月)》. 2024. 6.

国会図書館 調査及び立法考査局. 2018.《地域経済の活性化に向けた金融行政の取組: 『地域密着型金融』の成果と課題》.

全国地方銀行協会. 2024.《地方銀行における『地域密着型金融』に関する取り組み状況》.

内田浩史. 2007. "リレーションシップバンキングの経済学." 筒井義郎・植村修一 編, 《リレーションシップバンキングと地域金融》. 日本経済新聞出版社.

多胡秀人. 2008.《地域金融論－リレバン恒久化と中小・地域金融機関の在り方》. 金融財政事情研究会.

金融庁. 2010.《地域密着型金融に関する取組み事例集: 平成21年度顕彰事例を中心に》.

金融庁. 2024.《地域銀行による顧客の課題解決支援の現状と課題》. 2024. 6.

Berger, A. N., and Udell, G. F. 2002. "Small Business Credit Availability and Relationship Lending: The Importance of Bank Organisational Structure." *The Economic Journal* 112(477).

Boot, W. A. 2000. "Relationship Banking: What Do We Know?" *Journal of Financial Intermediation* 9(1).

DeYoung, R., Hunter, W. C., and Udell, G. F. 2004. "Whither the Community Bank?" *Journal of Financial Services Research* 25.

Dow, S. C. 1987. "Treatment of Money in Regional Economics." *Journal of Regional Science* 27.

Dow, Sheila C. 1993. *Money and the Economic Process*. Cheltenham: Edward Elgar.

King, Robert G., and Levine, Ross. 1993. "Finance and Growth: Schumpeter Might Be Right." *The Quarterly Journal of Economics* 108(3).

Levine, Ross. 1996. "Financial Development and Economic Growth: Views and

Agenda." *Journal of Economic Literature.*

Levine, Ross, and Zervos, Sara. 1998. "Stock Markets, Banks, and Economic Growth." *The American Economic Review* 88(3).

Miller, D. and Friesen, Peter H. 1984. "A Longitudinal Study of the Corporate Life Cycle." *Management Science* 30(10).

OECD. 2015. *Local Economic Leadership.* Paris: Organisation for Economic Co-operation and Development.

Patrick, H. T. 1966. "Financial Development and Economic Growth in Underdeveloped Countries." *Economic Development and Cultural Change.*

Porteous, D. J. 1995. *The Geography of Finance: Spatial Dimensions of Intermediary Behavior.* Aldershot: Avebury.

Rajan, R. G. 1992. "Insiders and Outsiders: The Choice between Informed and Arm's-Length Debt." *The Journal of Finance* 47(4).

Robinson, J. 1952. "The Model of an Expanding Economy." *The Economic Journal.*

Samolyk, K. A. 1994. "Banking Conditions and Regional Economic Performance: Evidence of a Regional Credit Channel." *Journal of Monetary Economics* 34.

Schumpeter, J. A. 1934. *The Theory of Economic Development.* Cambridge, MA: Harvard University Press.

6장

Adkins, Lisa, Melinda Cooper, and Martijn Konings. 2020. *The Asset Economy: Property Ownership and the New Logic of Inequality.* Cambridge, UK: Polity Press.

Epstein, Gerald A., ed. 2005. *Financialization and the World Economy.* Cheltenham, UK: Edward Elgar.

Keynes, John Maynard. 1936. *The General Theory of Employment, Interest and Money.* London: Macmillan.

Krippner, Greta R. 2011. *Capitalizing on Crisis: The Political Origins of the Rise of Finance.* Cambridge, MA: Harvard University Press.

Lapavitsas, Costas. 2013. *Profiting Without Producing: How Finance Exploits Us All*. London: Verso.

Minsky, Hyman P. 1992. *The Financial Instability Hypothesis*. Working Paper No. 74, Levy Economics Institute of Bard College.

Palley, Thomas. 2012. *From Financial Crisis to Stagnation: The Destruction of Shared Prosperity and the Role of Economics*. Cambridge: Cambridge University Press.

Schumpeter, J. A. 1934. *The Theory of Economic Development*. Cambridge, MA: Harvard University Press.

Stockhammer, Engelbert. 2004. "Financialisation and the Slowdown of Accumulation." *Cambridge Journal of Economics* 28(5): 719–741.

[데이터, 통계 출처]

환경부. 2023. 〈한국형 녹색분류체계〉. 세종: 환경부.

European Commission. 2023. EU taxonomy for sustainable activities. Brussels: European Commission.

7장

Bhagwati, Jagdish. 2004. *In Defense of Globalization*. Oxford: Oxford University Press.

Crotty, James. 2003. "The Neoliberal Paradox: The Impact of Destructive Product Market Competition and 'Modern' Financial Markets on Nonfinancial Corporation Performance in the Neoliberal Era." *Financialization and the World Economy*, edited by Gerald A. Epstein, 77–110. Cheltenham, UK: Edward Elgar.

Lazonick, William. 2013. "The Financialization of the U.S. Corporation: What Has Been Lost, and How It Can Be Regained." *Seattle University Law Review* 36(2): 857–909.

Rodrik, Dani. 1997. *Has Globalization Gone Too Far?* Washington, DC: Institute for International Economics.

Stockhammer, Engelbert. 2004. "Financialisation and the Slowdown of Accumulation." *Cambridge Journal of Economics* 28(5): 719–741.

Yong‑Ki Kim. 2003. *Regulatory Institutions and Policy Choice*. Submitted for the Degree of Doctor of Philosophy. London School of Economics and Political Science.

[데이터, 통계 출처]

한국은행. 2000‑2024. 〈외환보유액 및 자본수지통계〉. 서울: 한국은행.

IMF. 1998. Republic of Korea: Request for Stand‑By Arrangement — Staff Report. Washington, DC: International Monetary Fund.

8장

Amsden, Alice H. 1989. *Asia's Next Giant: South Korea and Late Industrialization*. New York: Oxford University Press.

Chang, Ha‑Joon. 1993. *The Political Economy of Industrial Policy*. London: Macmillan.

Johnson, Chalmers. 1982. *MITI and the Japanese Miracle: The Growth of Industrial Policy, 1925–1975*. Stanford, CA: Stanford University Press.

Mazzucato, Mariana. 2013. *The Entrepreneurial State: Debunking Public vs. Private Sector Myths*. London: Anthem Press.

Noman, Akbar, and Joseph E. Stiglitz, eds. 2016. *Efficiency, Finance, and Varieties of Industrial Policy*. New York: Columbia University Press.

Weiss, Linda. 2014. *America Inc.? Innovation and Enterprise in the National Security State*. Ithaca, NY: Cornell University Press.

Yong‑Ki Kim. 2003. *Regulatory Institutions and Policy Choice*. Submitted for the Degree of Doctor of Philosophy. London School of Economics and Political Science.

[데이터, 통계 출처]

산업은행(KDB). 2024. 〈연차 보고서〉. 서울: 산업은행.

일본 정책금융공고 (JFC). 2023. Annual Report 2023. Tokyo: Japan Finance

Corporation.

독일 KfW Bankengruppe. 2023. KfW Development Bank Annual Report 2023. Frankfurt am Main: KfW.

9장

Crotty, James. 2005. "The Neoliberal Paradox." *Financialization and the World Economy*, edited by Gerald A. Epstein, 77–110. Cheltenham, UK: Edward Elgar.

Davis, Gerald F. 2009. *Managed by the Markets: How Finance Re-shaped America*. Oxford: Oxford University Press.

Lazonick, William. 2014. "Profits without Prosperity: Stock Buybacks Manipulate the Market and Leave Most Americans Worse Off." *Harvard Business Review* 92(9): 46–55.

Mazzucato, Mariana, and Antonio Andreoni. 2020. "Finance, Innovation and Productivity: Financing the Entrepreneurial State." *Industrial and Corporate Change* 29(5): 1127–1143.

Noman, Akbar, and Joseph E. Stiglitz, eds. 2016. *Efficiency, Finance, and Varieties of Industrial Policy*. New York: Columbia University Press.

Stockhammer, Engelbert. 2008. "Some Stylized Facts on the Finance-Dominated Accumulation Regime." *Competition & Change* 12(2): 184–202.

10장

산업은행. 2019.《한국의 산업금융 100年史》. 서울: 한국산업은행 KDB미래전략연구소.
송성수. 2021.《한국의 산업화와 기술발전》. 서울: 들녘.
아크바르 노먼 & 조셉 E. 스티글리츠 엮음. KDB미래전략연구소 번역. 2018.
　《산업정책의 효율성, 다양성, 그리고 금융: 지속성장으로 이끄는 자원, 학습, 기술정책》. KDB.
카를로타 페레스. 김창대·정성일 옮김. 2006.《기술혁명과 금융자본》. 서울:

한국경제신문사.

Amsden, Alice H. 2001. *The Rise of "The Rest": Challenges to the West from Late-Industrializing Economies*. Oxford: Oxford University Press.

Chang, Ha-Joon. 1993. *The Political Economy of Industrial Policy*. London: Macmillan.

Johnson, Chalmers. 1982. *MITI and the Japanese Miracle: The Growth of Industrial Policy, 1925–1975*. Stanford, CA: Stanford University Press.

Lucas, Robert E. 1988. "On the Mechanics of Economic Development." *Journal of Monetary Economics* 22(1988): 3–42.

Mazzucato, Mariana. 2013. *The Entrepreneurial State: Debunking Public vs. Private Sector Myths*. London: Anthem Press.

Noman, Akbar, and Joseph E. Stiglitz, eds. 2016. *Efficiency, Finance, and Varieties of Industrial Policy*. New York: Columbia University Press.

Rodrik, Dani. 2008. "Normalizing Industrial Policy." *Commission on Growth and Development Working Paper* No. 3. Washington, DC: World Bank.

Romer, Paul M. 1986. "Increasing Returns and Long-run Growth." *Journal of Political Economy* Vol. 94, No. 5, Oct. 1986.

Schumpeter, J. A. 1934. *The Theory of Economic Development*. Cambridge, MA: Harvard University Press.

Stiglitz, Joseph E., and Bruce C. Greenwald. 2014. *Creating a Learning Society: A New Approach to Growth, Development, and Social Progress*. New York: Columbia University Press.

[데이터, 통계 출처]

기업은행(IBK).

산업은행(KDB).

수출입은행(KEXIM).

OECD. 2023. OECD Financing SMEs and Entrepreneurs Scoreboard. Paris: OECD Publishing.

11장

칼 폴라니. 홍기빈 옮김. 2009.《거대한 전환: 우리 시대의 정치·경제적 기원》. 도서출판 길.
한국은행. 2006.《금융안정보고서》. 서울: 한국은행.

Adkins, Lisa, Melinda Cooper, and Martijn Konings. 2020. *The Asset Economy: Property Ownership and the New Logic of Inequality.* Cambridge, UK: Polity Press.

Crotty, James. 2005. "The Neoliberal Paradox." *Financialization and the World Economy*, edited by Gerald A. Epstein, 77-110. Cheltenham, UK: Edward Elgar.

Gabor, Daniela. 2011. *Central Banking and Financialization.* Palgrave Macmillan London.

Greenspan, Alan, and James Kennedy. 2007. "Sources and Uses of Equity Extracted from Homes." *Finance and Economics Discussion Series: 2007-20.* The Federal Reserve Board.

Kindleberger, Charles P. 1978. *Manias, Panics, and Crashes: A History of Financial Crises.* New York: Basic Books.

Krippner, Greta R. 2005. "The Financialisation of the American Economy." *Socio-economic Review* 3(2), May 2005.

Krippner, Greta R. 2011. *Capitalizing on Crisis: The Political Origins of the Rise of Finance.* Cambridge, MA: Harvard University Press.

Lapavitsas, Costas. 2013. *Profiting Without Producing: How Finance Exploits Us All.* London: Verso.

Lazonick, William, and Mary O'Sullivan. 2000. "Maximizing Shareholder Value: A New Ideology for Corporate Governance." *Economy and Society* 29(1): 13-35.

Martin, Randy. 2002. *Financialization of Daily Life.* Temple University Press.

Mian, Atif, and Amir Sufi. 2015. *House of Debt.* University of Chicago Press.

Partnoy, Frank. 2003. *Infectious Greed: How Deceit and Risk Corrupted the Financial Markets.* New York: Times Books.

Piketty, Thomas. 2013. *Capital in the Twenty-First Century.* Cambridge, MA: Harvard University Press.

Reinhart, Carmen M., and Kenneth S. Rogoff. 2009. *This Time Is Different: Eight Centuries of Financial Folly.* Princeton, NJ: Princeton University Press.

Reinhart, Carmen M., and Kenneth S. Rogoff. 2010. "Growth in a Time of Debt." *American Economic Review* 100(2): 573 – 578.

Rodrik, Dani. 1997. *Has Globalization Gone Too Far?* Washington, DC: Institute for International Economics.

Stockhammer, Engelbert. 2008. "Some Stylized Facts on the Finance – Dominated Accumulation Regime." *Competition & Change* 12(2): 184 – 202.

Strange, Susan. 1986. *Casino Capitalism.* Oxford: Basil Blackwell.

[데이터, 통계 출처]

한국은행. 2024.《금융안정보고서》. 서울: 한국은행.

IMF. 2023. Global Financial Stability Report (April 2023). Washington, DC: International Monetary Fund.

World Bank. 2023. World Development Indicators Database. Washington, DC: World Bank.

결론

Epstein, Gerald A., ed. 2015. *Financialization and the World Economy.* Cheltenham, UK: Edward Elgar.

Palley, Thomas. 2015. "The Theory of Global Imbalances: Mainstream Economics vs Structural Keynesianism." *Review of Keynesian Economics* 3(1). Elgar Online.

Stockhammer, Engelbert. 2004. "Financialisation and the Slowdown of Accumulation." *Cambridge Journal of Economics* 25(5), September 2004.

생산적 금융
3% 성장과 양극화 완화를 위한 금융 혁신 전략

초판 1쇄 2025년 10월 30일 발행

지은이 김용기
펴낸이 김현종
기획총괄 배소라 **출판본부장** 안형태
편집 최세정 진용주 황정원 김수진 장진경
디자인 조주희 김연주 **마케팅** 김예리 신잉걸
미디어·경영지원본부 신혜선 이주리 문상철 백범선 박윤수 남궁주철 함동원

펴낸곳 (주)메디치미디어
출판등록 2008년 8월 20일 제300-2008-76호
주소 서울특별시 중구 중림로7길 4
전화 02-735-3308 **팩스** 02-735-3309
이메일 medici@medicimedia.co.kr **홈페이지** medicimedia.co.kr
페이스북 medicimedia **인스타그램** medicimedia
유튜브 medici_media

© 김용기, 2025
ISBN 979-11-5706-482-3 (03320)

이 책에 실린 글과 이미지의 무단 전재·복제를 금합니다.
이 책 내용의 전부 또는 일부를 재사용하려면 반드시 출판사의 동의를 받아야 합니다.
파본은 구입처에서 교환해 드립니다.